BANCA RELACIONAL
Y CAPITAL SOCIAL EN ESPAÑA

Banca relacional y capital social en España

Competencia y confianza

Juan Fernández de Guevara Radoselovics
Manuel Illueca Muñoz
Joaquín Maudos Villarroya
José Manuel Pastor Monsálvez
Emili Tortosa-Ausina

Dirigido por:
Francisco Pérez García

Fundación BBVA

DATOS INTERNACIONALES DE CATALOGACIÓN

Banca relacional y capital social en España : competencia y confianza / Juan Fernández de Guevara Radoselovics... [et al.] ; dirigido por Francisco Pérez García. — Bilbao : Fundación BBVA, 2006.
296 p. ; 24 cm
ISBN 84-96515-22-2
1. Banca relacional 2. Capital social 3. Competencia 4. Confianza 5. España I. Guevara Radoselovics, Juan Fernández de II. Pérez García, Francisco, dir. III. Fundación BBVA, ed.
336.71 (460)

Banca relacional y capital social en España
Competencia y confianza

EDITA:
© Fundación BBVA, 2006
Plaza de San Nicolás, 4. 48005 Bilbao

IMAGEN DE CUBIERTA: © Alejandro Corujeira, 2006
Página del bosque (fragmento), 2002
Aguatinta y aguafuerte, 283 × 207 mm
Colección de Arte Gráfico Contemporáneo
Fundación BBVA - Calcografía Nacional

DISEÑO DE CUBIERTA: Roberto Turégano

ISBN: 84-96515-22-2
DEPÓSITO LEGAL: M-49.048-2006

EDICIÓN Y PRODUCCIÓN: Atlántida Grupo Editor
COMPOSICIÓN Y MAQUETACIÓN: Márvel, S. L.
IMPRESIÓN Y ENCUADERNACIÓN: Rógar, S. A.

Impreso en España - Printed in Spain

Los libros editados por la Fundación BBVA están elaborados con papel 100% reciclado, fabricado a partir de fibras celulósicas recuperadas (papel usado) y no de celulosa virgen, cumpliendo los estándares medioambientales exigidos por la actual legislación.

El proceso de producción de este papel se ha realizado conforme a las regulaciones y leyes medioambientales europeas y ha merecido los distintivos Nordic Swan y Ángel Azul.

ÍNDICE

AGRADECIMIENTOS

LOS agradecimientos que quieren expresar los autores de este libro tienen que ver con el tema del mismo, pues significan un reconocimiento a las ventajas de la confianza y la cooperación.

En efecto, este libro es resultado de una larga trayectoria de colaboración de la Fundación BBVA con el Instituto Valenciano de Investigaciones Económicas (Ivie) para el desarrollo de un amplio programa de investigación en diferentes campos, dentro del cual se sitúa el proyecto que estudia el capital social en las relaciones económicas del que esta monografía forma parte. El equipo que ha realizado la investigación quiere agradecer la confianza que la Fundación BBVA viene depositando en el Ivie a lo largo de más de una década y subrayar la importancia de su apuesta por la cooperación duradera en actividades arriesgadas, como son las de investigación.

Además, cada autor está agradecido al resto de coautores de esta obra, todos ellos integrantes de un grupo de investigación sobre banca y economía financiera que funciona desde hace más de quince años en la Universidad de Valencia y el Ivie. Las relaciones de confianza generadas en esa larga experiencia de cooperación constituyen en la actualidad un activo del que se derivan, sin duda, incrementos de productividad a consecuencia de la mayor facilidad para el trabajo en equipo, el debate interno, los intercambios críticos y las aportaciones mutuas.

También es nuestro deseo dar las gracias a Enrique Calabuig, que ha trabajado por primera vez con nosotros como ayudante de investigación, colaborando en preparar y editar datos de distintos capítulos con mucha seriedad y dedicación. Asimismo, una vez más ha sido importante la ayuda en las tareas de edición de Julia Teschendorff, a quien todo el equipo de investigación está agradecido desde hace años.

1. Introducción

Francisco Pérez García
Universidad de Valencia e Ivie

ESTE trabajo forma parte de un proyecto más amplio sobre *capital social*, desarrollado conjuntamente por la Fundación BBVA y el Ivie, en el que se destaca la importancia de las relaciones económicas en la generación de confianza y el valor de ésta como activo productivo. El proyecto se está desarrollando en varios ámbitos, con distintos enfoques y con un planteamiento interdisciplinar.

En esta monografía se estudian con atención los vínculos entre el *capital social* y una forma de realizar la actividad financiera conocida como *banca relacional* que merece el interés de los especialistas en los últimos años. Ambos conceptos son muy similares y, como se verá, se asientan en elementos comunes.

Conviene destacar el reconocimiento creciente entre los economistas de que las relaciones duraderas entre los agentes y la trayectoria de interacciones entre los mismos son relevantes para explicar los resultados económicos y sociales. Pero todavía es más notable la nitidez con la que se percibe el interés no ya de los estudiosos sino de los intermediarios financieros por las relaciones con su clientela, en unos tiempos en los que se considera, por lo general, que la competencia es más intensa. Explorar cómo se vinculan y conviven en las actividades bancarias la competencia y la confianza, sin aceptar a priori que no se llevan bien, es una de las motivaciones de este trabajo.

1.1. Conceptos básicos

Las actividades financieras son uno de los ámbitos en los que la confianza es más relevante debido a su importancia para resolver problemas de información incompleta y asimétrica entre los agentes. Las experiencias de interacción y las expectativas de las partes que intervienen en los contratos influyen en el nivel de confianza, lo que tiene consecuencias sobre el desarrollo financiero y económico. En el caso particular de las actividades bancarias es fácil observar que las relaciones entre las entidades de depósito y sus clientes son, con frecuencia, duraderas y repetidas. Estas circunstancias y la naturaleza de su actividad hacen que la banca sea muy atractiva para profundizar en el análisis de las causas y consecuencias de las relaciones interpersonales en el ámbito económico.

Autores muy reconocidos por sus contribuciones al concepto de capital social destacan que las relaciones sociales pueden convertirse en recursos productivos para los individuos que participan de las mismas. Numerosas relaciones económicas duraderas pueden ser generadoras de activos intangibles de esta naturaleza o resultar influidas por las trayectorias pasadas. Las que se establecen entre los bancos y sus clientes son un ejemplo de ello, como se advierte al considerar la relación entre prestamista y prestatario. Para que el banco B conceda un crédito al agente A, será relevante que confíe en que su comportamiento sea honesto y cumpla sus compromisos. Al identificar el origen de las expectativas de B sobre A, es importante comprobar si están influidas por experiencias previas de relación entre ambos, que favorecen o dificultan una opinión a favor de la disposición a cooperar del prestatario. Si así es y las circunstancias de ese vínculo —su existencia, duración, amplitud, resultados— pueden ser determinantes de las condiciones de la financiación presente y futura, esa relación que podemos denominar *de clientela* constituye un activo productivo. Gracias a ella, B considera que no está prestando a un agente cualquiera sino a un cliente al que ya conoce y sobre el que existen menores asimetrías de información, y, por ello, es posible que la valoración de la operación y las condiciones del contrato varíen.

La importancia de la confianza en los contratos es mayor cuanto más elevada es la incertidumbre sobre las circunstancias que pueden afectar a los resultados y más intensa la interdependencia entre los agentes. En el caso de la banca, ambos supuestos se dan de manera muy acusada, hasta el punto de que la mayor parte de la literatura considera las asimetrías de información (los problemas de selección adversa y de riesgo moral) como cruciales en el papel de estas empresas. También destaca que los bancos son instituciones que basan en su permanencia como tal la respuesta eficiente a esos problemas. Ahora es importante subrayar, además, que las relaciones entre bancos y clientes son, en muchos casos, duraderas y repetidas. Esta combinación de circunstancias —empresas bancarias permanentes que establecen relaciones duraderas con sus clientes— son decisivas para comprender el papel que la confianza puede desempeñar en las actividades bancarias.

Los conceptos de confianza y disposición a cooperar están estrechamente relacionados entre sí (Paldam 2000). Burt y Knez (1996) definen la confianza como *cooperación anticipada* y, en efecto, su existencia explica que la disposición a cooperar sea mayor. Si esa disposición es recíproca entre las partes que pueden acordar un contrato financiero, será posible asumir riesgos con menores costes y reducir los costes de transacción y supervisión. Gracias a ello se pueden lograr equilibrios cooperativos que dominan a los no cooperativos, tanto por el mayor volumen de los intercambios como por los menores precios. Este resultado viene respaldado por la literatura sobre juegos repetidos, según la cual la interacción regular entre individuos puede generar conductas cooperativas aunque los agentes estén orientados por objetivos estrictamente individualistas. La razón de ello es que, cuando los beneficios esperados de cooperar repetidamente superan a los de no hacerlo, lo racional es cooperar, confiando aunque sea de manera calculada, instrumental o interesada.

Las actividades bancarias relacionales constituyen buenos ejemplos de este tipo de cooperación *interesada*, no fundada en el altruismo sino en un egoísmo inteligente y paciente con amplios horizontes temporales, que puede ofrecer resultados positivos para ambos lados de un mercado. Por esta razón, la banca es uno de los campos en los que se puede analizar cómo se genera capital social en las relaciones económicas en los términos descritos en un trabajo anterior de este mismo proyecto (Pérez, dir., et al. 2005). Según el mismo, las relaciones económicas se convierten en un activo productivo cuando los buenos resultados esperados de las mismas generan confianza en los otros agentes e inducen conductas cooperativas recíprocas. Gracias a ello se reducen los costes de transacción y se llegan a realizar múltiples intercambios que, de otro modo, serían inviables por la incertidumbre derivada de la complejidad de elementos de los que depende su resultado.

1.2. ¿De qué se ocupan los estudios sobre banca relacional?

Los trabajos que analizan la *banca relacional* consideran una forma de hacer intermediación financiera en la que el papel de la confianza personal entre banco y cliente es más relevante. Ese enfoque de la banca centra su atención en la interacción repetida con los clientes y la aceptación de contratos duraderos e incompletos como base fundamental de la generación de valor. La explicación propuesta es que se trata de una respuesta a los problemas de incertidumbre e interdependencia estratégica que se apoya en expectativas de cooperación recíproca a medio y largo plazo. Se puede contraponer a otra modalidad, la *banca transaccional*, que valora el resultado de los contratos con un horizonte temporal más corto y sin depender de esos elementos cooperativos.

En línea con la definición propuesta por Boot (2000), el intermediario que opta por hacer banca relacional se plantea optimizar la inversión que realiza en obtener información específica de los clientes, evaluando la rentabilidad de esa inversión en un horizonte de largo plazo, dentro del cual se relacionará con los clientes a través de un conjunto de productos y servicios. Por tanto, la racionalidad de cada una de las operaciones —desde la asunción de ciertos costes a las condiciones de concesión de créditos o los precios de los servicios concretos— debe ser valorada teniendo en cuenta el horizonte temporal de la relación y la posibilidad de que haya subsidiación cruzada entre productos o servicios contratados por un mismo cliente, pues lo que más interesa es rentabilizar la relación en su conjunto.

Considerar que las relaciones son duraderas puede facilitar los acuerdos para reinterpretar los contratos en circunstancias cambiantes, basándose en la confianza entre las partes. Por esta razón, los clientes pueden esperar obtener financiación con más facilidad de sus bancos en momentos difíciles. Asimismo, una relación de largo plazo puede ofrecer posibilidades de reparto de riesgos entre las partes asociadas a la gestión combinada de créditos y depósitos, con una evolución más suave de los precios a los que obtienen recursos tanto los bancos como los clientes que la que marca en cada momento la tensión de los mercados.

No obstante, en relaciones económicas y sociales de interdependencia donde no todo está atado, siempre es posible que una de las partes aproveche las circunstancias en detrimento de la otra, defraudando las expectativas de trato favorable y evitando aparecer como no cooperante con el fin de no ser castigado por ello. Esto es factible en ocasiones por la dificultad de comprobar —sobre todo a corto plazo— si una conducta es no cooperativa, o simplemente responde a otras causas desfavorables. Así pues, el mantenimiento de los incentivos a la cooperación depende de un conjunto de circunstancias complejo. El predominio de aquellas que la favorecen resulta un asunto a dilucidar empíricamente, en general, y también en el caso de la banca relacional.

El interés por el análisis de las relaciones duraderas no se limita al caso de la banca. Es creciente en la literatura económica reciente y los estudios sobre el papel del capital social están experimentando una expansión muy notable en diversos campos, como el desarrollo económico, las organizaciones e instituciones, los contratos de trabajo, la economía experimental, etc. Los estudios disponibles sobre banca relacional actualmente son también numerosos, quizá como consecuencia de observar la importancia que los intermediarios atribuyen a iniciar y conservar las relaciones con sus clientes en un contexto que algunos anticipaban como de predominio abrumador de las transacciones y los mercados. Como se comprobará en la revisión de la literatura realizada en el capítulo 2, muchos de los trabajos sobre banca relacional se presentan enmarcados exclusivamente por referencias de economía bancaria y no establecen conexiones explícitas con el capital social. Sin embargo, en el contexto de este proyecto resulta natural subrayar los vínculos entre ambos campos de análisis, y así se hará en algunos de los capítulos.

1.3. Motivaciones: algunas preguntas sobre banca relacional

La monografía se centra en el estudio de la banca relacional en España, su importancia, perfiles, causas e implicaciones. Los trabajos disponibles hasta el momento sobre esta materia son muy escasos y, sin embargo, existen razones para pensar que, en una trayectoria como la del sector bancario español, la importancia de las actividades relacionales ha sido y es enorme. Basta considerar la relevancia que en España ha tenido durante décadas la red de oficinas y el contacto personal entre banco y cliente, así como el reconocimiento por los gestores bancarios del valor que conservan las redes de oficinas en la actualidad para buena parte de la clientela como puntos de contacto directo con la entidad.

Sin embargo, también es cierto que, en las últimas dos décadas, se han producido muchos cambios, entre ellos un intenso crecimiento de los mercados financieros y una amplia desintermediación, así como una profunda transformación tecnológica de las actividades bancarias, con numerosas repercusiones sobre el funcionamiento de las oficinas y la automatización de muchos servicios. Teniendo en cuenta todo ese entorno, esta monografía investiga diversos temas que introduciremos a continuación mediante seis preguntas que permiten exponer algunas de las motivaciones de nuestro análisis.

1.3.1. ¿Es la banca relacional una opción vocacional o estratégica?

En ocasiones, tanto en España como en otros países, la relevancia de las relaciones con los clientes es considerada la consecuencia de la naturaleza institucional de ciertas entidades de crédito (mutualista, cooperativa o social). Esta aproximación es similar a la que considera que el capital social, la confianza y las conductas cooperativas requieren como condición necesaria para su existencia partir de comportamientos altruistas. Sin embargo, ya hemos señalado que la cooperación puede ser el resultado de preferencias egoístas con un horizonte temporal amplio y expectativas de interacción repetida. Por tanto, por la misma razón, la banca relacional podría ser una opción estratégica racional elegida por agentes que buscan maximizar los beneficios de su interacción a largo plazo.

Así pues, es pertinente preguntarse por la *razón de ser* de esta forma de hacer banca y valorar si es, fundamentalmente, vocacional o estratégica. En el primer caso, habría que considerar que la banca relacional responde, sobre todo, a diferencias institucionales y permanentes entre entidades que tienen objetivos que los vinculan a ciertos grupos sociales o ciertos territorios. En el segundo, se trataría de opciones derivadas de las ventajas económicas que reporta esa especialización en un período de tiempo largo, basadas en el perfil de la clientela o el dominio de ciertas tecnologías de prestación de servicios que sirven bien a esa especialización.

1.3.2. ¿Existe un perfil de especialización característico de la banca relacional?

Las operaciones de crédito son, por sus características, las que más atención reciben en los estudios sobre banca relacional. Pero no todos los créditos dependen por igual de la confianza, dado que buena parte de ellos se basan mucho en garantías reales y otros se deciden mediante técnicas cada vez más sofisticadas de *scoring*. Además, las relaciones duraderas de los bancos con los clientes también se tejen a través de otros productos y servicios bancarios, como los depósitos, los avales o el asesoramiento financiero. Por tanto, es interesante plantearse hasta qué punto la banca relacional responde más a especializaciones concretas o, por el contrario, a la oferta a los clientes de una combinación de actividades bancarias, no sólo de apariencia relacional sino también transaccional. También es importante identificar si la orientación relacional de la banca se presenta con mayor intensidad en su actividad con empresas, hogares u otros agentes.

Responder a estas preguntas es complicado porque hace inevitable enfrentarse a un estudio como éste con muchas dificultades derivadas de la falta de información pública. Pero se trata de cuestiones del mayor interés para valorar si las relaciones entre bancos y clientes son un asunto verdaderamente relevante.

1.3.3. ¿Cuáles son las implicaciones para los clientes derivadas de la orientación relacional de la banca?

Esta pregunta es la consecuencia directa de lo comentado en el epígrafe anterior sobre el aprovechamiento por una de las partes de la conducta cooperativa de la otra. Se puede concretar la cuestión planteando si, en las relaciones duraderas con el banco, los clientes obtienen a largo plazo ventajas o desventajas de precio, volumen de crédito al que acceden, o rentabilidad y seguridad para sus inversiones. Una forma de aproximarse a la respuesta es investigar si una vinculación preferente de las empresas o los hogares con un banco representa una dependencia peligrosa de la misma o es una inversión en información compartida de la que ambas partes salen beneficiadas porque les permite reducir sus costes respectivos.

1.3.4. ¿Cuáles son las implicaciones para la competencia bancaria derivadas de la orientación relacional de la banca?

Esta pregunta se refiere a uno de los aspectos que más ha estudiado la literatura sobre banca relacional hasta ahora y se sitúa en un terreno próximo a la anterior, pero se concreta de manera distinta, desde la perspectiva de la empresa y del sector. Para valorar la cuestión desde la perspectiva de la empresa, sería de interés analizar si los bancos con una orientación más relacional disfrutan de poder de mercado y obtienen, por ello, beneficios extraordinarios. Desde la perspectiva del sector bancario, se puede plantear si existe alguna asociación razonable entre la intensidad de la orientación de las actividades financieras hacia las más relacionales y la evolución temporal de la competencia bancaria.

Esta última cuestión está emparentada con un viejo debate de los estudios de economía financiera y de banca, en el que algunos autores toman posiciones decididas a favor de la tesis de que una orientación del sistema financiero más basada en los mercados y menos en los intermediarios lo hace más transaccional y menos relacional y, gracias a ello, más competitivo. Sin embargo, la evidencia aportada por los estudios de banca relacional plantea interrogantes sobre esta conclusión.

1.3.5. ¿Cuáles son las implicaciones para la organización de las entidades bancarias de la orientación relacional de su actividad?

Con independencia de que se trate de una opción vocacional o estratégica, la banca relacional requiere hacer uso de ciertas tecnologías de producción de servicios, adecuadas a una especialización en la que se ha de procesar eficientemente información informal, captada de la clientela mediante el contacto personal. Por esa razón, en este tipo de banca, ha sido importante el papel de los recursos humanos y de las redes de oficinas; en particular, el tamaño, densidad y proximidad de las mismas a los clientes.

La relevancia de los empleados y las oficinas en la trayectoria de la banca española, su importancia en los gastos de explotación y los avances conseguidos en el control de los mismos abre varios interrogantes de interés en torno a este tema: ¿sirve un uso intensivo de empleados y oficinas para caracterizar la orientación relacional de las empresas bancarias?; ¿son los aumentos del volumen de actividad gestionados por una unidad de estos dos factores indicativos de una orientación más transaccional y menos relacional del sector bancario español? Para responder a esta pregunta es preciso tener en cuenta la capacidad de las nuevas tecnologías de actuar como factores complementarios o sustitutivos de aquellos en los que se basa tradicionalmente la tecnología relacional, y preguntarse si las nuevas tecnologías y las mejoras de productividad han permitido a los empleados hacer más actividad relacional con los clientes al liberarlos de otras tareas, es decir, si la relación actual de los clientes con los bancos es más relacional o menos.

1.3.6. ¿Cuál es la importancia del capital social del entorno de las entidades para su funcionamiento eficiente y para su orientación hacia la banca relacional?

Esta última pregunta puede parecer bastante distinta de las anteriores y de las que suele considerar la literatura sobre banca relacional. Sin embargo, algunos trabajos centrados en la banca relacional sí que insisten en la relevancia de las redes sociales en las que se encuentran inmersos los bancos. En todo caso, nuestro interés al plantearla responde a la idea de que tanto cuando se consideran relaciones directas como redes sociales más amplias las razones por las que unas u otras pueden llegar a ser productivas son similares.

Una vez aceptamos que la información sobre los clientes es valiosa y puede ser obtenida y aprovechada por el banco a través de procesos de inversión que presentan ciertas características, podemos entender que el nivel de capital social del entorno más general en el que actúa la banca puede resultar también relevante para ese proceso. Concretamente, si el capital social del territorio en el que actúa la banca es elevado, esto puede facilitar las transacciones de distinto tipo y, en particular, las bancarias, reduciendo costes de información, supervisión y riesgo. Desde luego, el aprovechamiento de ese capital social dependerá del grado de conexión del banco con la red social correspondiente.

Varias preguntas se suscitan a la vista de lo señalado: ¿es relevante el capital social del entorno para los costes y la eficiencia bancaria?; ¿influye el nivel del capital social de los territorios en la localización de la oferta de servicios de las empresas bancarias?; ¿se orientan más hacia la banca relacional las actividades bancarias en zonas en las que el capital social del entorno es más elevado?

1.4. Banca relacional en España: plan de trabajo

El análisis de los temas mencionados se desarrolla en los capítulos posteriores de dos maneras. En el capítulo 2, elaborado, como los dos siguientes, por Francisco Pérez y Juan Fernández de Guevara, se realiza una amplia revisión de la literatura internacional estructurada, en su mayor parte, en torno a los interrogantes mencionados. En los restantes capítulos, se consideran los temas desde un punto de vista empírico, refiriéndose la evidencia al caso español y a las dos últimas décadas. Hay que advertir que el tratamiento de los problemas no puede ser exhaustivo por distintas razones, pero, sobre todo, por las limitaciones de la información pública disponible, insuficiente para investigar todos los aspectos mencionados satisfactoriamente.

El capítulo 3 describe los perfiles relacionales y transaccionales de las actividades financieras de los distintos agentes o sectores institucionales, así como las características y la evolución del sistema financiero. Posteriormente hace lo mismo con el sector bancario con mayor detalle, analizándose las diferencias de especialización de la banca privada, las cajas de ahorro y las cooperativas de crédito.

El capítulo 4 se basa en una amplia base de datos de empresas bancarias —bancos, cajas y cooperativas— para el período 1992-2004. Profundiza en el análisis de la orientación relacional de las empresas mediante su caracterización según distintos indicadores de especialización y uso de recursos, agrupándolas por similitud en cinco grupos en torno a un análisis de conglomerados *(cluster)*. Posteriormente, estudia la importancia de esa especialización desde una perspectiva estratégica y sus efectos sobre el uso de factores, los costes, el poder de mercado y la eficiencia.

El capítulo 5, elaborado por Manuel Illueca y Joaquín Maudos, estudia el efecto de la banca relacional sobre el coste de la financiación empresarial. La dependencia de las empresas no financieras de la banca relacional se aproxima mediante un estudio del número de relaciones bancarias de cada empresa, utilizando, para ello, una amplia base de datos de empresas españolas. En el desarrollo del análisis se contrasta si el poder de mercado de los bancos y su eficiencia representan diferencias de costes significativos para las empresas usuarias de su financiación.

El trabajo de José Manuel Pastor y Emili Tortosa del capítulo 6 estudia dos temas. En primer lugar, se centra en la influencia de las dotaciones de capital social de los distintos territorios españoles —concretamente, de las provincias— sobre la expansión geográfica de las empresas bancarias, contrastando si el crecimiento de las oficinas se produce con mayor intensidad en zonas con más capital social. A partir de una estimación de las dotaciones de capital social del entorno de cada empresa bancaria, el capítulo analiza la influencia del mismo sobre la eficiencia, mediante métodos no paramétricos.

El contenido y enfoque de los capítulos es de naturaleza diversa, pero los capítulos 3, 4 y 5 son mucho más técnicos que los restantes. El lector menos interesado en esos aspectos más técnicos de la investigación dispone de un epígrafe de conclusiones como cierre de cada uno de los capítulos. Asimismo, en el capítulo 7 y último se sintetizan los resultados de la monografía en términos más generales y valorativos, conectando las reflexiones con los planteamientos y preguntas que se han hecho en esta introducción. Por tanto, ese capítulo puede ser también leído a continuación de estas primeras páginas.

Bibliografía

BOOT, Arnoud W. «Relationship lending: what do we know». Journal of Financial Intermediation (2000): 7-25.

BURT, R. y M. Knez. «Third-party gosip and trust», en R. M. Kramer y T. R. Tyler (eds.): Trust in organizations (1996) Thousand Oaks CA, Sage.

PALDAM, Martín. «Social capital: one or Many? Definition and measurement». Journal of Economic Surveyes, 14 (5) (2000): 629-653.

PÉREZ, Francisco, Vicente MONTESINOS, Lorenzo SERRANO y Juan FERNÁNDEZ DE GUEVARA. «La medición del capital social: una aproximación económica». Bilbao: Fundación BBVA, 2005.

2. Caracterización de la banca relacional y revisión de la literatura

Francisco Pérez García
Universidad de Valencia e Ivie
Juan Fernández de Guevara Radoselovics
Ivie

ESTE capítulo tiene por objeto revisar la literatura referida a la banca relacional y también aquellos trabajos que conectan este concepto con el de capital social. Con esta finalidad, el documento se divide en seis epígrafes, con el contenido siguiente. En el primero se caracteriza la banca relacional y se establecen algunos vínculos entre este concepto y el de capital social. En los tres puntos siguientes se procede a una revisión de la literatura sobre banca relacional ordenándose las contribuciones con el fin de identificar y estructurar una colección de temas y problemas interesantes relacionados con este concepto. Por último, en los epígrafes finales del capítulo, se formulan algunas conclusiones generales y se expone una detallada bibliografía.

En cuanto a los principales temas tratados en los tres epígrafes centrales del capítulo, el epígrafe 2.2 se ocupa del estudio de las ventajas e inconvenientes que la banca relacional puede representar para la competencia y, como consecuencia de ello, para las partes en aspectos como el acceso al crédito y los precios de los servicios. En el epígrafe 2.3 se analiza si la banca relacional es el resultado de un modelo institucional o responde más a una estrategia de especialización y uso de ciertos factores, duradera pero no permanente. Asimismo, se consideran los aspectos de la banca relacional que tienen que ver con la organización de las empresas bancarias, y, en particular, el papel de las redes de oficinas. El epígrafe 2.4 estudia la importancia del entorno en las actividades de banca relacional; en particular, la estructura financiera, el desarrollo financiero y el nivel de capital social.

2.1. Confianza, actividad bancaria y capital social

El papel de la confianza es central en el sistema financiero y atender a la misma muy importante para comprender diferentes aspectos de su funcionamiento, tanto monetarios como financieros.

Aparece relevante en primer lugar en la función del dinero como *depósito de valor*, sobre todo, cuando la moneda pasa a ser *fiduciaria*, es decir, tiene un valor monetario superior al que posee como mercancía.[1] En las economías actuales, situadas todas en ese estadio de desarrollo monetario, los principales creadores de dinero son los bancos, y la confianza en el dinero equivale a la confianza en el dinero bancario, tanto en lo que se refiera a la estabilidad de su valor como a su liquidez. Ambas cuestiones dependen del comportamiento responsable de los bancos en materia de concesión de créditos y, por tanto, de multiplicación de la base monetaria. Cuando esto no sucede, las desventajas derivadas de un mal funcionamiento de las instituciones financieras monetarias se traducen en un incremento de los costes de transacción de la economía.

Los conceptos de confianza y costes de transacción son también centrales en el estudio de la banca relacional, pero la actividad bancaria que interesa en este caso no es la monetaria sino la financiera, y, en primer lugar, la crediticia. La confianza se revela importante en un punto que es nuclear en la actividad crediticia: la solución a los problemas de información asimétrica y riesgo moral característicos de las operaciones financieras. Su aportación consiste en contribuir a reducir los costes de transacción asociados al análisis y supervisión de riesgos. La generación de confianza se produce a través del desarrollo de unas relaciones entre los bancos y sus clientes que incentivan un patrón de comportamiento cooperativo, favorecido por la repetición y la duración de los contratos.

La conducta cooperativa en las relaciones económicas puede ser interpretada como una inversión en *capital social* que, acumulado

[1] Araujo (2004) muestra que, para una muestra finita de individuos y en el que la impaciencia social no es muy elevada, podrían darse los intercambios sin la necesidad de moneda gracias a la existencia de determinadas normas sociales. Sin embargo, cuando la población es elevada, las normas sociales no bastan para sustentar los intercambios. La moneda es, por tanto, necesaria para que se realicen los intercambios.

como activo, facilita las transacciones posteriores al reducir su coste y el riesgo de cooperar. Una parte de la literatura sobre capital social —fuertemente expansiva en los últimos años— considera que la base del mismo puede ser el propio funcionamiento económico, y, en particular, el de los mercados en los que la incertidumbre hace más productiva la cooperación (Pérez, dir., et al. 2005).

Si las empresas bancarias acumulan en su trayectoria de relaciones con sus clientes un capital social de confianza, éste puede influir en distintos aspectos del funcionamiento del sistema bancario y favorecer tanto su eficiencia (a través de la reducción de los costes de transacción y monitorización) como el desarrollo económico de su entorno. Por una parte, puede tener efectos sobre la especialización y la organización interna de las empresas bancarias, la estructura y el nivel de los costes de intermediación, la eficiencia y la productividad de las empresas, financieras y no financieras. Por otra, al influir en el acceso al crédito y en el coste del mismo, incide en el desarrollo financiero y el crecimiento económico (Guiso, Sapienza y Zingales 2004a).

2.1.1. Intermediación bancaria: transacciones y relaciones

Los intermediarios financieros son empresas especializadas que se dedican a mediar entre los ahorradores e inversores. Los más importantes son las entidades de crédito. De acuerdo con la normativa vigente en España, una entidad de crédito es «toda empresa que tenga como actividad típica y habitual recibir fondos del público en forma de depósito, préstamo, cesión temporal de activos financieros u otras análogas que lleven aparejada la obligación de su restitución, aplicándolos por cuenta propia a la concesión de créditos u operaciones de análoga naturaleza», o aquella empresa distinta de las anteriores que «emita medios de pago en forma de dinero electrónico».[2]

A partir de esta definición podemos identificar dos características distintivas de los bancos frente al resto de intermediarios o frente a los mercados financieros. En primer lugar, los bancos son enti-

---

[2] Artículo 1.1 del Real Decreto Legislativo 1298/1986, de 28 de junio, del Ministerio de Economía y Hacienda de adaptación del derecho vigente en materia de entidades de crédito al de las Comunidades Europeas.

dades especialistas en la provisión de medios de pago y la creación de dinero, facilitando, de este modo, las transacciones económicas. Además, realizan una transformación cualitativa de sus activos (Greenbaum y Thakor 1995) que va más allá de la intermediación entre depósitos líquidos y préstamos ilíquidos, al modificar también el riesgo de la operación financiera.

Como afirman Bhattacharya y Thakor (1993), las asimetrías de información son la causa de los costes de transacción más importantes a los que se enfrenta un agente en los mercados financieros. La empresa bancaria disfruta de ventajas para solucionar estos problemas de ajuste de los términos del contrato de deuda entre el prestamista y el prestatario mediante la transformación cualitativa de activos. Para apreciar la importancia de esta función, supongamos que no existen intermediarios financieros y las empresas o familias tienen que financiarse acudiendo directamente a los mercados. En este contexto, los ahorradores tienen que encontrar un emisor de deuda o acciones que encaje en sus preferencias en cuanto a madurez, liquidez y riesgo. En este proceso de ajuste de las preferencias de los oferentes y demandantes de fondos prestables se plantea un problema de *selección adversa*, ya que, antes de decidir la adquisición de los activos financieros, cada agente debe incurrir en unos costes para conocer la calidad del activo. Si no lo hacen, los prestatarios con activos de peor calidad tendrían incentivos a emitir deuda y financiarse a costa de los inversores sin capacidad de distinguir la calidad de los activos o incautos. Pero, adicionalmente, una vez los inversores han adquirido los títulos de deuda, tienen que evitar los problemas de *riesgo moral* incurriendo en costes para supervisar a los prestatarios con el fin de evitar que los fondos invertidos generen riesgos excesivos.

Gracias a la transformación de riesgos, mientras los pasivos bancarios son líquidos y con un plazo que suele adaptarse a las preferencias de los ahorradores, los activos son arriesgados y se ajustan a las preferencias de los inversores. El banco incurre en costes para conocer la calidad del activo, pero su especialización resulta más eficiente que la valoración del riesgo por cada uno de los pequeños inversores gracias a la existencia de economías de escala en la búsqueda, tratamiento y análisis de la información. El intermediario actúa como analista *ex ante* y como supervisor delegado *(delegated mo-*

nitor) de los prestatarios, produciendo eficientemente información sobre las actividades de la empresa y reduciendo los costes de paliar las asimetrías de información y el *riesgo moral*. La eficiencia en esta actividad representa un ahorro en costes que se consigue porque el banco tiene incentivos para realizar la supervisión del prestatario, ya que contribuye en la concesión de créditos no sólo con los pasivos de sus depositantes, sino también con sus recursos propios (Diamond 1984).

En la ejecución de estas actividades los bancos llevan a cabo transacciones que, con frecuencia, son repetidas o se caracterizan por la duración de los compromisos. En estas circunstancias, entre los clientes de los bancos y estas entidades se desarrollan relaciones directas, en las que el trato personal resulta importante y las actitudes y expectativas de las partes también. Como sucede en otros ámbitos de la vida social o económica, en esas relaciones se generan con frecuencia por ambas partes conductas de cooperación y reciprocidad, que reducen el riesgo y son capaces de promover *expectativas de trato favorable*. Para incentivarlas es crucial que las partes contratantes tengan presente que su interacción se repetirá, pues, en ese caso, es más beneficioso cooperar.

Las expectativas de cooperación recíproca son consideradas, en general, por la literatura económica la base del capital social (SCIG 2001). De ellas se deriva la acumulación de confianza que llega a constituir un activo intangible con efectos potenciales sobre la productividad (Pérez, dir., et al. 2005). Esta misma idea aparece en la banca relacional, que considera relevantes las relaciones duraderas entre bancos y clientes para explicar distintos aspectos de la actividad bancaria.

2.1.2. Definiendo la banca relacional

La *banca relacional* puede ser concebida como una forma de realizar la intermediación financiera que requiere la interacción repetida entre los clientes y las entidades para que puedan existir incentivos a realizar contratos duraderos y aceptar contratos incompletos con cláusulas en parte implícitas que ambas partes consideran potencialmente ventajosos aunque estén condicionados por el riesgo de que se incumplan las expectativas de cooperación recíproca a medio plazo. A esta opción se contrapone la de la *banca transaccio-*

nal, en la que las entidades ofrecen productos financieros a sus clientes mediante compromisos o contratos que no tienen en cuenta las posibilidades que ofrece la interacción repetida entre ambos, es decir, considerando que los beneficios de las operaciones que se realizan se circunscriben a las condiciones contempladas en cada contrato.

La banca relacional ha sido analizada con distintos enfoques y, aunque son pocos los trabajos que presentan definiciones explícitas, el eje central de todos ellos es una asociación entre las ventajas de la proximidad y la interacción repetida para solucionar los problemas de supervisión y de evaluación de riesgos, en los contextos de incertidumbre e información asimétrica tan característicos de los mercados financieros. Con mayor precisión, Boot (2000) define banca relacional como la provisión de servicios financieros por parte de un intermediario que 1) invierte en la obtención de la información apropiable específica del cliente (información privada) y 2) evalúa la rentabilidad de estas inversiones a través de interacciones múltiples con el mismo cliente a lo largo del tiempo o a través de distintos productos.

Otras definiciones más recientes plantean la cuestión de modo similar. Así, la definición que se propone en el trabajo de Elsas (2004) se centra el segundo punto de la de Boot, al delimitar el concepto de banca relacional como un contrato implícito a largo plazo entre el banco y su deudor, aunque, a continuación, reconoce que —debido a la interacción repetida— el banco adquiere información privada acerca de su cliente que resulta beneficiosa para ambos. Freixas (2005) define el término como la inversión en la provisión de servicios financieros que permitirá interactuar repetidamente con el mismo cliente. La inversión a la que se refiere esta definición es la que realiza la institución financiera para la obtención de información específica del cliente.

La definición de Boot (2000) pone el énfasis en aspectos clave ya que, además de la importancia de la banca relacional para solucionar los problemas derivados de la existencia de costes de supervisión, de agencia y de evaluación de riesgos, es central considerar la posible apropiación por parte del banco de información privada del prestatario que no se encuentra disponible para otra entidad. Esta característica tiene dos consecuencias inmediatas. En primer lugar, que la entidad bancaria tenga que destinar recursos a la obtención de esta información implica que sólo lo hará si la relación es lo suficientemente rentable como para recuperar dicha inversión. Esto puede lograrse si la inversión puede dar poder de mercado al banco, derivado del monopolio informacional, pero también si le permite, simplemente, una rentabilización duradera de la inversión. En la medida que la relación entre el prestatario y la entidad bancaria sea duradera, se produce la segunda consecuencia: se generan incentivos en el cliente para revelar más información de lo que estaría dispuesto a hacer si la relación fuese sólo transaccional, confiando en sus positivos efectos a medio plazo, por ejemplo, en materia de acceso a la financiación en circunstancias difíciles. Por estos motivos es posible que una empresa dispuesta a llevar a cabo una inversión prefiera revelar los detalles de la misma a una entidad bancaria en la que confía por haber interactuado repetidamente en el pasado que a otra en la que estas circunstancias no se dan. También es posible que prefiera transmitir la información a un intermediario en el que confía que revelar los detalles de su inversión a los mercados, y, a través de ellos, a sus competidores, mediante una emisión de bonos o una ampliación de capital.

Estas relaciones duraderas y de confianza entre el prestamista y el prestatario, que se traducen en un flujo de información privada, permiten que las relaciones entre ambos sean más flexibles, pero también puede hacerlos más dependientes.

Cuando existe una relación duradera entre las partes, puede ser más fácil llegar a acuerdos en aspectos concretos que pueden entenderse como parte de compromisos implícitos o genéricos a largo plazo. Debido a las asimetrías de información, de no mediar la confianza, la relación contractual sería más costosa al resultar complicado incluir en los contratos cláusulas que reflejen todas las contingencias futuras, por no ser previsibles a priori o no ser verificables a posteriori.

La banca relacional proporciona flexibilidad al permitir renegociar los términos contractuales de forma más sencilla en comparación con una relación transaccional, independientemente de si ésta se realiza con un intermediario o a través del mercado. Así, es más fácil renegociar un préstamo bancario si la relación entre las partes es duradera y la confianza está presente que las características de un título emitido en un mercado. Además, en la medida en que el banco consigue la información por parte de su cliente, es más fácil la utilización de activos de garantía en la transacción *(collateral)*, ya que, en algunos casos, esto sólo será realmente efectivo si el banco puede supervisar la evolución del valor del activo, lo cual es más factible en un contexto de interacción repetida y de confianza. La flexibilidad también se manifiesta en la ampliación de la financiación. Bolton y Freixas (2000) establecen que la banca relacional favorece a sus clientes en la medida que proporciona financiación en momentos en los que la empresa más lo necesita.

En muchas ocasiones se suelen asimilar la banca relacional con los préstamos a pequeñas y medianas (pymes) empresas. Esta identificación se produce al considerarse que en las pymes los problemas informacionales que se vienen destacando son más intensos, dada su mayor opacidad, los menores requerimientos legales de información formal y el hecho de que su propio tamaño les limita el acceso a los mercados de capitales para obtener recursos ajenos. La actividad de la banca con las economías domésticas, en cambio, pese a que la financiación de las mismas responde también a estas características y resulta evidente que es de naturaleza relacional, no suele merecer tanto interés de los investigadores desde esta perspectiva.

Que sean las pymes y las economías domésticas las que aparecen más estrechamente relacionadas con la banca y más dependientes de su financiación plantea si la banca relacional representa una amenaza para la competencia y una vía por la que ejerce poder de mercado. Este aspecto merece mucha atención de la literatura y se contempla en el epígrafe siguiente.

2.2. Ventajas e inconvenientes para las partes: acceso al crédito, precios y competencia

El resultado del establecimiento de una relación duradera no siempre termina siendo rentable para todos, especialmente cuando la relación es demasiado intensa para alguna de las partes, ya que el fortalecimiento de las relaciones y la adquisición de información privada pueden representar una amenaza tanto para la entidad como para el cliente.

Por una parte, una relación demasiado intensa puede limitar al banco su capacidad para hacer cumplir los compromisos del prestatario o restringir su ámbito de decisión a la hora de negar el acceso a nuevos créditos cuando la situación de solvencia de la empresa desaconseje un incremento de la deuda de ésta *(soft-budget constraint)*.

Por otra, en el lado del cliente pueden surgir también efectos negativos asociados a la relación puesto que, a través de la interacción repetida y la relación de confianza, la empresa ha revelado información que no está disponible para el resto del mercado y puede quedar atrapada por el banco que podría actuar como un monopolista fijando tipos de interés superiores a los de un entorno competitivo. En caso de que la empresa decidiera acudir a otro banco para financiarse e iniciar otra relación, el nuevo banco podría atribuir a este cliente una baja calidad crediticia al considerar que acude tras no haber obtenido financiación del banco que mejor lo conoce, posiblemente por su alto nivel de riesgo.

Este monopolio informacional plantea, por tanto, un riesgo: la situación en la que queda la empresa cuando el banco le falla, que es conocido como el *holdup problem* (Sharpe 1990; Von Thadden 2004; Rajan 1992). Por tanto, si bien el efecto beneficioso de las ganancias de información asociadas a la banca relacional debería representar un menor tipo de interés para los clientes —derivado de la menor prima de riesgo a aplicar y/o de los menores costes de transacción y monitorización—, la empresa puede quedar cautiva en manos de su banco. En ese caso se observarían tipos de interés superiores en las operaciones relacionales que en las transaccionales.

¿Qué incentivos puede tener una empresa para establecer la relación estable con un banco si corre el riesgo de que, a la larga, éste le cobre tipos de interés superiores? Boot (2000) argumenta que, además de valorar la probabilidad de que esto suceda, o no, la empresa puede considerar otras potenciales ventajas como el mayor o más fácil acceso al crédito: aunque lo reciba a un tipo de interés superior, para la empresa es importante saber que, cuando necesite financiación, la obtendrá del banco. Por el contrario, si se buscan múltiples relaciones para no quedar atrapado, es posible que los tipos de interés que se tengan que pagar sean menores, pero que, en algún momento, no se encuentre financiación, especialmente cuando las condiciones crediticias empeoren.

Existe otra hipótesis sobre la estrategia de los bancos acerca del tipo de interés que aplican a sus préstamos relacionales, según la cual, lo relevante no sería sólo el nivel de los tipos sino la estabilidad de éste. Berlin y Mester (1999) modelizan el comportamiento de los bancos al fijar el precio en las operaciones activas, relacionándolas con la estructura de los pasivos bancarios. De sus resultados se desprende que alguna característica de la banca relacional, como la disponibilidad en el pasivo de una fuente de financiación relativamente inelástica a los tipos de interés, como los depósitos a la vista o de ahorro, aíslan a los costes financieros de *shocks* agregados en la economía y permiten ofrecer a los clientes de activo contratos implícitos multiperíodo que los protegen de estos *shocks*. Por tanto, la estructura de los pasivos bancarios y la existencia de poder de mercado en los depósitos serían relevantes para explicar por qué la banca relacional alisa los tipos de interés de los préstamos bancarios. La conclusión de este trabajo acerca del alisamiento de los tipos de interés es similar a la de Allen y Gale (1997) desde otra perspectiva diferente.

Un asunto relacionado con éste es si mayores niveles de competencia por el pasivo de las entidades, tal y como ha venido sucediendo en los mercados financieros desarrollados a lo largo de los últimos años debido al proceso de la desintermediación, hacen más dificultosa la práctica de la banca relacional o, al contrario, si la impulsan en ciertos casos. Concretamente, la razón de la aceptación de determinados márgenes nulos (o incluso negativos) en las operaciones pasivas de ciertos clientes puede encontrarse en otras relaciones con los mismos en el activo, es decir, en la venta de paquetes de servicios en un horizonte de largo plazo con un enfoque típicamente relacional.

En realidad, desde el punto de vista teórico o general, los resultados que cabe esperar de la banca relacional presentan un nivel de indeterminación similar al que aparece en muchas otras situaciones estratégicas, en las que la competencia en los mercados puede desarrollarse de distintas formas. La condición necesaria para que la banca relacional exista es que se genere valor para las partes. Sobre cuándo se genera, y cómo se reparte el excedente entre el prestamista y el prestatario, ya no hay tanta unanimidad en la literatura. Por un lado, si bien la adquisición de información privada puede conferir poder de mercado a la entidad financiera para fijar tipos de interés por encima del competitivo, también puede facilitar que la prima de riesgo en una operación crediticia sea menor y, por tanto, también el tipo de interés. Las ventajas del cliente también podrían venir del hecho de que, aunque el tipo de interés fuese superior al de mercado, obtuviese financiación gracias al mayor conocimiento que de él tiene el banco, y que en otras circunstancias podría no haber obtenido.

La valoración de las ventajas e inconvenientes que se derivan de la banca relacional para prestamistas y prestatarios es, por tanto, un problema empírico, y depende de los aspectos considerados y el caso estudiado. De hecho, buena parte de la literatura se orienta en esa dirección y será revisada a continuación siguiendo un orden que permita contemplar las siguientes grandes áreas. La primera es la valoración de aspectos que tienen que ver con cómo se distribuye el excedente generado por la banca relacional. Otra parte de la literatura analiza el efecto que el entorno puede tener sobre las posibilidades de una entidad de realizar banca relacional, ya que un entorno altamente competitivo puede erosionar las rentas futuras de la entidad bancaria y hacer que no se pueda amortizar la inversión en obtener información propietaria. Por otro lado, la obtención por parte de algunos bancos de este tipo de información no disponible para el resto de entidades podría representar una barrera de entrada para la competencia en los mercados bancarios. Por último, algunos trabajos se centran en analizar qué factores determinan que unas empresas adopten estrategias de establecer relaciones bancarias con una única entidad o las establezcan con varias. Además, en algunos casos, tratan de determinar, si es este segundo el caso, cuál es el número óptimo de relaciones bancarias.

2.2.1. Coste de la financiación, acceso al crédito y garantías

Numerosas aplicaciones empíricas analizan los efectos de la intensidad de la relación sobre el tipo de interés de los préstamos y el acceso a la financiación. Generalmente se utilizan bases de datos de préstamos bancarios a medianas y pequeñas empresas, obtenidos mediante encuestas o bases de datos constituidas por las carteras de crédito de entidades financieras.

Petersen y Rajan (1994) dan por sentado el valor de la relación entre la entidad bancaria y las pymes y utilizan el *National Survey of Small Business Finance* de los Estados Unidos para analizar su efecto sobre la disponibilidad de financiación y el tipo de interés que pagan por ésta. Sus resultados muestran que, cuando existe fuerte relación entre el cliente y la entidad, no se observan mejoras en el precio de la financiación que recibe la empresa, aunque sí en la disponibilidad del crédito. Encuentran que aquellas empresas que recurren a la financiación a través de un número más amplio de relaciones bancarias se ven obligadas a pagar tipos de interés superiores y reducen su disponibilidad de fondos. Los resultados de Elsas y Kranhnen (1998) apuntan en esta misma dirección. Realizan su aplicación empírica para una muestra de las carteras de crédito de cinco grandes bancos alemanes y utilizan como medida relacional si el banco es o no el principal intermediario para la empresa *(housebank).* Los resultados muestran que la relación bancaria facilita la obtención de liquidez en empresas que han sufrido un deterioro inesperado de la calidad crediticia. En este sentido, el trabajo apunta que las empresas no temen tanto el *holdup problem* sino que valoran que el banco, una vez ha establecido la relación, no puede negar crédito aunque la relación se deteriore *(soft-budget constraint).*

Berger y Udell (1995) utilizan la misma fuente de información que Petersen y Rajan (1994), pero analizan los efectos de la duración de la relación bancaria sobre el tipo de interés y los requerimientos de activos de garantía de las líneas de crédito. Argumentan que el motivo para centrarse en las líneas de crédito es que este tipo de actividades bancarias es, en sí misma, una formalización de la relación bancaria entre el cliente y la entidad. En sus resultados encuentran una correlación negativa entre el tipo de interés y la duración de la relación y, conforme aumenta ésta, los requerimientos de activos de garantía son menores. Por tanto, constituye evidencia del valor que genera la intensificación de la relación entre el banco y su cliente. Con la misma fuente de información, Chakraborty y Hu (2006) analizan el efecto de los requerimientos de colateral de las líneas de crédito y de los préstamos concedidos fuera de la línea de crédito, así como el efecto de la duración de la relación bancaria y de la amplitud de servicios bancarios proporcionados por el banco. Sus resultados indican que la amplitud de servicios contratados reduce el requerimiento de activos de garantía en los préstamos que no forman parte de una línea de crédito y no afecta en las líneas de crédito. En sentido contrario, los préstamos concedidos mediante líneas de crédito sí que requieren menores activos de garantía cuanto más duradera es la relación bancaria, no siendo relevante para el resto de préstamos. Entre sus principales conclusiones también cabe citar que la importancia de la información adquirida de manera informal (a través de la duración y la relación) no disminuye con la existencia de mayor información pública disponible, ya que la exigencia de activos de garantía no disminuye con la edad de la empresa.

Degryse y Ongena (2005) utilizan dos indicadores de la duración de la relación. Sus resultados apuntan a que, a mayor intensidad de la relación entre el cliente y el banco, menor es el tipo de interés. Sin embargo, a mayor duración de la relación, mayor es el tipo de interés.

Harhoff y Körting (1998) utilizan una encuesta a 1.509 pequeñas y medianas empresas alemanas (menores de 500 empleados) para analizar los efectos de la banca relacional sobre el tipo de interés de las líneas de crédito, la disponibilidad de crédito y la demanda de garantías por parte del banco. Como medidas relacionales utilizan la duración de la relación entre el banco y la empresa, el número de bancos que prestan a la empresa y una variable que refleja si existe una relación de confianza entre la empresa y el banco. A diferencia de Berger y Udell (1995), sus resultados apuntan que la intensidad de la relación tiene efectos más importantes sobre los menores requerimientos de activos de garantía y la disponibilidad de crédito que sobre los tipos de interés.

Cole (1998) centra su análisis en la importancia de las relaciones bancarias a la hora de disponer de financiación. Sus resultados muestran que es más probable que un banco financie a una empresa con la que ya tenía previamente una relación (fundamentalmente a través de cuentas de ahorro y servicios de gestión de activos), aunque la duración de la relación no es determinante. En la aplicación empírica se considera conjuntamente la edad de la empresa —como *proxy* de la capacidad de obtener información pública— y la duración de la relación bancaria —como indicador de la capacidad del banco de disponer de información privada de los clientes—. El autor concluye que, al ser la duración de la relación estadísticamente significativa cuando se incluye conjuntamente con la edad de la empresa, la relación genera información privada para el banco ya que lo ayuda en la decisión de conceder o no los préstamos. Además, tanto la edad, como la duración de la relación son variables que pierden capacidad explicativa con el tiempo; es decir, las entidades bancarias obtienen la información relevante de sus clientes en los primeros años. En este trabajo se vuelve a contrastar que, cuantas más relaciones tenga la empresa, menores serán las ventajas marginales de información derivadas de la ampliación de la relación bancaria.

Degryse y Van Cayseele (2000) analizan el impacto de diversas medidas de relaciones bancarias sobre características contractuales de préstamos, a partir de una base de datos de 18.000 préstamos concedidos por un gran banco belga a pequeñas y medianas empresas. Sus resultados muestran que el precio aumenta con la duración de la relación, pero los requerimientos de activos de garantía, en cambio, disminuyen. Además, cuanto mayor es la gama de productos contratados, la generación de información del cliente es mayor, por lo que el tipo de interés de los préstamos es menor. Por tanto, este trabajo matiza las consecuencias de la hipótesis planteada acerca de que las empresas quedan atrapadas en la red de relaciones con sus bancos pues, a medida que éstos conocen mejor a sus clientes, se observa un menor coste de la financiación y un menor requerimiento del colateral. Asimismo, también abunda en la idea de que la banca relacional se desarrolla no sólo en el ámbito de los contratos de crédito, sino en otras muchas actividades bancarias que contribuyen a tejer la red de relaciones entre un banco y su cliente y a suministrar al primero información sobre el segundo.

En concordancia con las expectativas acerca de que las posibilidades de mantener una relación estable pueden influir sobre las condiciones de los contratos, Petersen y Rajan (1995) obtienen que las empresas jóvenes pueden disponer de financiación más fácilmente en mercados concentrados que en mercados competitivos. Además, los bancos suelen fijar tipos de interés menores para empresas jóvenes en los mercados donde hay menor nivel de competencia (mayor concentración del mercado), aunque el tipo de interés que fijan para empresas de mayor edad esté por encima del competitivo. Los resultados de este trabajo apoyarían la tesis de que la banca relacional hace que las empresas queden atrapadas por las entidades bancarias que las financian, que esperarían conseguir tipos de interés superiores conforme la relación es más duradera. La obtención por parte del banco de estas rentas en el futuro facilita que las empresas puedan obtener financiación más fácilmente en las primeras etapas de su vida que en mercados competitivos. Angelini, Di Salvo y Ferri (1998) también encuentran evidencia a favor de la existencia del problema del *holdup* de las empresas que tienen intensas relaciones con su entidad bancaria.

Egli, Ongena y Smith (2006) modelizan la decisión de inversión de un emprendedor y obtienen que la banca relacional surgirá de forma endógena en contextos en los que existe alto riesgo de impago. A partir del modelo que proponen, predicen una relación negativa entre el coste de la financiación y la banca relacional, gracias a la reputación que el inversor puede adquirir gracias a la relación a largo plazo. Sin embargo, si el riesgo de impago es bajo, los inversores no estarán interesados en establecer relaciones con sus entidades financieras, ya que pueden quedar vinculados por ésta sin obtener contrapartidas.

2.2.2. Banca relacional y competencia

Junto a la atención prestada por la literatura sobre banca relacional al efecto de la misma sobre la de los tipos de interés, los costes y los beneficios, y el acceso al crédito, existe una amplia literatura, teórica y empírica, que contempla la relación entre competencia y banca relacional. En este punto tampoco existe acuerdo ni evidencia unánime sobre el signo de los resultados.

Hay razones para pensar que unos mayores niveles de competencia pueden significar una amenaza para la banca relacional, ya que la competencia ofrece incentivos al cambiar de entidad para aprovechar los menores tipos de interés o la mayor disponibilidad de crédito de los rivales. Como consecuencia de la expectativa de una menor duración de la relación con el cliente, se reduce el valor de la información y el de la relación bancaria. Si eso sucede, los bancos reducirán sus inversiones específicas para obtener información privada de sus clientes. Además, la menor duración de la relación puede impedir que se adopten estrategias de alisamiento de tipos de interés con los clientes.

Varios resultados empíricos apuntan en esa dirección. Según Petersen y Rajan (1995), las empresas jóvenes reciben tipos de interés inferiores en mercados concentrados (que utilizan como *proxy* de menos competitivos) y las empresas de peor calidad reciben menor financiación en contextos de alta competencia. Elsas (2004) encuentra también una relación negativa entre la concentración del mercado, como indicador de competencia, y el indicador de banca relacional (si el banco es considerado como el *housebank* de la empresa). Berlin y Mester (1999) apuntan, además, que mayores niveles de competencia en el pasivo reducen las posibilidades de llevar a cabo la banca relacional, ya que dificultan el acceso de las entidades bancarias a una fuente de financiación con bajo coste a partir de la cual pueden llevar a cabo estrategias de alisamiento de los tipos de interés a sus clientes a lo largo del tiempo.

En sentido contrario, otra parte de la literatura apoya la idea de que mayores niveles de competencia pueden favorecer el establecimiento de estrategias relacionales, ya que, en caso de que se consiga que la relación perdure, las ventajas serán importantes si ello equivale a una diferenciación del producto. Boot y Thakor (2000) modelizan el comportamiento bancario distinguiendo entre el volumen de banca relacional llevado a cabo y la intensidad de la misma. Obtienen que mayores niveles de competencia bancaria pueden inducir al banco a incrementar el volumen de banca relacional, aunque la intensidad de cada relación disminuya conforme aumenta la competencia entre entidades bancarias. Esto es debido a que la competencia afectará fundamentalmente al volumen de préstamos transaccionales, en los que no es necesario realizar inversiones relacionales para evaluar su calidad crediticia, ya que, generalmente, serán los de mayor calidad y menor riesgo. Los préstamos relacionales, en cambio, se verán menos afectados por el incremento de la competencia puesto que dependen, en mayor medida, de la información privada al ser más difícil su catalogación crediticia. En este entorno más competitivo, el ingreso marginal por un nuevo préstamo será menor que en una situación de monopolio o de competencia monopolística. Si el intermediario invierte recursos destinados a captar información propietaria de sus clientes hasta el punto en que el coste de la inversión iguale al ingreso marginal de los préstamos, un menor nivel de estos últimos reducirá también la inversión en la obtención de esta información. Los resultados empíricos del trabajo de Degryse y Ongena (2003) aportan evidencia en esa misma dirección, es decir, a favor de la hipótesis de que altos niveles de competencia pueden generar mayores niveles de banca relacional.

Dinç (2000) modeliza el comportamiento de la empresa bancaria a la hora de mantener sus compromisos a largo plazo cuando la calidad crediticia del cliente se deteriora en un contexto de incremento de los niveles de competencia. Sus resultados muestran que el efecto de la mayor competencia depende de la fuente de este mayor nivel de rivalidad. Si la competencia se centra en el negocio transaccional, por ejemplo, por un desarrollo en los mercados financieros, el valor de mantener una reputación es más alto, ya que le permitirá mantener a los clientes relacionales cuya rentabilidad no se ha visto afectada por la competencia.

Otra pregunta planteada en la literatura es si la banca relacional actúa como barrera de entrada a nuevos competidores, influyendo en la evolución de las estructuras financieras. Esta cuestión es respondida afirmativamente por Dell'Ariccia, Friedman, y Marquez (1999) en un trabajo centrado en las asimetrías de información entre las entidades bancarias asociadas al distinto conocimiento de los clientes derivadas de la banca relacional. Si un banco existente en el mercado dispone de información acerca de la calidad crediticia de sus clientes, podrá dejar de financiarlos en el caso de baja calidad. Potenciales entrantes en el mercado se encontrarán con un problema de selección adversa, ya que no serán capaces de distinguir a estos inversores que las entidades ya instaladas en el mercado han rechazado financiar por la alta probabilidad de impago de los demandantes. Los autores citados demuestran, utilizando un modelo de competencia de Bertrand con dos bancos en el mercado, que, bajo determinados supuestos, las asimetrías de información entre entidades suponen una barrera para los potenciales entrantes.

2.2.3. Determinantes del número de relaciones bancarias

Buena parte de la literatura considera que la existencia de un número amplio de bancos que financian a una misma empresa hace desaparecer las ventajas de información derivadas de la inversión en el establecimiento de la relación. Por ello, algunos trabajos se han preguntado por los factores que determinan el número de relaciones bancarias de una empresa (Ongena y Smith 2000a; Farinha y Santos 2002; Detragiache, Garella, y Guiso 2000).

Detragiache et al. (2000) presentan un modelo que descompone en dos decisiones distintas el número de relaciones bancarias óptimo de una empresa a la hora de financiar un proyecto de inversión. En primer lugar se opta por una relación bancaria única o se seleccionan varias entidades. Posteriormente, si la empresa opta por la segunda alternativa, se ha de determinar el número óptimo de relaciones bancarias.

De acuerdo con el modelo, ambas decisiones dependen básicamente de la probabilidad de que los bancos tengan problemas de liquidez y no puedan financiar la inversión en períodos posteriores,[3] de la eficiencia del marco legal e institucional para que el banco recupere su inversión o de la rentabilidad de la misma, ya que, si la inversión es altamente rentable, la pérdida esperada en el caso de no obtener financiación en el futuro es también alta. La aplicación empírica del modelo teórico no permite rechazar las principales conclusiones que se derivan de éste.

Ongena y Smith (2000a) prestan también atención a aspectos institucionales constando las diferencias en el número de relaciones bancarias en una muestra de grandes empresas pertenecientes a 20 países europeos. Utilizan dos tipos de determinantes del número de relaciones bancarias: las características de las empresas y las diferencias derivadas de los marcos institucionales de cada país. Sus resultados apuntan que las características de las empresas explican un porcentaje elevado de la variación del número de relaciones bancarias (40% de la variación en la muestra). Sin embargo, una vez se in-

---

[3] Si es alta la probabilidad de que el banco con el que se establece la relación única tenga problemas de liquidez y no pueda garantizar la inversión en períodos posteriores, la empresa optará *ex ante* por la financiación de varios bancos, ya que *ex post* encontrará dificultades para obtener financiación. Estas dificultades vendrán dadas por el problema de selección adversa al que se enfrentaría, derivado de que los bancos a los que acuda para obtener financiación adicional catalogarán al cliente como de mala calidad al constatar que su principal entidad financiadora le niega el crédito. Del mismo modo, la solución óptima de la opción de establecer múltiples relaciones bancarias también depende de la probabilidad de que los bancos tengan problemas de liquidez *ex post*, ya que las entidades establecerán un número más amplio de relaciones cuanto mayor sea ésta.

troduce el efecto país, todas las variables de empresa, salvo el tamaño, pierden la significatividad.

Para estudiar también la cuestión del número de relaciones, Farinha y Santos (2002) utilizan un modelo de *duración* aplicado al registro de créditos del Banco de Portugal, que contiene la práctica totalidad de los créditos concedidos por los bancos operantes en este país a lo largo del período de 1980 a 1996. Concluyen que, generalmente, las empresas comienzan a financiarse con un único prestamista pero que, sin embargo, la probabilidad de establecer múltiples relaciones se incrementa con la duración de la misma. Ello se debe a que la empresa trata de evitar los *holdup problems* y el banco relacional trata de reducir su concentración de riesgos con empresas de bajas rentabilidades.

2.3. Banca relacional: ¿modelo institucional o estrategia?

Aunque presenta también conexiones con los efectos de la competencia, otro numeroso conjunto de trabajos puede ser agrupado desde una perspectiva diferente: su interés en discutir si la banca relacional es una forma de desarrollar la actividad que responde a un modelo institucional o, más bien, una estrategia, duradera pero no permanente, vinculada al uso de ciertas tecnologías en la producción de los servicios o a la especialización. Próximas a estas cuestiones se encuentran también las que se refieren a los aspectos organizativos de la banca vinculados a la actividad relacional.

2.3.1. La banca relacional como modelo institucional

Algunos trabajos concentran el estudio de la banca relacional en el análisis del comportamiento de determinados tipos de entidades que, implícita o explícitamente, se asocian al concepto que consideramos. El supuesto de partida es que las empresas bancarias con ciertas características institucionales responden en su comportamiento al modelo de banca basada en las relaciones. Las tres características más presentes son el tamaño, el ámbito de actuación local y la naturaleza cooperativa, mutualista o social de las entidades. En España ese punto de vista se expresa en ocasiones con referencia a las cajas rurales o las cajas de ahorros, en las que se combinan de distinta forma esos tres rasgos mencionados (Valle 2004), aunque, por el momento, los análisis disponibles son escasos y su base empírica, limitada.

DeYoung, Hunter, y Udell (2004) analizan los *community banks* norteamericanos desde esta perspectiva. Definen a estas entidades como aquellas instituciones financieras que aceptan depósitos y proporcionan servicios financieros y créditos a economías domésticas y empresas, y utilizan la información que obtienen en la provisión de estos servicios como una ventaja comparativa frente a entidades de mayor tamaño. Aunque no explicitan el concepto de banca relacional, su definición de *community bank* está cercana a las características que se desprenden de la definición de Boot (2000), en el sentido de que la fuente de ventaja competitiva se deriva de la adquisición de información por parte de las entidades bancarias asociadas a la interacción con los clientes. Sin embargo, para hacer operativo el concepto desde un punto de vista empírico, DeYoung, Hunter, y Udell (2004) caracterizan a la banca relacional como un banco que opera a través de oficinas físicas en un área geográfica limitada, ofrece variedad de préstamos y depósitos, y tiene un ámbito de actuación local que impide que sus acciones coticen en mercados organizados desarrollados. La consecuencia de ello es que no se analizan, en general, qué entidades se comportan como relacionales según los criterios de Boot, sino en qué medida son relacionales cierto tipo de bancos que, sobre todo por su dimensión local, se supone están vocacionalmente orientados a la banca relacional.

En esta definición aparecen, pues, combinados el tamaño, el ámbito geográfico y la tecnología utilizada en la producción de los servicios. En cuanto a los dos primeros, en buena parte de la literatura, la asimilación entre bancos relacionales, tamaño y localización de la actividad de éstos es clara. En este sentido, Ergungor (2005) identifica directamente a los *community banks* como prestamistas especializados en la banca relacional, tanto por su mayor capacidad de establecer relaciones cercanas con empresas pequeñas y opacas, como por su capacidad de procesar información informal *(soft-information)* no verificable. Su definición de los *community banks* se basa en un límite de tamaño de la entidad, considerando únicamente aquellos bancos con activos totales por debajo de un determinado umbral (150 millones de dólares).

Angelini, Di Salvo y Ferri (1998) analizan si la naturaleza local de las cooperativas de crédito italianas les confiere ventajas en el tratamiento de la información para solucionar problemas de información asimétrica. Argumentan que este tipo de ventajas pueden deberse a dos factores distintos. Por un lado, gracias al conjunto de relaciones —no exclusivamente económicas— que las cooperativas de crédito tienen con el entorno local en el que operan, adquieren información adicional no disponible para otras empresas financieras presentes en el mercado. Además, la implicación con la estructura social del área les permite, según estos autores, aplicar sanciones sociales que potencian su capacidad de gestionar los riesgos. De acuerdo con esta hipótesis, que también contemplan con frecuencia los estudios generales sobre capital social, los menores costes de *screening* y de supervisión que la inmersión de la cooperativa de crédito tiene en el entramado social deberían significar menores tipos de interés en sus préstamos, en relación al resto de competidores financieros, o mayores beneficios. A la luz de sus resultados, la primera hipótesis no resulta confirmada y los datos dan soporte más bien a la segunda, según la cual existen beneficios derivados de la naturaleza cooperativa de estas entidades que se producen únicamente para los socios de las mismas. Así, los inversores menos arriesgados podrían señalizarse como tales asociándose a la cooperativa, asumiendo de este modo que parte de sus rendimientos dependerán del rendimiento conjunto de la cooperativa.

2.3.2. Tecnologías de producción de información para las decisiones bancarias

En lugar de poner el énfasis en el perfil institucional de las entidades que se desprende de la combinación de los factores mencionados en el epígrafe anterior, la banca relacional puede también ser contemplada como una opción estratégica de cualquier banco —grande o pequeño— que opta por especializarse en este tipo de actividades y en la tecnología que las mismas requieren. En la literatura bancaria pueden encontrarse trabajos que consideran la banca relacional desde esta perspectiva, según la cual las relaciones con los clientes serán contempladas como un *input* importante de los procesos de captación de información para decidir.

En este sentido Berger y Udell (2002) caracterizan la *tecnología relacional* como una de las *tecnologías crediticias* que los bancos pueden utilizar a la hora de conceder préstamos. Según estos autores, existen cuatro formas básicas de conceder préstamos que se diferencian por la forma en la que se obtiene la información y se evalúa el riesgo del demandante de financiación: préstamos basados en estados contables, préstamos basados en la existencia de garantías, utilización de tecnologías basadas en el *credit scoring* y, por último, la banca relacional. Las tres primeras se basan en utilizar con mayor intensidad información formal *(hard-information)* disponible en el momento en que se genera el préstamo —tanto de los estados contables de la entidad, historia y características de la misma, como del valor de los activos que se establecen como garantía—. En cambio, la tecnología relacional descansa, en mayor medida, en información blanda *(soft-information)* no siempre contrastable o verificable y de más difícil transmisión, generada a lo largo de la duración de la relación y gracias a la amplitud de la misma, pues se deriva de todo el conjunto de actividades que desarrolla el cliente con la entidad bancaria. Veamos a continuación las principales características de cada una de estas tecnologías.

La primera basa la concesión de préstamos en la evaluación de la capacidad de la empresa para hacer frente a sus compromisos financieros a partir de sus estados contables. Esta técnica resulta especialmente indicada cuando la empresa dispone de estados financieros transparentes, auditados y de calidad. Cuando estas condiciones se dan, la aplicación de la tecnología no es excesivamente costosa, ya que la concesión o no de los préstamos se basa en el análisis de esta información ya generada por el cliente que el banco puede analizar mediante técnicas estadísticas estándar. Como muestran Gill de Albornoz e Illueca (2005, 2006), la calidad de la información contable no siempre es la misma —especialmente la de las empresas pequeñas, opacas y que, en algún caso, no tienen obligación de ser auditadas— y, cuando está contrastada, puede ser una fuente de ahorro de costes para el banco que se traslada a los clientes. Es interesante subrayar que, en ese caso, la importancia de la confianza aparece de nuevo, pero referida ahora a la competencia e independencia profesional de los auditores.

La segunda de las alternativas consideradas utiliza las garantías como base de la tecnología crediticia, lo que implica que la entidad bancaria toma sus decisiones acerca de la concesión o no de un préstamo tratando de discriminar la calidad crediticia del cliente en función de los activos aportados. Jiménez y Saurina (2004) resumen la forma en la que los activos de garantía pueden ayudar a la entidad a superar los problemas informacionales. Por un lado, los prestatarios con bajo riesgo pueden aportar un mayor volumen y calidad de activos de garantía que los de alto riesgo, puesto que la probabilidad de perderlos es menor. Al mismo tiempo, la existencia del colateral permite reducir los problemas de riesgo moral asociados a la supervisión de las acciones del prestatario una vez se ha concedido el crédito, ya que la posibilidad de pérdida del bien aportado como garantía genera incentivos en el agente para realizar el esfuerzo que garantice el mejor resultado posible de la inversión. Sin embargo, también se puede argumentar que la relación entre la calidad crediticia y el nivel de garantías ofrecidas puede ser inversa si, ante una mayor probabilidad de impago del cliente, al tener una mayor garantía por su inversión crediticia, la entidad no realiza el esfuerzo suficiente para valorar el tipo de cliente en el momento de la concesión del préstamo.

En la tercera tecnología, basada en el *credit scoring*, las entidades deciden sobre la concesión o no del préstamo utilizando metodologías estadísticas —modelos lineales, *logit, probit* o de análisis discriminante (Allen, DeLong, y Saunders 2004)— que determinan las variables con mayor capacidad explicativa del riesgo de crédito (variables financieras, históricas, contables, etc.). Una vez modelizado el comportamiento de los demandantes de financiación, se le aplica a cada operación para obtener la puntuación *(score)* correspondiente al riesgo de la misma y decidir si se concede o no el préstamo, dada la combinación de rentabilidad y riesgo que ofrece. Cuando la información acumulada por el banco es abundante, estos modelos no son excesivamente costosos de implementar apoyándose en las nuevas tecnologías, y objetivan y agilizan la concesión del crédito, al depender, básicamente, de las variables que el modelo teórico postula como determinantes de la rentabilidad y el riesgo de crédito. Las ventajas de la rapidez y objetividad de las decisiones son notables para las entidades desde el punto de vista organizativo y comercial, y, por esta razón, esta tecnología es ampliamente utilizada en la actualidad.

Por último, los bancos pueden conceder préstamos utilizando procedimientos relacionales, que son los que más nos interesan aquí. A la hora de describir esta forma de evaluar los riesgos, Berger y Udell (2002) insisten en las principales características de la banca relacional que hemos comentado previamente: el prestamista basa su decisión en la información *apropiable* del cliente, tanto patrimonial como de gestión, que obtiene a través de multitud de contactos a lo largo del tiempo, a través de operaciones crediticias y de toda la gama de productos financieros que genera interacciones (depósitos, provisión de medios de pago, asesoramiento, etc.).

La base para la banca relacional se encuentra en la recogida de información *apropiable*, no disponible para otros agentes que no incurren en el coste de la relación repetida y diversificada con sus clientes. En cambio, las otras tres técnicas crediticias se basan en información contrastable, sea sobre los estados contables, sobre el valor del activo aportado como garantía o sobre las características objetivas e historia del demandante de crédito. La diferenciación entre estas técnicas no implica incompatibilidad entre las mismas, ni tampoco que se haya de utilizar necesariamente por separado cada una de ellas, pues, de hecho, pueden y suelen ser utilizadas conjuntamente. Por ejemplo, una empresa bancaria que base su actividad en la tecnología relacional, no renuncia al resto de tecnologías de evaluación de la calidad crediticia de sus clientes a través de otros canales de información a los que puede acceder (bien mediante información contable o utilizado *scorings*), como tampoco dejan de solicitar activos de garantía. Pero, además de todo esto, si se basa significativamente en la tecnología relacional, utiliza la información informal para complementar el conocimiento de su cliente y realizar una valoración global del mismo basándose en el conjunto de información más amplio y completo que de él dispone, y emplea dicha información en sus decisiones.

2.3.3. Banca relacional y estructura organizativa

La utilización más o menos intensiva de una u otra tecnología tiene implicaciones sobre la estructura organizativa. Así, el desarrollo de una estrategia de negocio basada significativamente en la banca relacional puede tener implicaciones sobre aspectos importantes como el empleo de recursos humanos y el desarrollo de la red de oficinas. Dado que la información privada en la que se asientan las ventajas competitivas de la banca relacional se basa en la recopilación de *información blanda*, la estructura organizativa puede verse influida por esta circunstancia, porque necesita apoyarse en factores adecuados a dicha tecnología, concretamente en capital humano con ciertos perfiles y en espacios que faciliten el encuentro con los clientes.

El principal canal de comunicación y relación entre el cliente y las entidades ha sido tradicionalmente la oficina y los empleados de la misma. Aunque las nuevas tecnologías han hecho surgir canales de distribución de servicios alternativos, por el momento, la oficina sigue siendo el principal canal de ventas de las entidades de crédito (Banco de España 2005). Sin embargo, los otros canales no dejan de ofrecer posibilidades de establecer relaciones con los clientes, aunque, en los mismos, el contacto personal sea distinto y más reducido. En realidad, también en las oficinas las relaciones personales son ahora diferentes, una vez se han equipado tecnológicamente con mucha mayor intensidad.

Dado que el conocimiento que se adquiere de los clientes a través de las oficinas es, en muchos casos, informal, de difícil verificación o transmisión a otras unidades de decisión del banco, la organización eficiente de una gestión relacional puede requerir mayor autonomía de los gestores de la oficina. Los empleados que trabajan en la sucursal son quienes conocen al cliente y han observado durante tiempo el comportamiento de la empresa que solicita un préstamo, su estructura accionarial y su estilo de gestión. En muchos casos, conocen también personalmente a los empleados de la empresa, a sus familias, a la competencia o la realidad socioeconómica del entorno en el que operan. Pero, además, a través de la oficina se canaliza también parte de la *hard-information*, por lo que la red ha de ser capaz de integrar los dos tipos de flujos de información que influyen a la hora de evaluar los riesgos y de aceptar, o no, una operación crediticia. La dificultad de llevar a cabo esa integración en estructuras organizativas complejas hace que, en ocasiones, se considere que los bancos con menor número de oficinas disfruten de ventajas para practicar el tipo de estrategia a la que nos referimos.

Sin embargo, en lo que se refiere a las ventajas relativas a que los gestores de oficinas bancarias dispongan de mayor capacidad de decisión para un mejor aprovechamiento de la información relacional, es preciso advertir que puede hacer aparecer problemas de agencia. Es posible que se generen incentivos a sobreinvertir en préstamos si los horizontes de planificación, los objetivos y/o los sistemas retributivos están enfocados hacia el corto plazo, esto es, más hacia la concesión de préstamos que a la supervisión y control de éstos. Además, pueden generarse también incentivos a que los gestores de la oficina oculten el deterioro de la calidad crediticia de sus clientes por los vínculos personales, afectivos o incluso laborales, tanto más relevantes cuanto menos verificable sea la información. Por tanto, cuanto más relacional es la orientación del banco y mayor autonomía poseen las unidades de la red, más relevante es supervisar las acciones de los gestores de oficina y de los préstamos que han concedido, para mitigar los riesgos de este modelo organizativo.

Estos problemas de agencia pueden ser más importantes y, desde luego, más complejos cuanta más distancia existe entre los responsables de las oficinas y la dirección de la entidad. Las empresas grandes son organizaciones en las que existen más niveles de decisión dentro de una estructura jerárquica y en las que es más complicado que la información, especialmente la que se adquiere de manera informal, se transmita de forma fluida. En este sentido, en las grandes entidades bancarias, la distancia entre el agente que autoriza las operaciones y el cliente es mayor, por lo que resulta más complicado el aprovechamiento de la *soft-information* y adquiere mayor importancia la eficiencia de los instrumentos para la captura y el tratamiento de esa información. Además, en general, los problemas de compatibilidad de incentivos entre agentes suelen repetirse en cada uno de estos niveles de jerarquía internos. Esto implica que la eliminación de niveles en la estructura de gestión o la reducción del número de nodos de los que depende la transmisión de información contribuirá a reducir los costes de agencia. Además, dado que, en muchas ocasiones, en los bancos grandes los empleados de las oficinas suelen rotar en sus puestos de trabajo a lo largo de la red de oficinas de la entidad, éste es otro factor que puede hacer más difícil desarrollar y mantener las relaciones a largo plazo y más relevante el funcionamiento de las herramientas de gestión de la información para paliar estos problemas.

Berger et al. (2005) proporcionan evidencia a favor de la idea de que los bancos pequeños presentan mayor capacidad para recopilar y procesar información informal que los grandes, por las ventajas de los primeros a la hora de adquirir y transmitir este tipo de información de los clientes. Sus resultados apuntan que los bancos grandes tienen mayor facilidad para conceder préstamos a empresas de mayor tamaño o que disponen de estados contables de calidad; que la distancia física entre la empresa y la oficina bancaria se incrementa con el tamaño del banco, de forma que será más complicado que la concesión de créditos se realice entorno a información blanda no verificable, contrastable o transmisible dentro de la organización; que los grandes bancos realizan su labor con una relación más impersonal con los clientes,[4] y que las relaciones entre el banco y la empresa son más duraderas y exclusivas cuando la entidad financiera es de pequeño tamaño. Asimismo, Carter y McNulty (2005) encuentran evidencia acerca de la mayor capacidad de los bancos pequeños frente a los grandes a la hora de realizar préstamos a empresas, obteniendo mayores rentabilidades. Sin embargo, estos autores también muestran que, con el tiempo, los grandes bancos han logrado ventajas con respecto a los pequeños a la hora de realizar préstamos en actividades que son fácilmente estandarizables, como los préstamos personales con tarjetas de crédito y los pequeños préstamos a empresas, en los que, de forma creciente, han comenzado a aplicar técnicas *scoring*. Degryse y Ongena (2003) constatan para una muestra formada por la cartera de préstamos de un gran banco belga que las mayores oficinas bancarias realizan su actividad crediticia de forma fundamentalmente transaccional. Degryse y Ongena (2005) encuentran que los tipos de interés aplicados a los préstamos decrecen con la distancia entre el cliente y la entidad. Sus resultados apuntan a que puede ser óptimo descentralizar las decisiones en las oficinas, dadas las ventajas en la recopilación y tratamiento de la información.

---

[4] Para medir el tipo de relación entre el banco y la empresa, utilizan una variable ficticia que toma el valor 1 si la empresa se comunica con el banco fundamentalmente mediante teléfono o Internet y 0 si la comunicación es en persona.

En relación con estos temas, es necesario tener presente que, en los últimos años, el sector bancario ha estado sometido a intensos cambios regulatorios y tecnológicos y ha sido escenario de procesos de fusiones y adquisiciones, en un contexto de apertura e integración de los mercados. Los efectos de todos estos factores sobre las estrategias relacionales son inciertos. Junto a ello, el avance de las nuevas tecnologías está suponiendo, para una parte de la clientela, una pérdida del contacto directo entre el asesor financiero (banco) y el cliente (empresa) que puede significar la desaparición de ciertas relaciones directas pero, también, la aparición de otras relaciones de confianza basadas en un nuevo tipo de redes. De hecho, el avance de las nuevas tecnologías reduce los costes de los préstamos, mejora el acceso a la información para prestamista y prestatario y permite a la banca mejorar el acceso de los servicios al cliente en espacios físicos muy lejanos, de modo que la banca podría romper la barrera de la distancia informacional y acceder a todos los clientes sin necesidad de tener la proximidad geográfica propia de la banca relacional. Hauswald y Marquez (2003) analizan los efectos de los avances de las nuevas TIC (Tecnologías de la Información y Telecomunicaciones) sobre la competencia bancaria. Su modelo teórico presenta predicciones no unívocas sobre el efecto final sobre la competencia. Por un lado, los avances tecnológicos están facilitando el acceso, la recopilación y el tratamiento de la información por parte de las entidades de crédito, haciéndolas más productivas en este aspecto. Por ello, en el caso de existencia de relaciones bancarias con los clientes, las nuevas tecnologías harían menos competitivos los mercados bancarios dado que las ventajas de que estas tecnologías proporcionan amplían la brecha informacional que es la base para capturar a los clientes. Sin embargo, también puede darse un efecto contrario, ya que las TIC favorecen la difusión de la información entre los participantes en los mercados bancarios, por lo que puede reducirse el carácter privado de la información captada a través de las relaciones. Así, una diseminación más rápida de la información puede contribuir a reducir el problema del *holdup*, aunque las entidades pueden dedicar recursos para evitar los *spillovers* o desbordamientos de la información.

Carter y McNulty (2005) dilucidan si la ventaja informativa de la que goza la banca relacional se puede mantener en esas nuevas circunstancias. DeYoung, Hunter y Udell (2004) concluyen que los avances tecnológicos y la desregulación han aumentado la competencia y han supuesto un cambio en la estrategia de la banca. Ante esos cambios, la banca relacional puede sobrevivir mediante estrategias que siguen apoyándose en la diferenciación y el contacto directo banco-cliente por distintas vías pero diferentes en parte de las utilizadas en el pasado.

2.4. Banca relacional, estructura financiera y desarrollo económico

El último grupo de temas a considerar en este capítulo referidos a la banca relacional tiene que ver con el entorno de la misma, en el que conviene diferenciar dos ámbitos o niveles. El primer ámbito es el financiero y la pregunta que en relación al mismo se plantea es si, en el desarrollo de los sistemas financieros, existen tendencias definidas que permitan hablar de una pérdida de peso de la orientación relacional de la banca en favor de la orientación transaccional de bancos y mercados. El segundo ámbito contempla las interacciones entre banca relacional y desarrollo económico y permite formular, a su vez, dos preguntas diferentes. La primera es si la banca relacional tiene algún efecto de signo definido, positivo o negativo, sobre el desarrollo financiero de las zonas en las que predomina, facilitando o dificultando el acceso al crédito y a los servicios financieros en general de los agentes económicos de un territorio, y evitando o promoviendo la exclusión financiera; la segunda, si el nivel de capital social del entorno socioeconómico en el que actúa la banca influye en su devenir, y, más concretamente, en su orientación más o menos relacional y en las características de la misma.

Algunas de estas cuestiones, sobre todo las últimas, se refieren a aspectos en los que se pone de manifiesto el interés que puede tener considerar la banca relacional a la luz de algunos debates más generales sobre el papel del capital social.

2.4.1. Mercados versus intermediarios: transacciones y relaciones financieras

En los sistemas financieros actuales los mercados se han desarrollado con fuerza en las últimas décadas, ganando peso frente los intermediarios. Las grandes empresas y, especialmente, el sector público acuden en mayor proporción directamente a los mercados para obtener financiación, reduciendo su dependencia de los intermediarios; en particular, de los bancos. Paralelamente, el intenso proceso de innovación financiera ha puesto a disposición de los ahorradores una creciente variedad de instrumentos financieros, muchos de ellos líquidos sin necesidad de pasar por un intermediario y con mayores rentabilidades que los productos bancarios, generando procesos de desintermediación del ahorro. Adicionalmente, algunas entidades bancarias orientan una parte considerable de su balance, tanto por el lado del activo como del pasivo, hacia los títulos, en detrimento de productos más relacionales como los créditos y los depósitos. Por tanto, podría parecer que, en la actualidad, los sectores financieros son, en su conjunto, cada vez más *transaccionales* y menos *relacionales*, pero, desde una perspectiva funcional, la realidad es más compleja (Merton 1995a, 1995b).

Sin embargo, la actividad bancaria *de clientes* ha tenido una fuerte demanda debido a varias causas, buena parte de las cuales están conectadas con la banca relacional. Por una parte, se ha producido un rápido crecimiento de las actividades de banca minorista, como consecuencia de la intensificación de las actividades financieras de las familias tanto en lo que se refiere al recurso al crédito como al uso de medios de pago. Además, la expansión de los mercados financieros ha requerido canales comercializadores de los activos y los bancos han ocupado la mayor parte de ese negocio aprovechando las ventajas de sus redes de oficinas y las densas relaciones con sus clientes, a los que distribuyen productos de terceros y asesoran.

A priori se podría pensar que la mayor información existente en la actualidad y el más fácil acceso a la misma como consecuencia de las nuevas TIC han erosionado las ventajas competitivas de los intermediarios bancarios. En efecto, los pequeños inversores pueden disponer con bajo coste de un volumen de información abundante que los ayuda a tomar sus decisiones de inversión y tienen acceso a carteras lo suficientemente diversificadas que reducen el riesgo. Sin embargo, la otra cara del incremento en la variedad de instrumentos financieros y de la mayor información es la creciente complejidad de los mercados. Se necesita un conocimiento suficiente de la realidad financiera para poder evaluar una cartera compleja o unos productos innovadores. En muchos casos, los ahorradores no sólo se encuentran con un problema de *riesgo* sobre la rentabilidad esperada de sus distintas alternativas de inversión, sino también de falta de conocimientos sobre los productos financieros a su alcance. Existen, por tanto, crecientes costes de participación. De ello se desprende que, pese a la mayor disponibilidad de información, los ahorradores siguen necesitando a los intermediarios para las labores de asesoramiento en lo que sigue siendo su ventaja competitiva: la gestión de la información y del riesgo (Allen y Santomero 1998; Allen y Gale 1999; Scholtens y van Wensveen 2000). Esta función se desempeña en distintas condiciones cuando existe una relación de confianza entre la entidad y su cliente, basada en el conjunto de actividades o contratos que los ligan, muchos de ellos duraderos. De otro modo, sería difícil que los clientes inviertan sus ahorros en un producto si desconfían o recelan del emisor, teniendo en cuenta que la entidad que lo aconseja no comparte directamente el riesgo de la operación.

Al llevar a cabo estas labores comerciales o de asesoramiento, los bancos facilitan el funcionamiento de los mercados, actuando como *Creadores de Mercado* y permitiendo que sean más profundos. Por ello, el sistema financiero parece evolucionar a través de una dinámica funcional (Merton 1995a, 1995b; Merton y Bodie 1995) en la que los mercados avanzan desarrollando estrechas relaciones con los intermediarios —aunque las formas de esas interrelaciones cambien—, más que a costa de los mismos. De igual modo, hay motivos para pensar que la *banca relacional* cambia sus perfiles y se desarrolla con frecuencia como consecuencia de las necesidades derivadas de las actividades más *transaccionales*.

En efecto, algunas entidades bancarias pueden adoptar estrategias aparentemente *transaccionales* al distribuir productos de terceros y al ofrecer a sus clientes productos propios, alternativos a los más complejos disponibles en los mercados, al tiempo que se benefician de las posibilidades de diversificar sus riesgos que los mercados les ofrecen. Pero, si, para la realización de esas actividades comerciales y de intermediación, el banco se basa en las relaciones de confianza que mantienen con sus clientes, a los que informan y asesoran en la selección de sus carteras, el desarrollo de la estrategia tiene una componente *relacional* importante. Esta conducta mixta de las entidades bancarias en la que se combinan elementos transaccionales y relacionales se refleja en la evidencia empírica que señala que los mercados financieros son, básicamente, mercados entre intermediarios y grandes empresas, mientras que las empresas pequeñas y las economías domésticas interactúan con los intermediarios incluso para acceder a los demás mercados (v., por ejemplo, Allen y Gale 1999 o Fernández de Guevara 2004).

Las aportaciones de los intermediarios a las alternativas puramente transaccionales pueden ser varias. La primera y más obvia es la posibilidad de una mejor diversificación de las carteras a través de los mercados, pero hay más. Como muestran Allen y Gale (1999, 2001), la existencia de intermediarios financieros permite inmunizar, o cuanto menos reducir, la exposición al riesgo de los ahorradores a través del intercambio del riesgo entre la entidad y su cliente. Esta labor la realizan los bancos mediante el ofrecimiento a sus clientes de un seguro implícito a través de un suavizado de la rentabilidad *(intertemporal smoothing)* que protege a los ahorradores de contingencias no previstas o de *shocks* agregados que afectan por igual a todos los activos financieros de una economía, como los *cras* bursátiles o el estallido de burbujas financieras. La diversificación de activos *cross-section* en los mercados no permite realizar este tipo de seguros dada la naturaleza del riesgo. Esta gestión del riesgo por parte de las entidades se implementa mediante contratos incompletos en los que los incentivos a cumplirlos sólo aparecen si las relaciones entre los clientes y la entidad son repetidas a lo largo del tiempo (Allen y Gale 1999), esto es, si la entidad realiza *banca relacional*, en lugar de transaccional. Precisamente es el valor de la relación para ambos agentes en el futuro lo que permitirá que se comprometan a cumplir este contrato incompleto.

Si el nivel de rivalidad competitiva de las entidades bancarias entre sí o con los mercados financieros pone a disposición de los inversores productos alternativos a los relacionales, con mayores rentabilidades, puede suceder que los beneficios obtenidos a corto plazo con la inversión transaccional sean elevados. Para que los contratos implícitos a largo plazo típicos de la banca relacional puedan ser efectivos en ese contexto de alta competencia, los beneficios asociados a la interacción repetida han de ser suficientemente grandes como para reducir los incentivos a no continuar con la relación. De ahí la importancia de revisar los efectos del nivel de competencia sobre la banca relacional.

La complejidad de las influencias que pueden existir entre los componentes transaccionales y relacionales de las actividades financieras tiene importantes consecuencias sobre las posibilidades de medir el volumen de actividades de uno y otro tipo. Debido a la dificultad de valorar la actividad relacional en esas condiciones y a las limitaciones de la información pública, con frecuencia los indicadores son demasiado simples y pueden sesgar las conclusiones obtenidas sobre las tendencias del desarrollo financiero planteadas al principio de este epígrafe.

2.4.2. Banca relacional y desarrollo financiero

Berger y Udell (2002) señalan que la recogida de *soft-information* sobre la que se basa la banca relacional no se obtiene de un cliente para ser utilizada exclusivamente con éste. Los flujos de información pueden ser más amplios y derivarse de la interacción múltiple con distintos miembros de la comunidad: proveedores, clientes, otras empresas del sector, etc. Este punto revela una de las características más importantes de la banca relacional y a la que la literatura no le ha prestado todavía suficiente atención: la red social en la que se sitúa la entidad puede ser un elemento clave para la banca relacional. En este punto aparece una clara conexión entre los temas que analiza la literatura bancaria y la que estudia el capital social.

El interés por la existencia de una red de relaciones y contactos en la que la información fluye rápidamente y las conexiones de confianza entre los individuos se dan mediante vínculos más o menos fuertes es común a ambos campos de análisis. La conexión entre los dos enfoques no es sólo formal, sino que también puede ser sustantiva. Así, se puede considerar si el capital social de una comunidad ayuda a que las entidades bancarias reduzcan sus costes de transacción y a solucionar las asimetrías de información propias de la actividad financiera. También se puede considerar la influencia entre los dos aspectos en la otra dirección: si el desarrollo financiero, y, en particular, la facilidad y amplitud del acceso de la población al crédito, contribuyen significativamente a determinar el nivel general de capital social.

La importancia del acceso al crédito como determinante del capital social ha sido considerada en la metodología para la medición del capital social desarrollada en otro trabajo de este mismo proyecto (Pérez, dir., et al. 2005), introduciendo un indicador de desarrollo financiero como *proxy* del grado de conexión de la red social. La importancia de la estructura social en la que se encuentran inmersas las entidades bancarias es contemplada por la literatura interesada por las circunstancias que influyen en el desarrollo financiero y la amplitud del acceso al crédito de distintos grupos sociales (Guiso, Sapienza, y Zingales 2004b).

Esta interacción entre la banca y su entorno constituye un mecanismo que se alimenta en las dos direcciones, también en lo que se refiere al capital social y la banca relacional. Guiso, Sapienza, y Zingales (2004b) encuentran evidencia de que, si el capital social es menor, los individuos utilizan menos los productos financieros más intensivos en confianza, frenándose por esta vía el desarrollo financiero. A su vez, la importancia del desarrollo del sistema financiero en el crecimiento económico ha sido extensamente reconocida por la literatura que estudia el desarrollo económico (Beck et al. 2000; Chong y Calderón 2000; De Gregorio y Guidotti 1995; Fritz 1984; Greenwood y Jovanovic 1990; Jung 1986; King y Levine 1993a, 1993b; Levine 1997, 1999; Levine et al. 2000, entre otros).

En este trabajo nos interesa más explorar la otra dirección mencionada: el efecto del capital social del entorno sobre la banca relacional. Esto puede hacerse a varios niveles. En primer lugar, en el plano más microeconómico, se puede considerar si la información que circula por una red social determinada puede ser relevante para las condiciones en las que un banco desarrolla su actividad relacional. En segundo lugar, desde una perspectiva más general, puede ser interesante analizar la influencia del nivel de capital social sobre la actividad relacional de cualquier entidad.

En un trabajo de Ferrary (2003) se ilustra muy bien el primero de los enfoques mediante el análisis del caso de la red social existente entre los propietarios de *brasseries* en París, dentro de la cual existen flujos de información y relaciones de confianza. El trabajo subraya que algún banco ha considerado muy relevantes estas informaciones para sus decisiones, considerándolas incluso más valiosas que la información contable y optando con éxito por una tecnología relacional de evaluación de riesgos. Ferri y Messori (2000) analizan la importancia de la red social y el entorno bancario, demostrando que los patrones a través de los que se relacionan las empresas y los bancos son diferentes en función de tres grandes áreas en las que se puede dividir el tejido productivo italiano. Así, muestran que la banca transaccional se da más intensivamente en la zona del país con mayor desarrollo económico y donde se encuentran los bancos y las empresas no financieras de mayor tamaño. En el resto del país, donde el tejido productivo está caracterizado por empresas y bancos de menor dimensión, domina la banca relacional. Sin embargo, los efectos de la banca relacional son distintos en función de estar o no situados en una de las dos subáreas en la que dividen esta zona de banca relacional. Garretsen, Lensink y Sterken (2004) analizan la importancia de las normas sociales para explicar el desarrollo financiero. Sus resultados son muy similares a los ya existentes en la literatura citados previamente, en los que se relaciona el crecimiento económico, con el desarrollo financiero y el entorno legal en el que las actividades bancarias y financieras se realizan.

En cuanto al segundo plano más general antes comentado, el estudio de la influencia del capital social del entorno sobre el desarrollo de las actividades relacionales del sector bancario no ha sido tan amplio hasta ahora como el de los aspectos referidos a la competencia revisados en epígrafes anteriores. No obstante, en algunos trabajos sí se considera la importancia del capital social sobre los costes de información, el riesgo y la morosidad, y la evolución de la oferta de productos bancarios o el uso de los mismos. El tratamiento de la mayoría de estos temas se basa en el reconocimiento de la importancia de los flujos de información que circulan por las redes de relaciones económicas y sociales y de la amplitud de los vínculos de confianza entre los miembros de una sociedad.

En cuanto a la amplitud de la confianza, la literatura sobre redes sociales y capital social presta atención desde hace años a una distinción entre dos estadios de la confianza que es relevante para el funcionamiento fluido de las relaciones económicas: confianza particularizada y confianza generalizada (Kramer, Brewer, y Hanna 1996; Kramer 1999; Granovetter 1973, 1985; Stolle 1998). La confianza personalizada se deriva de experiencias de interacción con individuos conocidos en ámbitos de relaciones próximas. La generalizada va más allá de las fronteras del parentesco, la amistad o el trato directo, y puede alcanzar incluso a individuos que no conocemos. Así sucede en muchas de nuestras relaciones sociales y económicas, en las que confiamos en individuos a los que no conocemos personalmente porque nos guiamos por el criterio de otros, o por la reputación de personas o instituciones, o por criterios colectivos ampliamente aceptados. Que la confianza sea relativamente generalizada es muy importante para el capital social, en general, porque amplía el alcance del mismo, extendiendo sus servicios y resultados. Para la banca relacional también lo es por la misma razón y, en ese sentido, en un entorno en el que la confianza está más generalizada, se pueden desarrollar estas actividades más fácilmente y con menor coste.

También es positivo para la banca relacional el respeto a las reglas requerido para el mantenimiento de la confianza, y el correspondiente sistema de sanciones sociales para los que las incumplen (Kandori 1992; Greif 1993; Zak y Knack 2001). Estas referencias son de aplicación al ámbito que nos ocupa, en una doble dirección: interesa saber si un banco que considera la información que ofrecen las relaciones sociales dispone de ventajas al evaluar riesgos y, también, si un entorno en el que el nivel de capital social es más elevado resulta más seguro para el banco porque el cumplimiento de los compromisos es mayor.

Para la primera dirección, la capacidad de la red social de transmitir información a bajo coste es crucial. Vega-Redondo (2002, 2003) establece tres cualidades de la estructura social que pueden ayudar a solucionar los problemas de información asimétrica y a reducir los costes de transacción dentro de las redes sociales: la capacidad de incluir *(inclusiveness)* a un mayor porcentaje de población, la capacidad de la red social para simplificar la complejidad de las relaciones, y la fluidez con la que se transmite la información dentro de la red social. Estos tres elementos influirán también significativamente en la posibilidad de la empresa bancaria de utilizar con bajo coste una tecnología crediticia relacional. Por ejemplo, en una sociedad hermética y segmentada, en la que no hay apenas conexiones sociales entre los individuos o entre los grupos sociales y en la que la confianza no fluye entre ellos, el banco tendrá que incurrir en unos costes para conocer a cada uno de sus clientes puesto que no existirán economías de red en la transmisión de la información relevante para este tipo de actividades: al no existir enlaces de confianza, la inversión obtenida para alguno de sus clientes no será reutilizable ni aportará información sobre otros usuarios de los servicios bancarios. En cambio, en la situación opuesta, en una sociedad en la que todos los individuos están conectados por vínculos fuertes, en la que la información fluye y la confianza está generalizada, la inversión del banco para conocer a uno de sus clientes le dará información no sólo de él sino también sobre aquellos individuos o empresas con los que éste se encuentre conectado socialmente, gracias a los enlaces del resto de la población entre sí y de la forma de la red social.

Existen algunos trabajos que analizan la reducción de los riesgos bancarios y el coste del riesgo en entornos con mayor o menor nivel de capital social. Petersen y Rajan (1994, 1995) y Elyasiani y Goldberg (2004) analizan la influencia del entorno sobre la disponibilidad y el coste del crédito. Ferri y Messori (2000) y Karlan (2004) encuentran evidencia de que la morosidad es menor en entornos con mayor nivel de capital social.

2.5. Conclusiones

La ordenación temática de cuestiones consideradas por la literatura sobre banca relacional y capital social que hemos revisado permite obtener algunas conclusiones.

La banca relacional se define a partir de elementos como la relación personal y duradera con el cliente, la interacción repetida mutuamente provechosa, la confianza entre las partes y la formación de expectativas de trato favorable basadas en información privada. Todos estos conceptos están presentes también en el análisis del capital social y, por ello, la banca relacional puede ser vista como una manifestación particular de la existencia de este activo en las relaciones financieras, y de su valor económico.

Una de las principales justificaciones de la existencia de intermediarios bancarios es la presencia de asimetrías de información entre los demandantes y oferentes de fondos prestables. Así, los bancos facilitan la conexión entre el ahorro y la inversión a través de su transformación cualitativa de activos, acomodando las demandas y necesidades financieras de los agentes. La banca relacional es una forma particular de realizar esta labor de transformación de activos que utiliza intensamente la interacción repetida con los clientes para obtener un flujo de información privada apropiable. Así, el banco utiliza esta información relacional para solucionar los problemas de información asimétrica.

Por tanto, en la medida en que ayuda a solucionar los problemas de selección adversa y de riesgo moral característicos de los mercados financieros, la banca relacional genera valor. Sin embargo, la literatura no es unánime al valorar cómo se distribuye entre las partes el excedente generado. Por un lado, las ventajas informacionales que adquiere la entidad puede conferirle una posición dominante (la empresa quedaría informacionalmente capturada), y aplicar tipos de interés en los créditos superiores a los competitivos. Por otro lado, el mejor conocimiento del cliente por parte de la entidad financiera podría reducir la prima de riesgo implícita, por lo que el tipo de interés sería menor y las facilidades de crédito en condiciones difíciles mayores. Adicionalmente, las entidades bancarias pueden seguir estrategias de alisamiento de la evolución de los tipos de interés a sus clientes gracias a la existencia de relaciones duraderas entre ambos, y beneficiarse de la captación de depósitos a tipos bajos.

Si bien la evidencia empírica no es concluyente sobre los efectos de la banca relacional en los tipos de interés de los créditos o depósitos, un resultado bastante repetido es que ofrece ventajas en términos de disponibilidad de crédito y de menores requerimientos de activos de garantía a las empresas que optan por relaciones bancarias estables frente a las que prefieren estrategias más transaccionales con varios bancos.

Otro aspecto sobre el que tampoco existe evidencia concluyente es el referido a los efectos de la competencia sobre la intensidad con la que las entidades financieras invierten para captar información privada de sus clientes. Por un lado, mayor rivalidad entre las entidades puede significar una amenaza para la banca relacional al aumentar los incentivos a cambiar de entidad financiera y reducir, por tanto, las posibilidades de establecer relaciones duraderas. Sin embargo, otros trabajos defienden que la competencia puede ser un acicate para las estrategias relacionales ya que, una vez establecida la relación con el cliente, ésta lo fideliza y lo aísla en parte de la competencia al actuar como una diferenciación del producto.

La literatura analiza también otros aspectos de la banca relacional, como las barreras que ésta puede suponer para la entrada de nuevos competidores en los mercados, o los factores que determinan que una empresa establezca relaciones bancarias con un único banco u opte por múltiples relaciones. De nuevo, la respuesta a estas preguntas vuelve a ser empírica y, con frecuencia, cambiante según el caso estudiado.

En el capítulo también se ha analizado si la banca relacional responde a un modelo institucional o es más una decisión estratégica de las empresas bancarias. Aunque muchos trabajos dan por sentado que la banca relacional es un modelo que responde bien a lo que hacen los bancos locales o cooperativos, hay razones para pensar que se trata de una opción estratégica a largo plazo que pueden adoptar muchos bancos si las preferencias de la clientela la hacen interesante.

La adopción de una orientación relacional tiene implicaciones para la estructura organizativa del banco. Éstas se derivan de que, si se opta por una tecnología crediticia que basa más sus decisiones en la obtención de información relacional, la adquisición de la misma suele implicar que los bancos usen más recursos humanos y utilicen más oficinas para captar y procesar información blanda mediante contactos personales. Dados los problemas de procesamiento y transmisión de este tipo de información, en el pasado, para hacer esto compatible con la eficiencia, se requería menor tamaño y una estructura más descentralizada. Pero el uso de las nuevas tecnologías plantea interrogantes sobre los límites que actualmente operan en este sentido, pues la información generada en la relación con los clientes puede ser tratada por otros métodos y con mucha más facilidad, al tiempo que se mejoran los procedimientos de control sin merma de la agilidad.

El último epígrafe del capítulo aborda la relación entre la banca relacional y el desarrollo financiero de las economías. En un contexto como el actual en el que el proceso de desintermediación es cada vez más intenso, la banca relacional se revela importante por varias vías. En contra de lo que podría parecer, la creciente información disponible sobre los mercados financieros, lejos de significar una amenaza para la banca relacional, bien puede significar una oportunidad. Ello se debe a que los mercados financieros son cada vez más complejos y, para poder participar en ellos, se requiere un conocimiento profundo tanto de su funcionamiento como de los instrumentos que se negocian. Los usuarios finales necesitan el asesoramiento de entidades en las que han de confiar y, en muchos casos, ese lugar ha sido ocupado por bancos con los que ya se tienen vínculos fuertes debido a la actividad tradicional de depósito o crédito. Además, a diferencia de los mercados, las entidades bancarias están en disposición de ofrecer contratos duraderos a sus clientes que representan ventajas implícitas, como limitar las oscilaciones de las rentabilidades asociadas a *shocks* agregados en la economía.

Se ha considerado además en el capítulo el vínculo existente entre los conceptos de banca relacional y de capital social, así como la influencia mutua entre ambos. La idea subyacente es que los mercados financieros, en general, y las relaciones bancarias, en particular, son altamente intensivos en confianza al operar en un entorno de riesgo, incertidumbre e información asimétrica. Por ello, en contextos donde existe escasa confianza o ésta se produce dentro de redes sociales poco amplias, no se logrará un desarrollo financiero que permita la financiación de los procesos de acumulación de capital necesarios para que se logre el crecimiento económico sostenido. A la vez, el desarrollo económico y financiero promueve la acumulación de capital social y facilita el funcionamiento de la banca relacional, al representar para las entidades un entorno en el que es más habitual la cooperación entre las partes.

Además de las conclusiones de carácter general sobre la banca relacional y sus vinculaciones con el capital social mencionadas, antes de abordar el resto de los capítulos, conviene tener presentes las dos ideas siguientes a efectos operativos. En primer lugar, la literatura pone de relieve que los aspectos de las actividades bancarias en las que es relevante la dimensión relacional son numerosos. Por consiguiente, según sean tenidos en cuenta de manera más o menos amplia, las estimaciones de la importancia de la banca relacional pueden variar. Debido a lo que se acaba de señalar, no es fácil construir indicadores sintéticos de capital social y los indicadores simples pueden ser parciales. Así pues, al medir el volumen de banca relacional y su evolución, puede ser interesante analizar con detalle distintas alternativas y precisar hasta qué punto la valoración resulta condicionada por la información disponible y la medida elegida. En segundo lugar, en la práctica totalidad de los aspectos de la banca relacional considerados, la respuesta a las cuestiones planteadas es empírica, pues depende del predominio de unos u otros factores que pueden influir en el resultado. Por esta misma razón, muchos de los resultados de los estudios empíricos serán de carácter tentativo mientras la información disponible, la evidencia acumulada y los análisis de robustez no ofrezcan seguridad suficiente.

Bibliografía

ALLEN, Franklin, y Douglas GALE. «Financial Markets, Intermediaries, and Intertemporal Smoothing». *Journal of Political Economy* 105, núm. 3 (1997): 523-546.

—. y Douglas GALE. «Innovations in Financial Services, Relationships, and Risk Sharing». *Management Science* 56, núm. 9 (1999): 1.239-1.253.

—. y Douglas GALE. «Comparative Financial Systems: a Survey». *Working Paper* 1-15 (2001). Financial Institutions Center at the Wharton School.

—, y Anthony M. SANTOMERO. «The Theory of Financial Intermediation». *Journal of Banking and Finance* 21 (1998): 1.461-1.485.

ALLEN, Linda, Gayle DELONG, y Anthony SAUNDERS. «Issues in the Credit Risk Modeling of Retail Markets». *Journal of Banking and Finance* 28 (2004): 727-752.

ANGELINI, Paolo, Roberto DI SALVO, y Giovanni FERRI. «Availability and Cost of Credit for Small Businesses: Customer Relationships and Credit Cooperatives». *Journal of Banking and Finance* 22 (1998): 925-954.

ARAUJO, Luis. Social Norms and Money». *Journal of Monetary Economics*, 51 (2004): 241-256.

BANCO DE ESPAÑA. *Memoria de la Supervisión Bancaria en España, 2004.* Madrid, Banco de España: 2005.

BECK, Thorsten, Ross LEVINE y Norman LOAYZA. «Finance and the sources of growth». *Journal of Financial Economics* 58 (2000): 261-300.

BERGER, Allen N., y Gregory F. UDELL. «Relationship Lending and Lines of Credit in Small Firm Finance». *Journal of Business* 68, núm. 3 (1995): 351-381.

—. y Gregory F. UDELL. «Small Business Credit Availability and Relationship Lending: the Importance of Bank Organisational Structure». *The Economic Journal* 112 (febrero 2002): 32-53.

BERGER, Allen N., Nathan H. MILLER, Mitchell A. PETERSEN, Raghuram G. RAJAN, y Jeremy C. STEIN. «Does Function Follow Organizational Form? Evidence from the Lending Practices of Large and Small Banks». *Journal of Financial Economics* 76 (2005): 237-269.

BERLIN, Mitchell, y Loretta J. MESTER. «Deposits and Relationship Lending». *The Review of Financial Studies* 12, núm. 3 (1999): 579-607.

BHATTACHARYA, Sudipto, y Anjan V. THAKOR. «Contemporary Banking Theory». *Journal of Financial Intermediation* 3 (1993): 2-50.

BOLTON, Patrick, y Xavier FREIXAS. «Equity, Bonds, and Bank Debt: Capital Structure and Financial Market Equilibrium Under Asymmetric Information». *Journal of Political Economy* 108, núm. 2 (2000): 324-351.

BOOT, Arnoud W. «Relationship Lending: What Do We Know?». *Journal of Financial Intermediation* 9 (2000): 7-25.

—, y Anjan V. THAKOR. «Can Relationship Banking Survive Competition?». *Journal of Finance* 55, núm. 2 (2000): 679-713.

CARTER, David A., y James E. MCNULTY. «Deregulation, Technological Change, and the Business-Lending Performance of Large and Small Banks». *Journal of Banking and Finance* 29 (2005): 1.113-1.130.

CHAKRABORTY, Atreya, y Charles X. HU. «Lending Relationships in Line-of-Credit and No-Line-of-Credit Loans: Evidence from Collateral Use in Small Business». *Journal of Financial Intermediation*, 15 (2006): 86-107.

CHONG, Alberto y César CALDERÓN. «Empirical tests on the causality and feedback between institutional measures and economic growth». *Economics and Politics* 12 (2000): 69-81.

COLE, Rebel A. «The Importance of Relationships to the Availability of Credit». *Journal of Banking and Finance* 22 (1998): 959-977.

DE GREGORIO, José y Pablo E. GUIDOTTI. «Financial development and economic growth», *World Development* 23, (1995): 433-448.

DEGRYSE, Hans y Patrick van CAYSEELE. «Relationship Lending Within a Bank-Based System: Evidence Form European Small Business Data». *Journal of Financial Intermediation* 9 (2000): 90-109.

—, y Steven ONGENA. «The Impact of Competition on Bank Orientation and Specialization». *Discussion Paper*, 108 (2003). Tilberg University, Center for Economic Research.

—, Steven ONGENA. «Distance, Lending Relationships, and Competition». *The Journal of Finance* 60, núm. 1 (2005): 231-266.

DELL'ARICCIA, Giovanni, Ezra FRIEDMAN y Robert MARQUEZ. «Adverse Selection as a Barrier to Entry in the Banking Industry». *RAND Journal of Economics* 30, núm. 3 (1999): 515-534.

DETRAGIACHE, Enrica, Paolo GARELLA, y Luigi GUISO. «Multiple Versus Single Banking Relationships: Theory and Evidence». *The Journal of Finance* 55, núm. 3 (2000): 1.133-1.161.

DEYOUNG, Robert, William C. HUNTER, y Gregory F. UDELL «The Past, Present, and Probable Future for Community Banks». *Journal of Financial Services Research* 25-2/3 (2004): 85-113.

DIAMOND, Douglas W. «Financial Intermediation and Delegated Monitoring». *Review of Economic Studies* 51 (1984): 393-414.

DINÇ, I. Serdar. «Bank Reputation, Bank Commitment, and the Effects of Competition in Credit Markets». *The Review of Financial Studies* 13 (2000): 781-812.

EGLI, Dominik, Steven ONGENA, y David C. SMITH. «On the Sequencing of Projects, Reputation Building, and Relationship Finance». *Finance Research Letters* 3 (2006): 23-39.

ELSAS, Ralf. «Empirical Determinants of Relationship Lending». *Journal of Financial Intermediation* 14, núm. 1 (2004): 32-57.

—, y Jan Pieter KRAHNEN. «Is Relationship Lending Special? Evidence From Credit-File Data in Germany». *Journal of Banking and Finance* 22 (1998): 1.283-1.316.

ELYASIANI, Elyas, y Lawrence G. GOLDBERG. «Relationship Lending: a Survey of the Literature». *Journal of Economics and Business* 56 (2004): 315-330.

ERGUNGOR, O. Emre. «The Profitability of Bank-Borrower Relationships». *Journal of Financial Intermediation* 14, núm. 4 (2005): 401-516.

FARINHA, Luísa A., y João A. C. SANTOS. «Switching from Single to Multiple Bank Lending Relationships: Determinants and Implications». *Journal of Financial Intermediation* 11 (2002): 124-151.

FERNÁNDEZ DE GUEVARA, Juan. «Diversificación de negocio y estructura de ingresos de las entidades de depósito». *Perspectivas del Sistema Financiero* 80, núm. 3 (2004): 35-56.

FERRARY, Michel. «Trust and Social Capital in the Regulation of Lending Activities». *The Journal of Socio-Economics* 31, núm. 6 (2003): 673-699.

FERRI, Giovanni, y Marcello MESSORI. «Bank-Firm Relationships and Allocative Efficiency in Northeastern and Central Italy and in the South». *Journal of Banking and Finance* 24 (2000): 1.067-1.095.

FREIXAS, Xavier. «Deconstructing Relationship Banking». *Investigaciones Económicas* XXIX (2005): 3-31.

FRITZ, Richard G. «Time series evidence of the causal relationship between financial deepening and economic development». *Journal of Economic Development* 9 (1984): 91-111.

GARRETSEN, Harry, Robert LENSINK, y Elmer STERKEN. «Growth, Financial Development, Societal Norms and Legal Institutions». *Journal of International Financial Markets, Institutions and Money* 14 (2004): 165-183.

GILL DE ALBORNOZ, Belén, y Manuel ILLUECA. «La calidad de los ajustes por devengo no afecta al coste de la deuda de las PYMES españolas». Investigaciones Económicas, en prensa.

—. y Manuel ILLUECA. «Efectos de la confianza en la información contable sobre el coste de la deuda». Documento de Trabajo 8 (2006), Fundación BBVA. 2006.

GRANOVETTER, Mark. «The strength of Weak Ties». *American Journal of Sociology* 78 (1973): 1.360-1.380.

—. «Economic Action and Social Structure: the Problem of Embeddedness». *American Journal of Sociology* 91 (1985): 481-510.

GREENBAUM, Stuart I., y Anjan V. THAKOR. *Contemporary Financial Intermediation.* Nueva York: Dryden Press, 1995.

GREENWOOD, Jeremy y Boyan JOVANOVIC. «Financial development, growth, and the distribution of income», *Journal of Political Economuy* 98 núm. 5 (1990): 1076-107.

GREIF, Avner. «Contract Enforceability and Economic Institutions in Early Trade». *American Economic Review* 83 (1993): 525-549.

GUISO, Luigi, Paola SAPIENZA, y Luigi ZINGALES. «Does Local Financial Development Matter?». *Quarterly Journal of Economics* 119 (2004a): 929-969.

—, PAOLA SAPIENZA, y Luigi ZINGALES. «The Role of Social Capital in Financial Development». *American Economic Review* 94, núm. 3 (2004b): 526-556.

HARHOFF, Dietmar, y Timm KÖRTING. «Lending Relationships in Germany-Empirical Evidence from Survey Data». *Journal of Banking and Finance* 22 (1998): 1.317-1.353.

HAUSWALD, Robert, y Robert MARQUEZ. «Information Technology and Financial Services Competition». *The Review of Financial Studies* 16, núm. 3 (2003): 921-948.

JIMÉNEZ, Gabriel, y Jesús SAURINA. «Collateral, Type of Lender and Relationship Banking as Determinants of Credit Risk». *Journal of Banking and Finance* 28 (2004): 2.191-2.212.

JUNG, Woo S. «Financial development and econoic growth: international evidence». *Economic Development and Cultural Change* 34, núm. 2 (1986): 336-346.

KANDORI, Michihiro. «Social Norms and Community Enforcement». *Review of Economic Studies* 56 (1992): 63-80.

KARLAN, Dean S. «Social Capital and Group Banking». BREAD *Working Paper, núm.* 062. Bureau for Research in Economic Analysis of Development, abril de 2004.

KRAMER, Roderick M. «Trust and Distrust in Organizations: Emerging Perspectives, Enduring Questions». *Annual Review of Psychology* 50 (1999): 569-593.

—, Marilynn B. BREWER, y Benjamin A. HANNA. «Collective Trust and Collective Action: the Decision to Trust as a Social Decision». En Roderick M. Kramer y Tom T. Tyler, eds. *Trust in Organizations.* Thousand Oaks, CA: Sage Publications Inc, 1996.

KING, Robert G. y Ross LEVINE. «Finance and growth: international evidence». *Economic Development and Cultural Change* 34, núm. 2 (1986): 336-346.

—. «Finance, entrepreneurship and growth: theory and evidence», *Journal of Monetary Economics* 32 (1993b): 513-542.

LEVINE, Ross, Norman LOYZA y Thorsten BECK. «Financial intermediation and growth: causality and causes». *Journal of Monetary Economics* 46, núm. 1 (2000): 31-77.

LEVINE, Ross. «Financial Development and Economic Growth: Views and Agenda». *Journal of Economic Literature* 35, núm. 2 (1997): 688-726.

LEVINE, Ross. «Law, finance, and economic growth». *Journal of Financial Intermediation* 8 (1999): 8-35.

MERTON, Robert C. «A Functional Perspective of Financial Intermediation». *Financial Management* 24 (1995a): 23-41.

—. «Financial Innovation and the Management and Regulation of Financial Institutions». *Journal of Banking and Finance* 19 (1995b): 461-481.

—, y Zvi BODIE. «A Conceptual Framework for Analyzing the Financial Environment». En Dwight B. Crane, Kenneth A. Froot, Scott P. Mason, André F. Perold, Robert C. Merton y P. Tufano, eds. *The Global Financial System: a Functional Perspective.* Boston (Mass.): Harvard Business School Press (1995): 3-32.

ONGENA, Steven, y David C. SMITH. «What Determines the Number of Bank Relationships? Cross-Country Evidence». *Journal of Financial Intermediation* 9 (2000a): 26-56.

PÉREZ, Francisco, dir., Vicente MONTESINOS, Lorenzo SERRANO, y Juan FERNÁNDEZ DE GUEVARA. *La medición del capital social: una aproximación económica.* Bilbao: Fundación BBVA, 2005.

PETERSEN, Mitchell A., y Raghuram G. RAJAN. «The Benefits of Firm-Creditor Relationships: Evidence Form Small Business Data». *Journal of Finance* 49, núm. 1 (1994): 3-37.

—, y Raghuram G. RAJAN. «The Effect of Credit Market Competition on Lending Relationships». *Quarterly Journal of Economics* 110, núm. 2 (mayo 1995): 407-443.

RAJAN, y Raghuram G. «Insiders and Outsiders: the Choice between Relationship and arms length debt». *Journal of Finance* 47, núm. 4 (1992): 1.367-1.400.

SCHOLTENS, Bert, y Dick van WENSVEEN. «A Critique on the Theory of Financial Intermediation». *Journal of Banking and Finance* 24 (2000): 1.243-1.251.

SCIG. *Social Capital: a Position Paper.* Social Capital Interest Group, Michigan State University, 2001.

SHARPE, Steven A. «Asymmetric Information, Bank Lending and Implicit Contracts: a Stylized Model of Customer Relationships». *Journal of Finance* 45, núm. 4 (1990): 1.069-1.087.

STOLLE, Dietlind. «Bowling Together, Bowling Alone: the Development of Generalized Thrust in Voluntary Associations». *Political Sociology* 19, núm. 3 (1998): 497-525.

VALLE, Victorio. «El "dividendo social" de las cajas de ahorros españolas». *Papeles de Economía Española* 100 (2004): 281-305.

VEGA-REDONDO, Fernando. «Building up Social Capital in a Changing World». Documento de Trabajo, núm. WP-AD 2.002-2.026. Valencia: Instituto Valenciano de Investigaciones Económicas, diciembre 2002.

—. «Search and Cooperation in Complex Networks: a Social Capital Perspective». Fundación BBVA, 2003 [mimeo].

VON THADDEN, Ernst-Ludwig. «Asymmetric Information, Bank Lending and Implicit Contracts: the Winner's Curse». *Finance Research Letters* 1 (2004): 11-23.

ZAK, Paul J., y Stephen KNACK. «Trust and Growth». *Economic Journal* 111, núm. 470 (2001): 295-321.

3. Perfiles relacionales del sistema financiero y la banca en España

Francisco Pérez García
Universidad de Valencia e Ivie
Juan Fernández de Guevara Radoselovics
Ivie

DURANTE las últimas décadas las transformaciones del sistema financiero español se han sucedido a un ritmo muy intenso, al tiempo que la dimensión del mismo y de la mayoría de sus componentes crecía rápidamente. Dos de las direcciones fundamentales de esos cambios han sido la importancia y tipología de los distintos activos —muchos de los cuales han pasado de tener poco peso a ser más relevantes—, así como de mercados e intermediarios.

En términos generales puede decirse que la práctica totalidad de los activos y de los canales se han expandido, participando del fuerte crecimiento de la demanda de productos y servicios financieros. Ahora bien, los ritmos de crecimiento han sido muy dispares y, como consecuencia de ello, los pesos de los activos, intermediarios o mercados han cambiado, a veces notablemente. Ha de señalarse también que estos cambios no se han producido de igual manera en los distintos sectores institucionales, ni en lo que se refiere a los productos ni a su orientación hacia los diferentes canales financieros. En este sentido, mientras que, en el caso de las empresas no financieras y Administraciones Públicas, las transformaciones financieras se asocian a una fuerte tendencia a la desintermediación, en el caso de las economías domésticas, su creciente demanda de servicios financieros se produce a través de una más amplia relación con los intermediarios, aunque estas relaciones adquieran formas nuevas.

En lo que se refiere al tema que nos ocupa, la banca relacional en España, puede decirse que las actividades financieras relacionales son, en la actualidad, de mayor volumen que hace una o dos décadas, pero han cambiado sus perfiles. Pese a su expansión, como el crecimiento de otros productos más transaccionales ha sido todavía más rápido, es posible que los mercados de productos y servicios basados en las relaciones sean ahora una parte menor del sistema financiero que en el pasado. Esta impresión ha de matizarse, sin embargo, en dos sentidos. Primero, según lo señalado al final del párrafo anterior: cuando se consideran los distintos sectores institucionales, la importancia de las actividades relacionales cambia y su evolución también, de modo que no es seguro que en todos ellos lo relacional haya perdido peso. Segundo, ha de tenerse en cuenta que algunos productos financieros que parecen ser meras transacciones directas no dejan de tener como ingrediente la confianza y responder a relaciones duraderas. Por tanto, no debe descartarse que la banca basada en las relaciones haya cambiado de forma, más que perder importancia.

Este capítulo considera los perfiles relacionales de las actividades financieras en España y, en particular, las de la banca. No se parte de la hipótesis más habitual en la literatura bancaria de que las actividades relacionales están limitadas al crédito ofrecido por entidades de pequeño tamaño y ámbito local de actuación. En este caso, se trata de explorar previamente las pistas disponibles acerca de la importancia potencial y efectiva de las relaciones personales duraderas en las actividades financieras en la actualidad. Con esa finalidad, el planteamiento de este capítulo es descriptivo, y su objetivo básico consiste en identificar rasgos relacionales y tendencias generales, valorando las posibilidades de cuantificarlos. Sobre esa base será posible formular algunas hipótesis concretas a contrastar con más precisión en capítulos posteriores.

El resto del capítulo se organiza como sigue. En el epígrafe 3.1 se presenta la información ofrecida por las Cuentas Financieras de la Economía Española sobre la orientación transaccional o relacional del balance de los distintos sectores institucionales. El epígrafe 3.2 se centra en el sector bancario con el fin de caracterizar mediante distintos indicadores la orientación relacional de sus actividades, desde dos perspectivas: la especialización productiva y el empleo de factores que facilitan las relaciones personales con los clientes. El análisis de la banca relacional en este capítulo se realiza en términos agregados, considerándose, bien el conjunto del sector, bien los tres grupos institucionales de entidades de depósito (bancos, cajas de ahorros y cooperativas), dejándose para el capítulo 4 el estudio de los datos individuales de las empresas bancarias. Por último, en el epígrafe 3.3 se presentan las conclusiones.

3.1. Activos financieros relacionales y transaccionales: evolución

Las Cuentas Financieras ofrecen información estadística que permite justificar las afirmaciones anteriores sobre las notables diferencias entre sectores institucionales en cuanto a su orientación financiera —más o menos relacional— y también establecer algunos rasgos de las transformaciones comentadas. Los datos considerados se refieren al período reciente en el que las series son homogéneas y en el que nos vamos a centrar a lo largo de la monografía, que va desde 1992 hasta la actualidad. Se trata de unos años en los que las medidas más importantes de liberalización del sector financiero ya están operativas. No obstante, el marco normativo no por ello deja de tener importancia porque parte de las transformaciones que se observan pueden considerarse todavía resultado de la adaptación de los agentes económicos a los cambios en la regulación precedente, y otros pueden asociarse a modificaciones que se han producido durante el período.[1]

El gráfico 3.1 presenta los índices de evolución (1992 = 100) de los principales grupos de activos financieros, entre los que cabe distinguir los que la literatura suele considerar de perfil más *relacional* y más *transaccional:*

a) Los préstamos y depósitos se consideran, en general, en el ámbito de las actividades financieras en las que la componente relacional es potencialmente importante. Como recoge la revisión de literatura realizada en el capítulo 2, la banca relacional concentra su interés en ellos, sobre todo en las operaciones de crédito, por considerar que son las más propicias para el aprovechamiento de las ventajas de invertir en la obtención de información específica del cliente. Se atribuye

---

[1] Nos referimos a la desaparición de las ventajas fiscales de los fondos de inversión frente a los depósitos en la segunda mitad de los años noventa.

GRÁFICO 3.1: Crecimiento de activos financieros de la economía española

(1992 = 100)

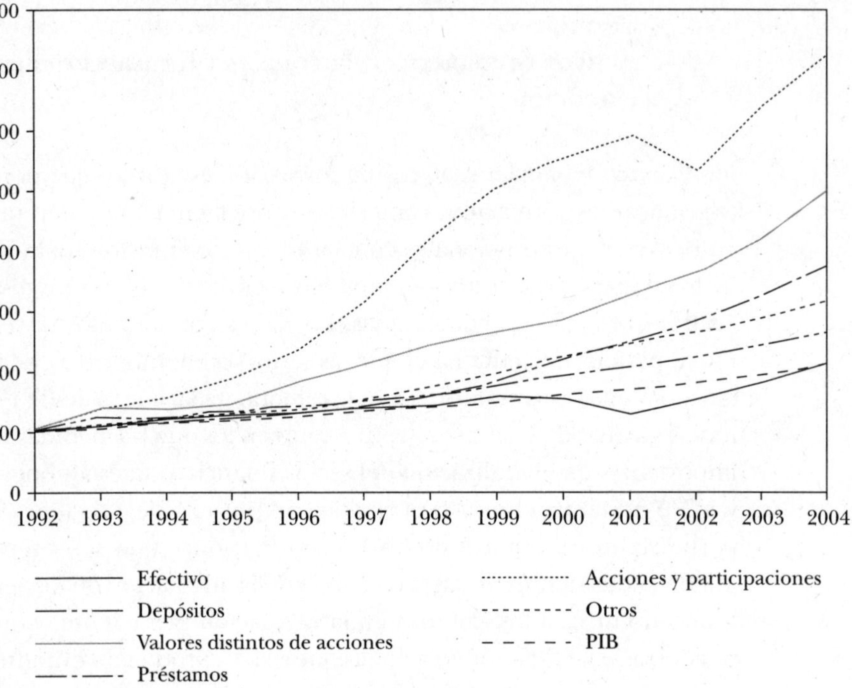

Nota: Otros incluye oro monetario y DEG, reservas técnicas de operaciones de seguro y otras cuentas pendientes de cobro/pago.

Fuente: Cuentas Financieras de la Economía Española (Banco de España).

valor al establecimiento de relaciones de confianza y a operar con un horizonte de largo plazo por sus efectos sobre los costes de análisis y supervisión de los préstamos. Esto no quiere decir que todos los préstamos que se conceden sean relacionales, ya que otras tecnologías alternativas pueden ser utilizadas como base de la concesión de créditos. Ahora bien, si una economía se hace más dependiente de la financiación bancaria mediante créditos, la posibilidad de obtener la información por las vías informales que caracterizan a la banca relacional se amplía y adquiere mayor valor. La razón por la que eso sucede es que, en ese caso, muchos agentes suelen relacionarse con la banca a través de una multiplicidad de servicios —de los depósitos a los avales, pasando por el asesoramiento financiero y los servicios de comercialización y gestión de títulos valores— que los convierte en clientes permanentes. De esa combinación suele derivarse con frecuencia la relación duradera que soporta la confianza entre banca y cliente.

Dadas las limitaciones de la desagregación presentada en las Cuentas Financieras, no es posible matizar demasiado la intensidad relacional de los créditos, pero ésta puede variar de unos préstamos a otros. Partiremos, pues, de la hipótesis mencionada, la más simple, aunque convendrá tener presente que un crédito hipotecario no exige basarse tanto en la confianza como un crédito personal o empresarial.

También se puede colocar en el grupo de los activos relacionales el agregado Otros, pues la mayor parte del mismo corresponde al crédito comercial a proveedores y clientes, que es claramente relacional, aunque sea desarrollado por las empresas no financieras y no por la banca. En buena parte de la literatura, la mayor utilización del crédito comercial frente al crédito bancario por parte de las empresas es un indicador de restricción financiera, y su importancia se reduce cuando aumenta la banca relacional. A este resultado se suele llegar porque la banca relacional tiende a favorecer el acceso al crédito en un contexto en el que la financiación comercial es más onerosa que la bancaria. Sin embargo, esto no obsta para que también genere relaciones de confianza derivada de la interacción repetida con la red de clientes y proveedores.

Por lo que se refiere a los depósitos, su carácter relacional se deriva de que requieren confianza de los ahorradores en la banca, y, con frecuencia, son el punto de partida de las relaciones duraderas con la misma, precediendo a las operaciones de crédito, sobre todo, en el caso de los hogares.

b) Los títulos valores (acciones, participaciones y *resto*) son activos *transaccionales*, lo mismo que el efectivo.[2] La razón para considerarlos así es que, aunque el funcionamiento de los

[2] El efectivo requiere también confianza en el dinero legal como depósito de valor y en el marco institucional, pero este aspecto no se analiza en este capítulo que se centra en las instituciones financieras.

mercados puede estar influido por la existencia o ausencia de confianza, ésta no resulta de relaciones personales como las que considera la banca relacional. No obstante, también en este punto cabe hacer precisiones, pues, dentro del agregado de las acciones, debe distinguirse entre las que cotizan en los mercados y las que no lo hacen. Las primeras son valoradas de acuerdo con la información que ofrecen los mercados, es decir, son transaccionales. Pero las segundas pueden ser poseídas por un único propietario —en cuyo caso tampoco ha lugar para asociarlas a una relación interpersonal— o por varios. En este último supuesto, la valoración del activo estará también influida, probablemente, por elementos relacionales o de confianza en los socios. La información no nos permite evaluar la importancia de esta parte de las acciones no cotizadas, de modo que no podremos considerarlas separadamente.

Es importante advertir que, en las operaciones de compraventa de títulos, aparecen con frecuencia elementos relevantes de confianza, asociados a las relaciones banco-cliente. No se puede olvidar que, como se comenta en el capítulo precedente, los intermediarios bancarios actúan como asesores financieros de los clientes a los que facilitan el acceso a los mercados. Esto sucede con particular intensidad en el caso de los fondos de inversión, gestionados en España abrumadoramente por empresas de los grupos bancarios y comercializados por éstos. Por tanto, aunque estos productos no aparecen en los balances bancarios, sí participan del conjunto de elementos que intervienen en la relación con sus clientes.

A la vista de lo señalado, es ya evidente que las limitaciones de la información hacen que la distinción entre activos relacionales y transaccionales sea imprecisa, porque ni los primeros son relacionales siempre con la misma intensidad, ni los segundos dejan de vincularse a relaciones. Esto obliga a ser cautelosos en las clasificaciones y el tratamiento de los datos.

Si se toma como referencia la evolución del efectivo, que, como se puede observar en el gráfico 3.2, crece tendencialmente a un ritmo similar al del PIB (producto interior bruto) nominal, se constata

GRÁFICO 3.2: **Estructura de activos financieros de la economía española**
(porcentaje)

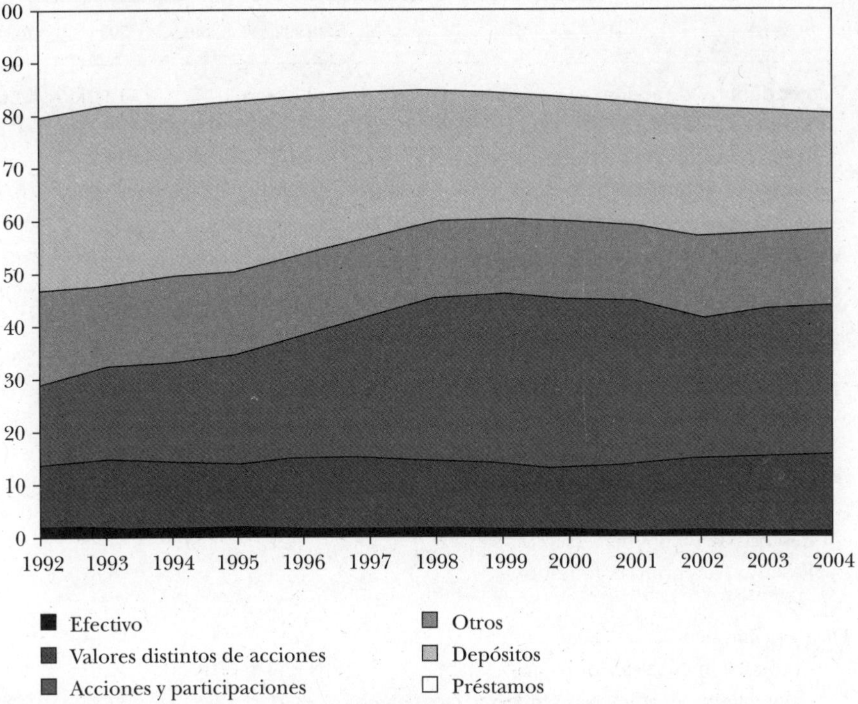

Fuente: Cuentas Financieras de la Economía Española (Banco de España).

que todos los grupos de activos, sean transacionales o relacionales, crecen más rápidamente, en particular, en la segunda parte del período analizado. Ahora bien, los títulos son los que más se expanden, reflejando la nítida tendencia del sistema financiero español a reforzar el papel de los mercados financieros. Por ello, los activos más tradicionalmente relacionales crecen en volumen a buen ritmo, pero pierden peso, como refleja el gráfico 3.2. Ello se debe, sobre todo, a la más lenta expansión de los mercados de depósitos, que induce una reducción de su participación en el total de 10 puntos porcentuales, según se aprecia en el cuadro 3.1. También se reduce la importancia de los préstamos y de los créditos comerciales, pero en porcentajes muy inferiores. Los productos relacionales típicos de las entidades financieras (créditos y depósitos) muestran una continua tendencia decreciente, representado el 53% en 1992

CUADRO 3.1: **Estructura porcentual del balance financiero de la economía española**

Porcentaje sobre el total de activos (total pasivos)

	1992	1995	2000	2004
Valores distintos de acciones	11,44	12,12	12,01	14,62
Valores a corto plazo	4,50	3,15	1,23	1,13
Valores a largo plazo	6,94	8,98	10,78	13,48
Derivados financieros	0,00	0,00	0,00	0,00
Acciones y otras participaciones	15,29	20,50	31,58	28,17
Acciones cotizadas	0,00	4,77	10,82	7,99
Acciones no cotizadas	0,00	9,30	12,40	11,16
Otras participaciones (exc. fondos)	3,02	3,44	4,44	5,19
Participaciones emitidas por fondos de inversión	2,14	2,99	3,92	3,47
Acciones emitidas por sociedades de inversión	0,00	0,00	0,00	0,36
Reservas técnicas de seguro	2,70	3,03	3,44	3,45
Reservas de seguro de vida	0,74	1,15	1,49	1,46
Reservas de fondos de pensiones	1,22	1,15	1,28	1,24
Reservas para primas y siniestros	0,74	0,73	0,67	0,75
Otras cuentas pendientes de cobro	15,16	12,93	11,51	10,95
Créditos comerciales y anticipo	11,65	10,20	9,37	9,14
Otras cuentas pendtes. de cobro excl. ctos comerc.	3,51	2,73	2,14	1,82
Efectivo y depósitos	34,92	33,99	24,81	23,10
Efectivo	2,23	1,98	1,26	1,20
Depósitos transferibles	**4,51**	**3,75**	**3,71**	**3,39**
Otros depósitos	**28,18**	**28,26**	**19,84**	**18,51**
Préstamos	**20,49**	**17,43**	**16,64**	**19,71**
Préstamos a corto plazo	**4,19**	**3,60**	**3,34**	**2,98**
Préstamos a largo plazo	**16,30**	**13,82**	**13,31**	**16,73**
Total activos relacionales	53,18	49,44	40,19	41,61
Total activos financieros	100,00	100,00	100,00	100,00

Nota: Se consideran relacionales los préstamos y los depósitos (negritas).

Fuente: Cuentas Financieras de la Economía Española (Banco de España).

y el 42% en 2004. Si se incluye el crédito comercial, que, como se ha comentado, refleja relaciones de confianza entre los clientes y proveedores pero no con una entidad financiera, los productos relacionales siguen siendo mayoritarios, aunque su reducción es mucho más intensa, al pasar del 68,6% en 1992 al 52,6% en 2004. Esto representa una pérdida de peso a un ritmo promedio algo superior a un punto porcentual cada año, que se explica, sobre todo, por la evolución anterior a 1998.

Cuando los datos anteriores se descomponen para considerar por separado el balance financiero de distintos sectores institucionales, se pueden advertir rasgos particulares interesantes.[3] Se comentan a continuación los de las sociedades no financieras, administraciones públicas, hogares[4] e instituciones financieras y, dentro de ellas, las denominadas *otras instituciones financieras monetarias*, constituidas fundamentalmente por las entidades de crédito.

Como se puede observar en el gráfico 3.3, la evolución de los índices de volumen de los balances de estos sectores institucionales señala que el crecimiento de las actividades financieras de los mismos ha sido dispar. El más intenso corresponde a las sociedades no financieras, que quintuplican su activo durante el período, sucediendo casi lo mismo por el lado del pasivo. El menor crecimiento es siempre el de las Administraciones Públicas, situándose en una posición intermedia los hogares cuya evolución se parece más a la de las Administraciones Públicas en el activo y a la de las empresas en el pasivo.

De la estructura de los activos y pasivos financieros de cada sector, incluyendo a las instituciones financieras, los rasgos más destacables, por su magnitud y tendencia definida, son los siguientes.

a) *Sociedades no financieras*

Los activos relacionales más importantes (gráfico 3.4) de las empresas no financieras son el crédito comercial, incluido en los otros activos, a clientes (activos) y de proveedores (pasivo). En ambos

---

[3] Los balances de la economía nacional muestran que la estructura y las tendencias son las mismas que las que acabamos de comentar para la economía española, razón por la cual no se ofrece información específica al respecto. Tampoco se comentará la información sobre el resto del mundo, por no ser particularmente interesante a nuestros efectos.

[4] Incluye hogares e instituciones financieras sin fines de lucro al servicio de los hogares.

GRÁFICO 3.3: Crecimiento de activos y pasivos financieros de las sociedades no financieras, los hogares y AA. PP.

(1992 = 100)

a) Activos financieros

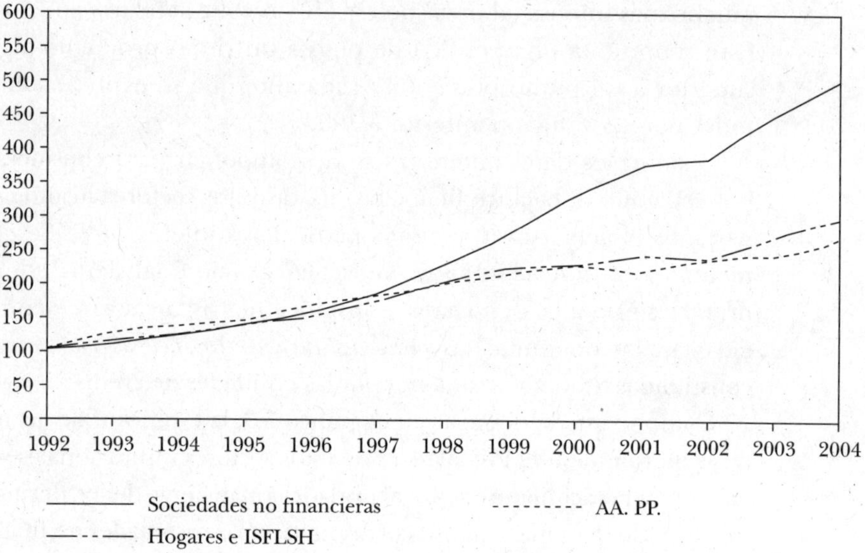

b) Pasivos financieros

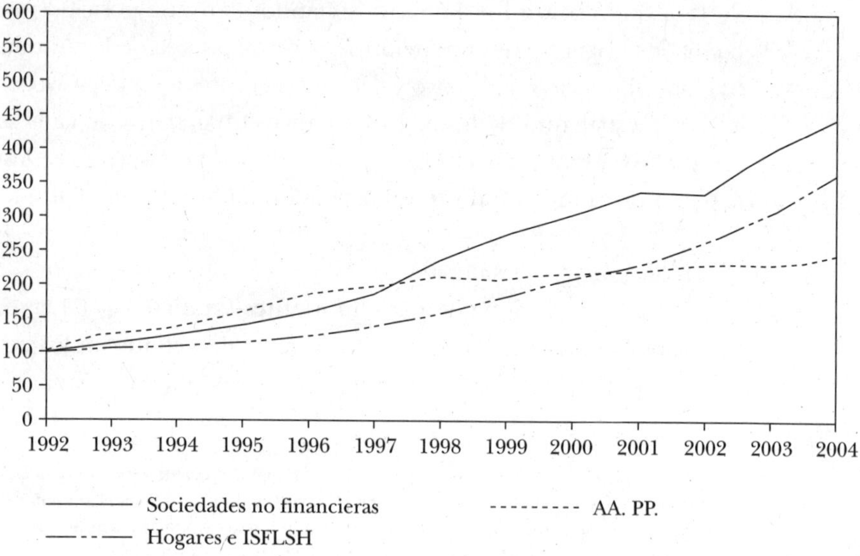

Fuente: Cuentas Financieras de la Economía Española (Banco de España).

GRÁFICO 3.4: Estructura de activos y pasivos financieros de las sociedades no financieras

(porcentaje)

a) Activos financieros

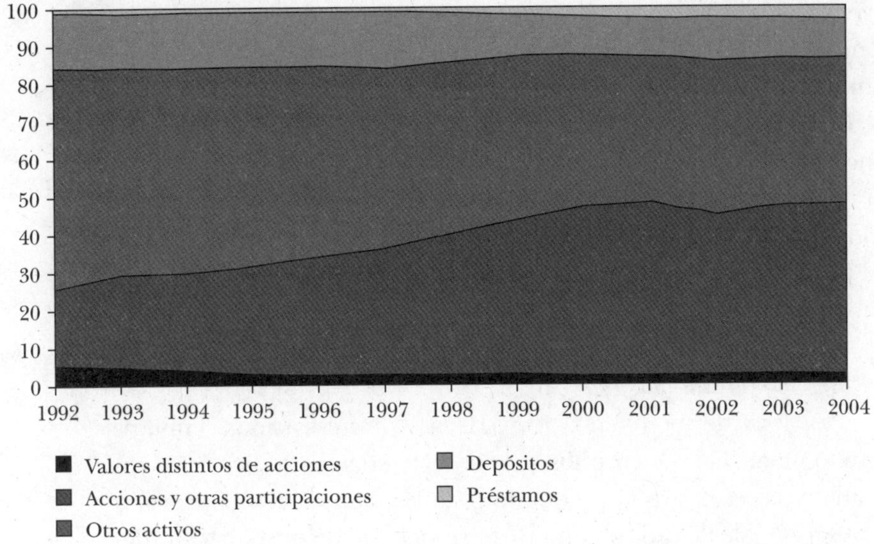

b) Pasivos financieros

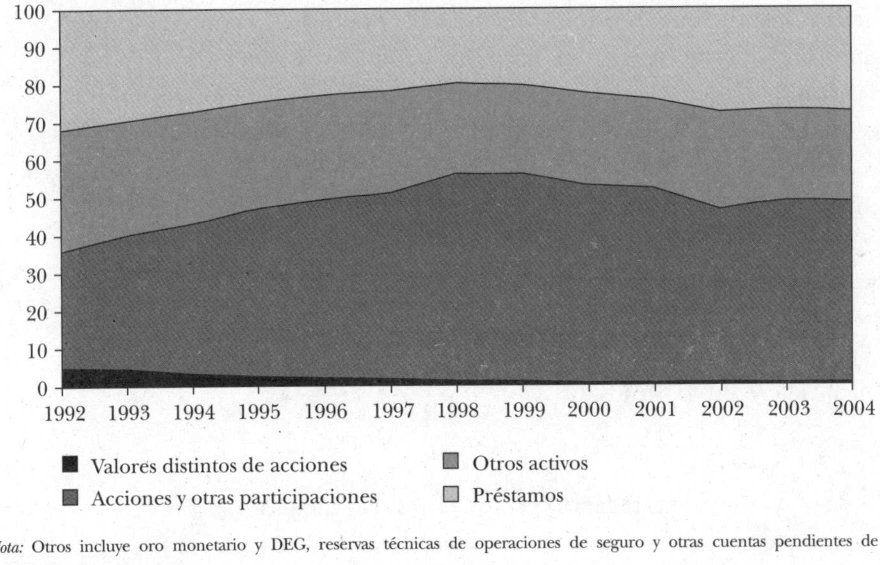

Nota: Otros incluye oro monetario y DEG, reservas técnicas de operaciones de seguro y otras cuentas pendientes de cobro/pago.

Fuente: Cuentas Financieras de la Economía Española (Banco de España).

casos, la evolución de su peso en la estructura es decreciente. También son relevantes en el pasivo los préstamos bancarios, cuya tendencia es distinta en la primera parte del período y desde 1998. En conjunto, las empresas muestran una orientación financiera crecientemente transaccional —los activos y pasivos de este tipo representan en 2004 el 50% del balance financiero— que está asociada, fundamentalmente, al incremento de la importancia de las acciones y participaciones. La relevancia creciente de estas últimas indica un incremento de la financiación cruzada de carácter permanente entre empresas. No obstante, la importancia del crecimiento de las acciones no cotizadas obliga a recordar el comentario anterior sobre la posible importancia de la componente relacional de la financiación mediante acciones.

b) *Administraciones Públicas*

Pese a perder peso, en el activo de las Administraciones Públicas predominan ligeramente los activos relacionales (gráfico 3.5). En cambio, en el pasivo el predominio de las fuentes de financiación transaccionales es abrumador. Esto se debe a la consolidación del proceso de sustitución de préstamos bancarios por Deuda pública, representando en la actualidad esta partida más del 75% del pasivo de esas instituciones. Por tanto, este sector es hoy en día uno de los más nítidamente orientados hacia los productos y mercados transaccionales. Además, una parte importante de los aquí considerados como relacionales, los préstamos o la gestión de los depósitos de las Administraciones Públicas, lo son menos, o nada, en este caso, al tratarse de operaciones de mayor tamaño y sometidas a procedimientos reglados de publicidad en muchos casos, de forma que no se obtienen ventajas informacionales asociadas a la interacción repetida. De hecho, los requerimientos de capital para los bancos no diferencian los coeficientes asociados a la financiación al sector público vía crédito o títulos.

c) *Hogares*

Este sector es, hasta cierto punto, el reverso de los anteriores en cuanto a orientación hacia activos relacionales, sobre todo en la estructura de su pasivo (gráfico 3.6). La dependencia de los hogares en su financiación de los productos en los que la banca relacional

GRÁFICO 3.5: Estructura de activos y pasivos financieros de las Administraciones Públicas

(porcentaje)

a) Activos financieros

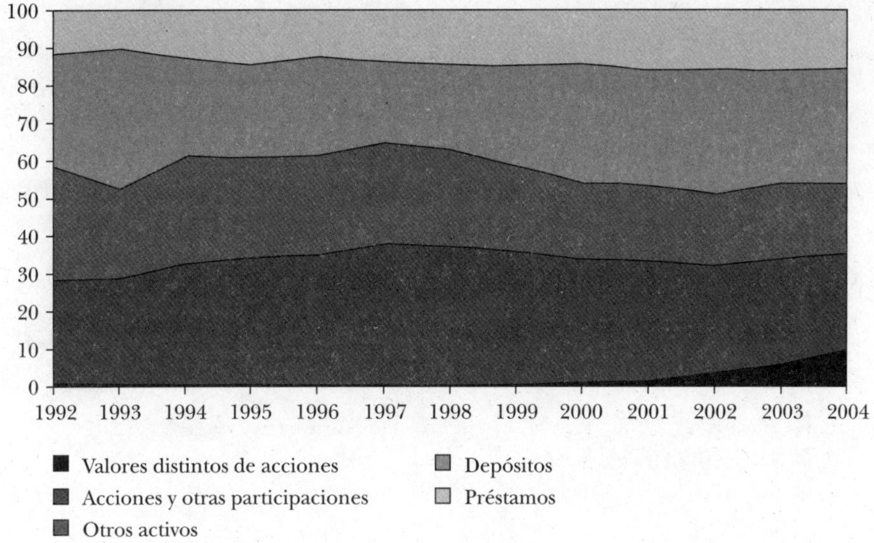

b) Pasivos financieros

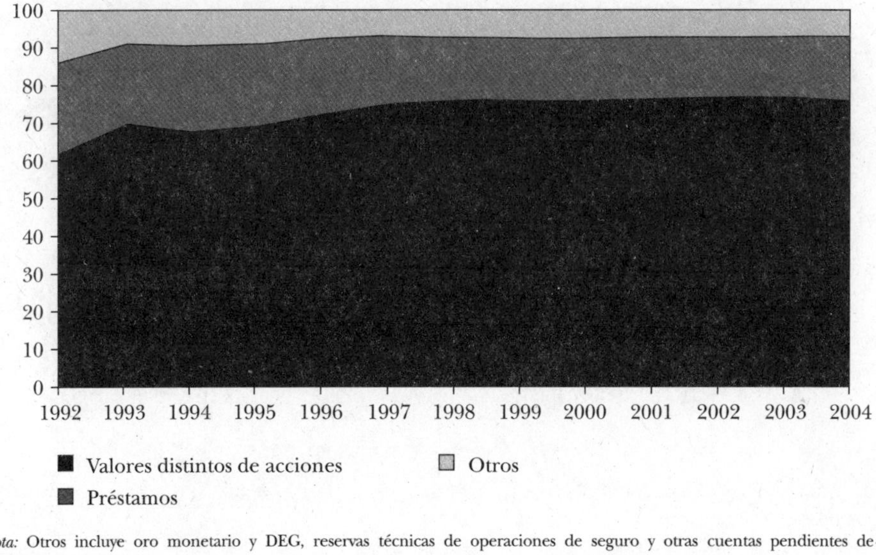

Nota: Otros incluye oro monetario y DEG, reservas técnicas de operaciones de seguro y otras cuentas pendientes de cobro/pago.

Fuente: Cuentas Financieras de la Economía Española (Banco de España).

GRÁFICO 3.6: **Estructura de activos y pasivos financieros de los hogares**

(porcentaje)

a) Activos financieros

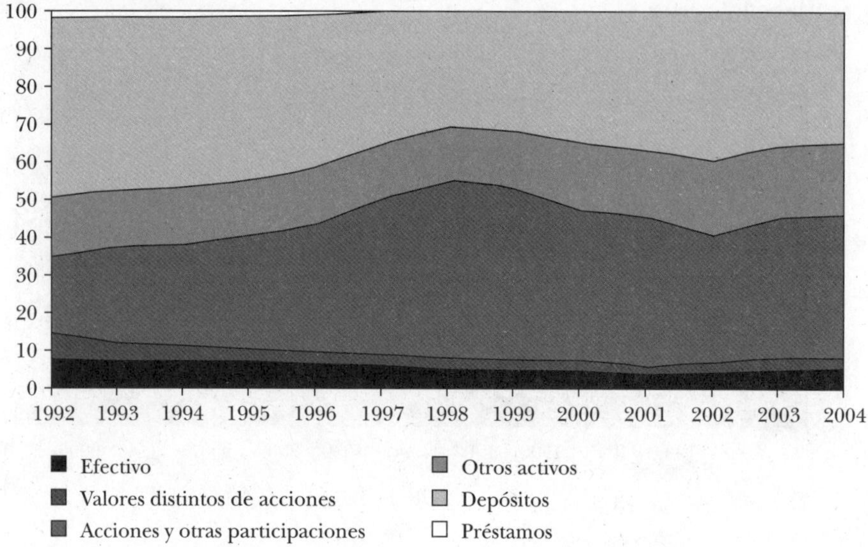

b) Pasivos financieros

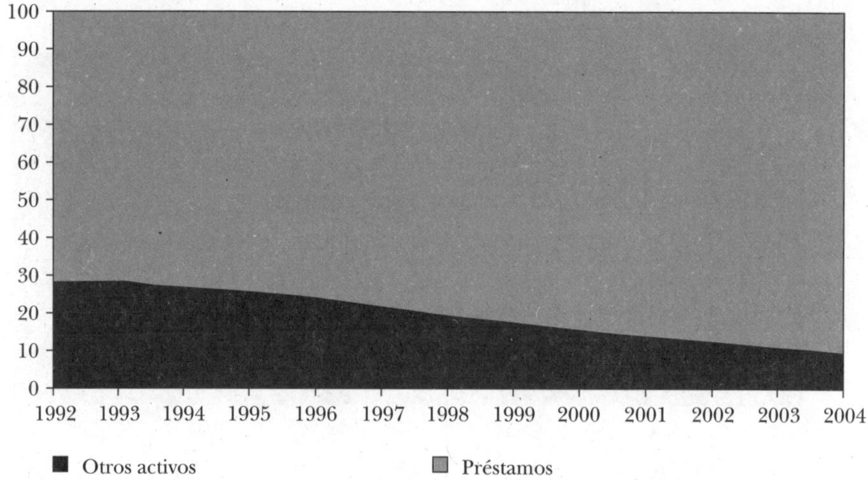

Nota: Otros incluye oro monetario y DEG, reservas técnicas de operaciones de seguro y otras cuentas pendientes de cobro/pago.

Fuente: Cuentas Financieras de la Economía Española (Banco de España).

tiene un papel relevante es completa, aunque, dentro de los mismos, se ha producido la sustitución de una parte del crédito comercial por una mayor dependencia de los préstamos bancarios, lo que ha dado mayor importancia a la banca relacional. Ahora bien, dada la importancia creciente del crédito hipotecario, debe tenerse en cuenta la matización realizada acerca de que no todos los préstamos deberían ser considerados como relacionales.

Por el lado del activo, en cambio, se observa un avance de las acciones y participaciones hasta 1998 —debido, fundamentalmente, a la participación en los fondos de inversión— y un retroceso parcial posterior —asociado a las bajas rentabilidades de estos activos en los últimos años—. En este caso la advertencia es la contraria a la del final del párrafo anterior, pues estos productos transaccionales forman hoy día parte del paquete de relaciones de muchos bancos con sus clientes. Con estos matices, los instrumentos de tipo transaccional han pasado a ser mayoritarios en este lado del balance de los hogares al final del período.

d) *Instituciones financieras*

La estructura del balance de las instituciones financieras es, en buena medida, la otra cara del espejo de los anteriores sectores, dada su condición de contraparte de los hogares, empresas y Administraciones Públicas en la transformación de activos, de modo que no repetiremos aquí todos los comentarios anteriores. En el caso de las instituciones financieras (gráfico 3.7) sigue predominando el uso de los productos relacionales, pero se advierte un claro retroceso de los mismos que viene marcado por la evolución negativa de los depósitos. La expansión de los productos transaccionales se asocia, sobre todo, a las acciones y las participaciones emitidas por fondos de inversión (en el pasivo). A partir de 1998, el avance de estas partidas se frena debido a dos factores distintos: la desaparición de la discriminación fiscal a favor de los fondos y en contra de los depósitos y, posteriormente, las rentabilidades negativas de los fondos.

Un caso particular dentro de este sector es el subsector *Otras instituciones financieras monetarias* (gráfico 3.8), formado, principalmente, por las entidades de crédito. Sus características son similares a las anteriores, pero con una mayor intensidad en el uso de activos relacionales. De hecho, en los términos generales en los que estamos

GRÁFICO 3.7: Estructura de activos y pasivos financieros de las instituciones financieras

(porcentaje)

a) Activos financieros

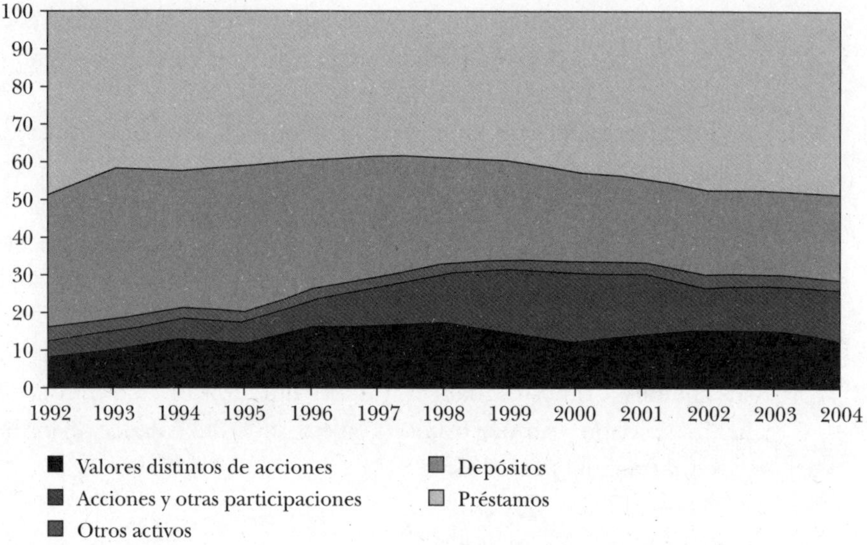

b) Pasivos financieros

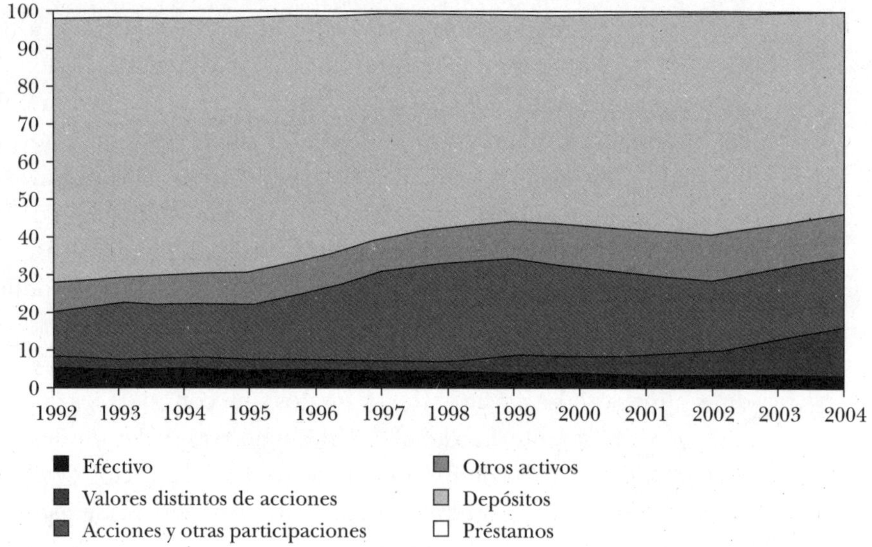

Nota: Otros incluye oro monetario y DEG, reservas técnicas de operaciones de seguro y otras cuentas pendientes de cobro/pago.

Fuente: Cuentas Financieras de la Economía Española (Banco de España).

GRÁFICO 3.8: **Estructura de activos y pasivos financieros de las otras instituciones financieras financieras monetarias**
(porcentaje)

a) Activos financieros

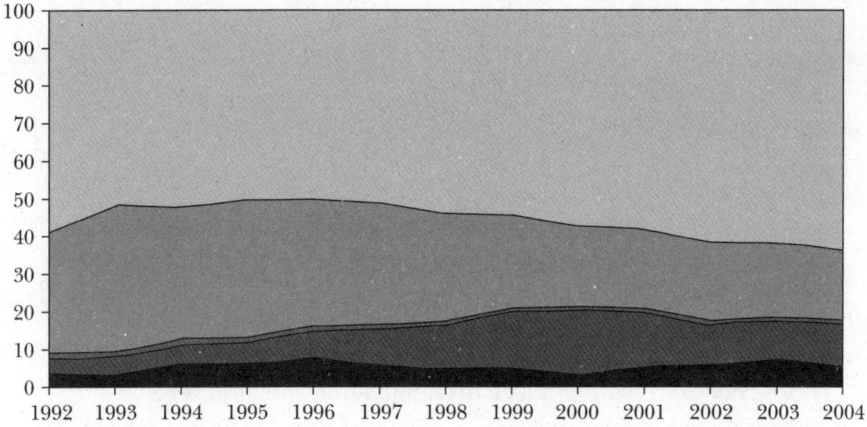

- Valores distintos de acciones
- Acciones y otras participaciones
- Otros activos
- Depósitos
- Préstamos

b) Pasivos financieros

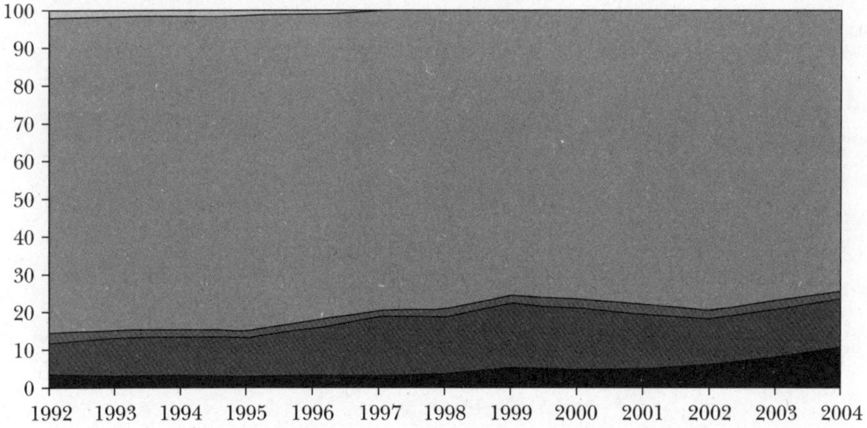

- Valores distintos de acciones
- Acciones y otras participaciones
- Otros activos
- Depósitos
- Préstamos

Nota: Otros incluye oro monetario y DEG, reservas técnicas de operaciones de seguro y otras cuentas pendientes de cobro/pago.

Fuente: Cuentas Financieras de la Economía Española (Banco de España).

planteando esta tipología que luego se matizará al hablar de la banca, las entidades de crédito son un sector de actividad financiera mayoritariamente relacional, tanto por el lado del activo como del pasivo. No obstante, los productos transaccionales ganan peso, representando en la actualidad al menos el 25% del total en ambos lados del balance.

Según lo visto, en el seno de la economía española se observan comportamientos diferentes de los sectores institucionales en cuanto a su orientación relacional y transaccional. Al mismo tiempo, el ritmo de crecimiento de las actividades financieras de los sectores no es el mismo. Por todo ello, es interesante considerar la importancia relativa de estos dos tipos de cambios a la hora de determinar la evolución del resultado agregado. Con esa finalidad se realizan a continuación dos ejercicios en los que se considera el crecimiento de los tres sectores institucionales no financieros (hogares, empresas no financieras y Administraciones Públicas) y de los activos relacionales más tradicionales (préstamos y depósitos) en cada uno de ellos. De nuevo, conviene recordar que se trata de una aproximación, porque no todo el volumen de préstamos y depósitos es relacional ni las operaciones con los otros activos eliminan, en algunos casos, las relaciones,[5] pero la información disponible no permite una valoración más precisa por el momento.

En primer lugar, en los cuadros 3.2a, b y c se analiza la contribución al crecimiento de la suma de activos y pasivos financieros de los tres sectores no financieros, desglosando los principales activos detentados o emitidos por cada agente. Por el lado del activo, la contribución más importante en el conjunto del período corresponde a las empresas no financieras (5,8 puntos porcentuales) seguida por las familias (4,9 puntos). En ambas, el producto que más contribuye al crecimiento son las acciones y otras participaciones. Como consecuencia de lo anterior, 9,2 puntos del crecimiento (del

[5] Como se ha comentado, el crédito comercial también incluye características relacionales. En los cuadros y gráficos éste no se incluye ya que, por un lado, las relaciones se establecen entre clientes y proveedores, y no con instituciones financieras, que es lo que aquí nos interesa. Por otro lado, en la rúbrica Otros activos se incluyen determinados instrumentos financieros que tienen peso significativo en algunos agentes (como las primas de seguro entre los activos de las economías domésticas) que tienen características transaccionales.

CUADRO 3.2.a: **Descomposición del crecimiento del total de activos y pasivos financieros de los sectores no financieros**

Tasas de variación (porcentajes) y contribuciones al crecimiento (puntos porcentuales)

	1992-1995	1995-2000	2000-2004	1992-2004
Total activos financieros	11,31	14,03	8,58	11,53
Sociedades no financieras	3,93	7,44	5,19	5,81
Efectivo	0,00	0,01	0,03	0,01
Valores distintos de acciones	–0,18	0,14	0,13	0,06
Acciones y otras participaciones	2,05	4,11	2,37	3,01
Otros activos	1,48	2,37	1,85	1,97
Depósitos	**0,52**	**0,59**	**0,56**	**0,56**
Préstamos	**0,06**	**0,23**	**0,24**	**0,19**
Administraciones Públicas	1,28	0,93	0,28	0,80
Efectivo	0,00	0,00	0,00	0,00
Valores distintos de acciones	–0,02	0,01	0,18	0,06
Acciones y otras participaciones	0,61	0,32	–0,06	0,27
Otros activos	0,22	0,14	0,02	0,12
Depósitos	**0,22**	**0,34**	**0,07**	**0,22**
Préstamos	**0,25**	**0,12**	**0,07**	**0,14**
Hogares	6,11	5,66	3,11	4,92
Efectivo	0,32	0,12	0,16	0,18
Valores distintos de acciones	–0,37	0,04	0,15	–0,03
Acciones y otras participaciones	3,38	3,57	0,96	2,65
Otros activos	0,75	1,09	0,75	0,89
Depósitos	**2,03**	**0,94**	**1,10**	**1,27**
Préstamos	**–0,01**	**–0,10**	**0,00**	**–0,04**
Activos relacionales	**3,07**	**2,12**	**2,05**	**2,34**
Activos no relacionales	**8,24**	**11,91**	**6,53**	**9,20**
Total pasivos financieros	11,71	14,00	9,68	11,99
Sociedades no financieras	6,85	10,57	7,00	8,45
Efectivo	0,00	0,00	0,00	0,00
Valores distintos de acciones	–0,19	–0,06	–0,04	–0,08
Acciones y otras participaciones	5,39	6,45	2,73	4,95
Otros activos	1,21	2,18	1,65	1,76
Depósitos	**0,00**	**0,00**	**0,00**	**0,00**
Préstamos	**0,44**	**2,00**	**2,65**	**1,83**

CUADRO 3.2.a *(cont.)*: **Descomposición del crecimiento del total de activos y pasivos financieros de los sectores no financieros**

Tasas de variación (porcentajes) y contribuciones al crecimiento (puntos porcentuales)

Administraciones Públicas	4,04	1,68	0,43	1,85
Efectivo	0,01	0,00	0,00	0,00
Valores distintos de acciones	3,31	1,58	0,34	1,60
Acciones y otras participaciones	0,00	0,00	0,00	0,00
Otros activos	0,03	0,04	0,01	0,03
Depósitos	**0,00**	**0,00**	—	—
Préstamos	**0,68**	**0,05**	**0,08**	**0,22**
Hogares	0,82	1,75	2,26	1,69
Efectivo	0,00	0,00	0,00	0,00
Valores distintos de acciones	0,00	0,00	0,00	0,00
Acciones y otras participaciones	0,00	0,00	0,00	0,00
Otros activos	0,09	0,04	0,02	0,04
Depósitos	**0,00**	**0,00**	**0,00**	**0,00**
Préstamos	**0,73**	**1,72**	**2,25**	**1,65**
Pasivos relacionales	**1,85**	**3,77**	**4,98**	**3,69**
Pasivos no relacionales	**9,86**	**10,24**	**4,71**	**8,30**

Nota: Se consideran activos relacionales los depósitos y préstamos (negritas).

Fuente: Cuentas Financieras de la Economía Española (Banco de España) y elaboración propia.

CUADRO 3.2.b: **Descomposición del crecimiento del total de activos y pasivos financieros de los sectores no financieros. Activos relacionales y no relacionales**

Tasas de variación (porcentajes) y contribuciones al crecimiento (puntos porcentuales)

	1992-1995	**1995-2000**	**2000-2004**	**1992-2004**
Activos financieros	11,31	14,03	8,58	11,53
Sociedades no financieras	3,93	7,44	5,19	5,81
Activos relacionales	0,58	0,82	0,80	0,75
Activos no relacionales	3,34	6,62	4,38	5,05
Administraciones Públicas	1,28	0,93	0,28	0,80
Activos relacionales	0,47	0,46	0,14	0,36
Activos no relacionales	0,81	0,47	0,14	0,45
Hogares	6,11	5,66	3,11	4,92
Activos relacionales	2,02	0,84	1,10	1,22
Activos no relacionales	4,08	4,82	2,01	3,70
Activos relacionales	**3,07**	**2,12**	**2,05**	**2,34**
Activos no relacionales	**8,24**	**11,91**	**6,53**	**9,20**
Pasivos financieros	11,71	14,00	9,68	11,99
Sociedades no financieras	6,85	10,57	7,00	8,45
Activos relacionales	0,44	2,00	2,65	1,83
Activos no relacionales	6,41	8,57	4,35	6,62
Administraciones Públicas	4,04	1,68	0,43	1,85
Activos relacionales	0,68	0,05	0,08	0,22
Activos no relacionales	3,36	1,63	0,35	1,64
Hogares	0,82	1,75	2,26	1,69
Activos relacionales	0,73	1,72	2,25	1,65
Activos no relacionales	0,09	0,04	0,02	0,04
Pasivos relacionales	**1,85**	**3,77**	**4,98**	**3,69**
Pasivos no relacionales	**9,86**	**10,24**	**4,71**	**8,30**

Nota: Se consideran activos relacionales los depósitos y préstamos (negritas).

Fuente: Cuentas Financieras de la Economía Española (Banco de España) y elaboración propia.

CUADRO 3.2.c: **Descomposición del crecimiento del total de activos y pasivos financieros relacionales de los sectores no financieros**

Tasas de variación (porcentajes) y contribuciones al crecimiento (puntos porcentuales)

	1992-1995	1995-2000	2000-2004	1992-2004
Total activos financieros relacionales	8,61	8,00	7,87	8,11
Sociedades no financieras	1,63	2,88	3,07	2,63
Depósitos	**1,46**	**1,99**	**2,15**	**1,91**
Préstamos	**0,17**	**0,88**	**0,92**	**0,72**
Administraciones Públicas	1,30	1,70	0,55	1,21
Depósitos	**0,60**	**1,26**	**0,27**	**0,77**
Préstamos	**0,70**	**0,44**	**0,27**	**0,45**
Hogares	5,68	3,43	4,26	4,27
Depósitos	**5,71**	**3,74**	**4,26**	**4,40**
Préstamos	**–0,03**	**–0,10**	**0,00**	**–0,05**
Total pasivos financieros relacionales	5,27	13,20	14,98	11,81
Sociedades no financieras	1,24	7,06	8,04	5,93
Depósitos	**0,00**	**0,00**	**0,00**	**0,00**
Préstamos	**1,24**	**7,06**	**8,04**	**5,93**
Administraciones Públicas	1,94	0,14	0,23	0,62
Depósitos	**0,00**	**0,00**	—	—
Préstamos	**1,94**	**0,15**	**0,23**	**0,62**
Hogares	2,09	6,00	6,71	5,26
Depósitos	**0,00**	**0,00**	**0,00**	**0,00**
Préstamos	**2,09**	**6,00**	**6,71**	**5,26**

Nota: Se consideran activos relacionales los depósitos y préstamos (negritas).

Fuente: Cuentas Financieras de la Economía Española (Banco de España) y elaboración propia.

total de 11,5% medio anual) corresponden a activos no relacionales y sólo 2,3 a activos relacionales. La contribución al crecimiento de los activos no relacionales es sustancialmente mayor en todos los sectores institucionales, como se aprecia en el gráfico 3.9.

GRÁFICO 3.9: Descomposición del crecimiento del total de activos y pasivos financieros de los sectores no financieros

Tasas de variación (porcentajes) y contribuciones al crecimiento (puntos porcentuales)

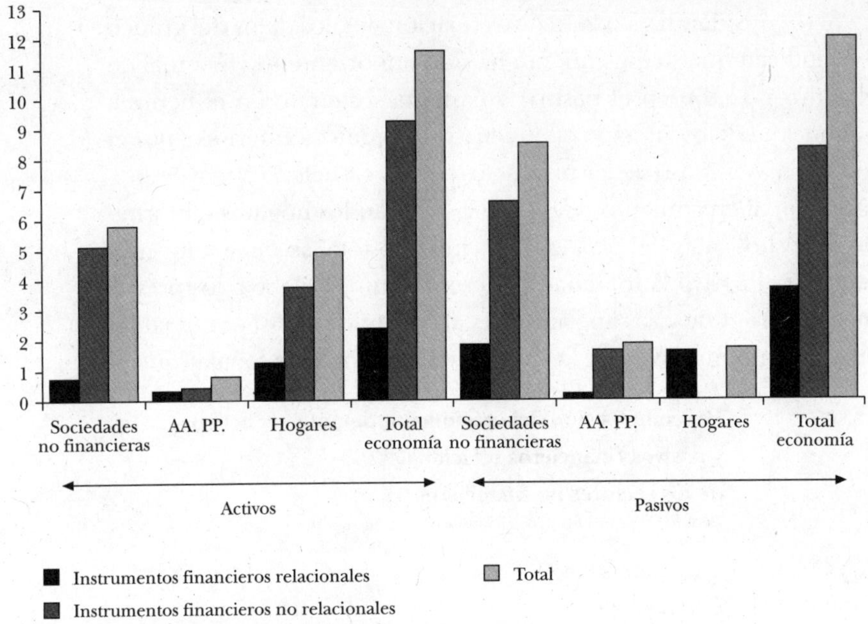

Nota: Se consideran instrumentos relacionales los créditos y depósitos.

Fuente: Cuentas Financieras de la Economía Española (Banco de España) y elaboración propia.

De los datos correspondientes a los distintos subperíodos, merece la pena señalar que, en los primeros años, el crecimiento fue más intenso y la contribución de los hogares al mismo más elevada. En cambio, durante los años transcurridos de este siglo el protagonismo de las empresas se ha reforzado. En cuanto a la contribución al crecimiento de los activos relacionales, su tendencia reciente se sitúa en torno al 2%, frente al 6% de los transaccionales.

En el pasivo, los perfiles del conjunto del período no son muy distintos de los mencionados, pero los de los subperíodos difieren, pues, en los últimos años, la contribución de las dos categorías de activos se ha equilibrado. La contribución de las empresas domina la evolución del agregado y, de nuevo, es debido a las acciones y participaciones: explican por sí solas casi la mitad del crecimiento total aunque pierden fuerza en los últimos años. La diferencia más destacable la representan los hogares, cuya contribución al crecimiento del pasivo total es menor, pero depende, casi por completo, de los productos relacionales (préstamos), tendencia que se refuerza en los últimos años.

Si se consideran sólo los activos relacionales, los datos del gráfico 3.10 indican que su crecimiento ha sido importante (8,1% anual en el activo y 11,8% en el pasivo) y bastante sostenido en el tiempo, aunque quede oscurecido en los cuadros y gráficos anteriores por el todavía más intenso de los productos transaccionales. La mayor contribución al crecimiento del activo la realizan los hogares en forma de depósitos: más del 50% del crecimiento total se debe a los mismos. En el pasivo la totalidad del crecimiento se debe a los préstamos, repartiéndose las aportaciones al crecimiento casi por igual las empresas no financieras y los hogares. Es importante señalar que el

GRÁFICO 3.10: **Descomposición del crecimiento del total de activos y pasivos financieros relacionales de los sectores no financieros**

Tasas de variación (%) y contribuciones al crecimiento (puntos porcentuales)

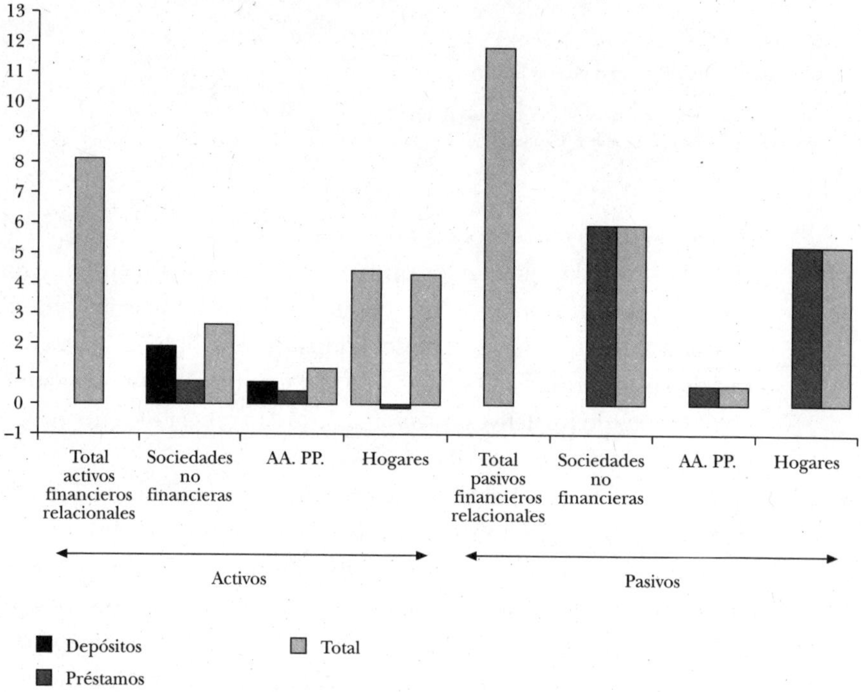

Nota: Se consideran instrumentos relacionales los créditos y depósitos.

Fuente: Cuentas Financieras de la Economía Española (Banco de España) y elaboración propia.

ritmo de crecimiento de los pasivos financieros relacionales es fuertemente creciente por subperíodos, alcanzando casi el 15% anual en los últimos años.

En el cuadro 3.3 se presenta un análisis *shift-share* de los factores que han contribuido a la evolución del peso de los activos relacionales en el activo y pasivo de los sectores no financieros. De este modo se tienen en cuenta el efecto de los cambios en la composición de las carteras de los distintos sectores institucionales y también el distinto dinamismo de la demanda de activos de cada sector. En concreto, se descompone el crecimiento de los instrumentos financieros (activos y pasivos) relacionales *(AR)*—créditos y depósitos— frente al total de instrumentos financieros *(AT)* de los sectores no financieros residentes —empresas no financieras, administraciones públicas y hogares— entre dos períodos (0 y *t*). Este cociente se puede expresar como la suma ponderada de la ratio de los instrumentos financieros relacionales y el total de instrumentos financieros de cada uno de los agentes de acuerdo con la siguiente expresión:

$$\frac{AR_t}{AT_t} = \sum_j \frac{AT_{jt}}{AT_t}\frac{AR_{jt}}{AT_{jt}} = \sum_j \theta_{jt}\frac{AR_{jt}}{AT_{jt}} \qquad (3.1)$$

donde θ_{jt} son los factores de ponderación, que se definen como el peso que el agente *j* tiene dentro de los instrumentos financieros totales. Operando a partir de la ecuación (3.1), se puede expresar el crecimiento de la ratio de la siguiente manera:

$$\frac{AR_t}{AT_t} - \frac{AR_0}{AT_0} = \underbrace{\sum_j \theta_{jo}\left(\frac{AR_{jt}}{AT_{jt}} - \frac{AR_{j0}}{AT_{j0}}\right)}_{\text{Efecto intrasectorial}} + \underbrace{\sum_j (\theta_{jt} - \theta_{j0})\frac{AR_{j0}}{AT_{j0}}}_{\text{Efecto sectorial estático}}$$

$$+ \underbrace{\sum_j (\theta_{jt} - \theta_{j0})\left(\frac{AR_{jt}}{AT_{jt}} - \frac{AR_{j0}}{AT_{j0}}\right)}_{\text{Efecto sectorial dinámico}} \qquad (3.2)$$

El primer sumando de la ecuación (3.2) es el *efecto intrasectorial*, que mide los efectos de las variaciones en la intensidad en el uso de instrumentos financieros relacionales de los agentes, dado el peso de los sectores institucionales considerados dentro del total de activos o pasivos financieros. El segundo sumando es el *efecto sectorial estático*, es decir, los cambios en el grado de intensidad relacional de la economía asociados a los cambios en el peso de los sectores institucionales, suponiendo que la intensidad relacional de cada uno se mantiene como al comienzo del período. El tercer sumando es el *efecto sectorial dinámico* de la reasignación de instrumentos financieros entre sectores institucionales con mayor o menor intensidad relacional.

Los datos del cuadro 3.3 indican que la pérdida de peso de los productos típicamente relacionales en el activo agregado de los sectores no financieros —que reflejan los signos negativos de las variaciones totales en todo el período y en cada uno de los subperíodos— tienen su causa fundamental en los cambios intrasectoriales, es decir, en la orientación más intensa de los distintos sectores hacia los activos transaccionales. La excepción en este sentido es el subperíodo 2000-2004, en el que el efecto intrasectorial es positivo, lo que indica que la composición de los balances en el período más reciente se ha orientado más hacia los activos relacionales. El efecto de los cambios sectoriales, es decir, los que se producen al variar la importancia relativa de empresas, hogares y Administraciones Públicas, es también negativo en general.

En el pasivo, las variaciones totales en el conjunto del período son de escasa importancia y el signo de los subperíodos muy distinto, en cuantía y en signo. En el primer subperíodo 1992-1995, la pérdida de peso de los activos relacionales fue intensa (5,4 puntos porcentuales cada año) y la recuperación del período 2000-2004 se produce con una fuerza similar (5,3 puntos porcentuales al año). De nuevo, el principal determinante de la variación total es el efecto intrasectorial, que es negativo en los dos primeros subperíodos y positivo en el tercero. En este caso, el efecto sectorial concuerda en signo con el intrasectorial, reforzándolo.

En resumen, de este primer repaso de la información más general cabe deducir que la orientación del sistema financiero se dirige más hacia los activos transaccionales, en conjunto y en los distintos

CUADRO 3.3: **Descomposición *shift-share* de la ratio instrumentos financieros relacionales/total instrumentos financieros**

Porcentaje de variación anual

	1992-1995	1995-2000	2000-2004	1992-2004
Activos financieros				
Efecto intrasectorial	–2,48	–3,45	0,42	–1,88
Efecto sectorial estático	0,06	–1,58	–1,02	–0,97
Efecto sectorial dinámico	0,00	0,23	0,03	0,26
Variación total	–2,42	–4,81	–0,56	–2,59
Pasivos financieros				
Efecto intrasectorial	–3,94	–0,68	3,41	–0,23
Efecto sectorial estático	–1,34	–0,12	1,70	0,04
Efecto sectorial dinámico	–0,13	0,08	0,19	0,00
Variación total	–5,41	–0,72	5,29	–0,18

Fuente: Cuentas Financieras de la Economía Española (Banco de España) y elaboración propia.

sectores. A valorar con más detalle si eso mismo sucede en las actividades bancarias se dedica el siguiente epígrafe.

3.2. Actividades bancarias relacionales

La información que ofrecen las Cuentas Financieras para caracterizar en términos generales las tendencias de las actividades relacionales en el sistema financiero español evidencia que se desarrollan, sobre todo, en el ámbito de los productos bancarios. Utilizando los datos disponibles en las estadísticas específicas de este sector, es posible precisar algo más los perfiles de la evolución de la banca en España con el fin de determinar si su orientación se está haciendo también más transaccional o si lo relacional sigue siendo decisivo en este sector.

Con la información desagregada sobre los activos bancarios, se puede estudiar de manera más precisa la especialización bancaria y matizar la hipótesis hecha anteriormente sobre el carácter relacional de los créditos, teniendo en cuenta ahora la diferente intensidad relacional de distintos tipos de préstamos. Adicionalmente, pueden contemplarse los datos referidos al uso de factores productivos vinculados a las tecnologías de producción de servicios bancarios más relacionales, como el personal y las oficinas, que suelen considerarse claves para el funcionamiento de los contactos con la clientela. Ambos aspectos, especialización y uso de factores, serán considerados sucesivamente en este epígrafe.

3.2.1. Especialización en banca relacional

La información de los balances bancarios permite distinguir las partidas más características de las actividades de financiación de la banca que responden al perfil relacional. En el activo, dentro del crédito, conviene diferenciar entre crédito comercial, deudores a la vista, deudores a plazo y deudores con garantía real (fundamentalmente, hipotecaria) y arrendamientos financieros. Según lo expuesto en el capítulo 2, caben matices sobre la asociación entre estos tipos de crédito y las relaciones bancarias basadas en la confianza. Así, los créditos basados en garantías (hipotecario, arrendamiento financiero) no necesitan depender fundamentalmente de la confianza personal el análisis del riesgo y la monitorización de los préstamos. Esta apreciación es relevante porque, como muestran el cuadro 3.4 y el gráfico 3.11, las operaciones de crédito han ganado peso en el activo bancario, pero ello se debe, casi en exclusiva, al crecimiento en la importancia del crédito hipotecario. Por tanto, aunque el crecimiento del crédito en términos agregados podría servir de base para decir que la financiación bancaria se ha hecho más relacional, es posible que la intensidad relacional media de los préstamos se haya reducido, al basarse más en otras *tecnologías* de producción de los mismos que se apoyan en las garantías reales o en la información estadística. Esta afirmación es una hipótesis que requeriría más contraste empírico del que la información de este capítulo permite, y se volverá sobre ella en el capítulo 4.

Un segundo matiz a tener en cuenta al valorar el volumen de crédito opera en dirección contraria al primero, y consiste en que la asunción de riesgos crediticios de base relacional se ha expandido en operaciones que no tienen reflejo en el balance, como refleja la información de las cuentas de orden. Según las mismas, los avales y los compromisos contingentes han aumentado sustancialmente, tanto en términos absolutos como en relación al tamaño del balance.

CUADRO 3.4: **Evolución de la especialización productiva del activo bancario de bancos, cajas de ahorro y cooperativas**

Porcentajes sobre el activo total

	Total				Bancos				Cajas de ahorro				Cooperativas de crédito			
	1992	**1995**	**2000**	**2004**	**1992**	**1995**	**2000**	**2004**	**1992**	**1995**	**2000**	**2004**	**1992**	**1995**	**2000**	**2004**
Total activo	100,00	100,00	100,00	100,00	100,00	100,00	100,00	100,00	100,00	100,00	100,00	100,00	100,00	100,00	100,00	100,00
Sistema crediticio	24,05	20,38	13,70	12,38	23,03	20,53	15,74	15,71	24,79	18,93	10,45	7,60	36,57	32,58	15,45	11,52
Administraciones Públicas	14,87	18,55	11,49	7,82	12,79	16,99	10,52	7,36	19,06	21,97	13,20	8,90	8,07	13,68	9,07	3,81
Otros sectores residentes	45,25	39,71	53,89	60,48	44,79	36,15	48,34	51,25	45,72	45,62	60,96	72,14	49,10	47,92	67,32	78,05
Créditos	42,45	37,11	48,87	54,36	42,16	33,88	43,71	44,44	42,47	42,27	55,04	66,64	48,15	46,55	65,73	75,78
Créditos comerciales	5,80	4,15	3,82	3,13	7,61	5,17	4,48	3,28	2,81	2,32	2,77	2,81	3,99	3,08	4,35	4,06
Deudores con garantía real	12,56	14,93	23,76	32,54	7,44	9,71	16,63	22,62	21,08	24,03	33,14	45,27	17,11	22,38	38,07	49,35
Deudores con garantía hipotecaria	11,95	14,45	22,96	31,76	7,10	9,24	15,65	21,66	20,13	23,71	32,61	44,73	14,99	20,04	37,29	48,93
Otros deudores a plazo	18,90	14,24	18,39	15,83	21,36	15,19	19,56	15,57	14,36	12,19	16,46	15,91	22,25	17,20	20,11	18,8
Deudores a la vista	2,30	1,43	1,60	1,29	2,79	1,50	1,44	1,04	1,49	1,30	1,81	1,62	1,92	1,30	1,99	1,73
Arrendamientos financieros	0,19	0,45	0,82	1,20	0,28	0,64	1,20	1,62	0,03	0,11	0,31	0,60	0,03	0,04	0,21	0,97
Otros	—	—	—	—	2,69	1,66	0,40	0,31	2,70	2,33	0,55	0,41	2,85	2,54	1,01	0,79
Valores	2,80	2,61	5,02	6,12	2,63	2,28	4,64	6,81	3,25	3,35	5,92	5,50	0,95	1,37	1,59	2,27
Sector exterior	9,04	14,75	13,58	13,89	12,66	19,62	16,91	19,62	3,46	6,97	9,50	6,65	0,59	0,32	3,64	3,05
Operaciones no sectorizadas	6,79	6,60	7,34	5,43	6,73	6,71	8,49	6,05	6,98	6,51	5,88	4,71	5,66	5,50	4,52	3,57

CUADRO 3.4 *(cont.)*: **Evolución de la especialización productiva del activo bancario de bancos, cajas de ahorro y cooperativas**

Porcentajes sobre el activo total

	Total				Bancos				Cajas de ahorro				Cooperativas de crédito			
	1992	1995	2000	2004	1992	1995	2000	2004	1992	1995	2000	2004	1992	1995	2000	2004
Pro memoria																
Crédito a OSR por finalidad del gasto																
Crédito a OSR	42,45	37,11	48,87	54,36	42,16	33,88	43,71	44,44	42,47	42,27	55,04	66,64	48,15	46,55	65,73	75,78
Financiación a actividades productivas	27,99	21,38	26,06	27,60	32,50	23,02	27,15	26,16	20,63	18,28	24,03	29,55	22,20	21,72	30,11	29,08
Fin. a hogares para compra y reha. vivienda	7,20	10,04	16,13	19,83	3,55	6,29	11,19	13,45	13,08	16,54	22,75	28,38	12,74	15,75	24,84	27,09
Fin. a hogares para compra de bienes de consumo duradero	1,70	1,37	1,92	1,73	1,24	1,05	2,11	1,92	2,45	1,88	1,66	1,52	2,36	2,20	1,74	0,99
Resto de financiación a OSR	5,56	4,31	4,75	5,20	4,87	3,52	3,26	2,91	6,32	5,57	6,60	7,18	10,84	6,88	9,05	18,62
Pasivos contingentes	5,48	6,83	14,00	11,12	7,85	8,85	18,54	13,42	1,66	2,59	7,64	8,02	2,10	11,54	8,77	8,63
Compromisos y riesgos contingentes	10,08	12,26	16,96	17,89	11,61	13,77	17,04	16,79	7,78	9,90	17,31	19,77	5,61	7,28	12,09	15,15

Nota: Otros incluye créditos dudosos y créditos asumidos por el Estado.

Fuente: Banco de España.

GRÁFICO 3.11: **Evolución de la especialización productiva del activo bancario**

Variación de los porcentajes sobre el total de activos. Diferencia 2004-1992

a) Total SBE

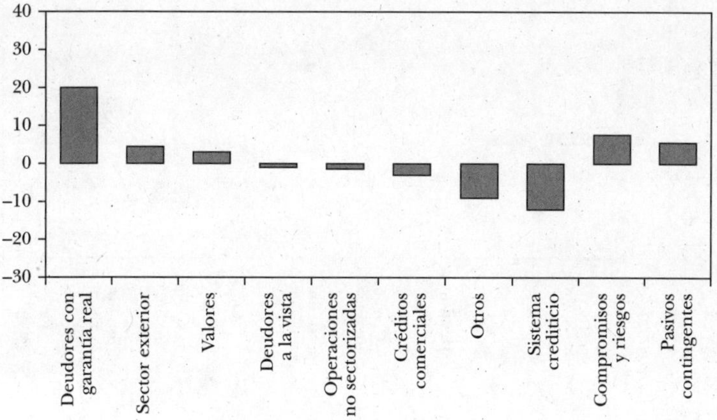

b) Bancos

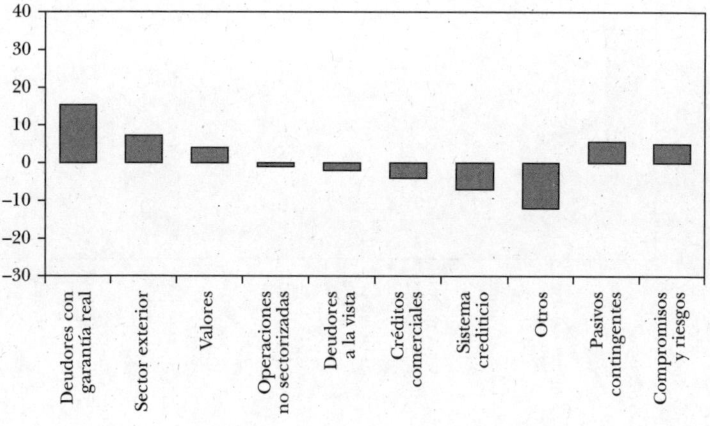

GRÁFICO 3.11 *(cont.)*: **Evolución de la especialización productiva del activo bancario**

Variación de los porcentajes sobre el total de activos. Diferencia 2004-1992

c) Cajas de ahorro

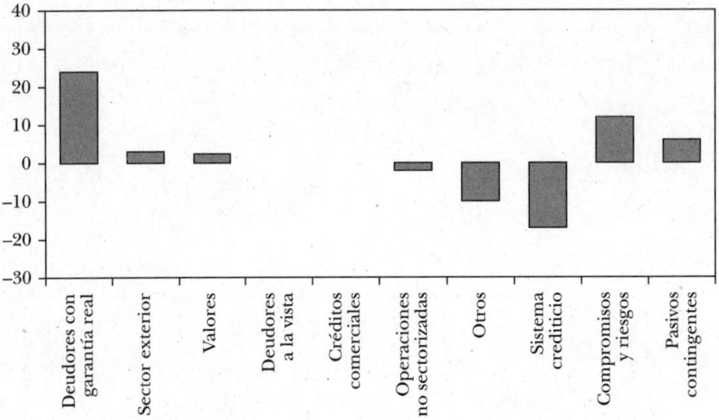

d) Cooperativas de crédito

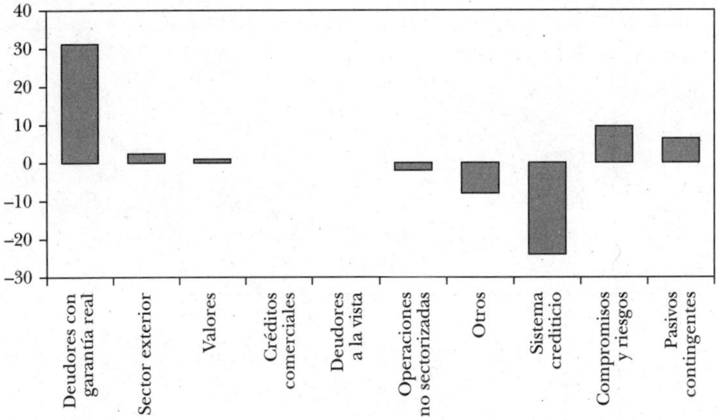

Nota: Otros incluye Administraciones Públicas, otros deudores a plazo, arrendamientos financieros y otros.
Fuente: Banco de España.

Es importante advertir también que el peso de las actividades más relacionales, consideradas como venimos haciéndolo, varía entre bancos, cajas y cooperativas. Comprobar de qué manera se presentan estas diferencias puede ser relevante para analizar si, como apunta una parte de la literatura, la orientación relacional depende del perfil institucional de las entidades.

En lo que se refiere al crédito, las cifras agregadas indican que el porcentaje del activo dedicado a préstamos era similar entre instituciones a principios de los noventa; posteriormente se ha mantenido en el caso de los bancos, pero ha aumentado muy sustancialmente en las cajas de ahorros y, sobre todo, en las cooperativas. Sin embargo, las diferencias se producen, sobre todo, debido a la trayectoria del crédito hipotecario que, como se ha advertido, al basarse más en garantías reales, podría considerarse que es menos dependiente de los elementos estrictamente relacionales. Ahora bien, junto a lo anterior, en el balance de cajas y cooperativas también ha crecido la importancia del crédito a actividades productivas, cuyo peso ha pasado del 20% al 30% y supera ya en intensidad al de la banca. Por consiguiente, según los datos agregados referidos al crédito, no es descartable que la orientación de cajas y cooperativas sea más relacional. No obstante, a esta impresión se le pueden hacer dos matices contrapuestos: buena parte de esa actividad de estos grupos se lleva a cabo mediante el crédito con garantía real, que hace menos relevante la confianza personal; al mismo tiempo, sobre todo las cajas, están acrecentando la importancia de la financiación a la empresa, un ámbito en el que las tecnologías relacionales pueden ser más relevantes.

En los bancos parece que la orientación de su actividad es actualmente menos relacional, pues el porcentaje de créditos sobre el activo total se mantiene bastante estable y entre los mismos también han triplicado su peso las operaciones menos relacionales (crédito hipotecario) en detrimento de las más relacionales (crédito comercial y deudores a la vista y a plazo). La financiación a los hogares (sobre todo, hipotecaria) ha triplicado su importancia mientras que el peso del crédito a las actividades productivas ha pasado de representar un tercio del balance de los bancos a sólo un quinto. Por todo ello es también posible que la banca relacional haya perdido intensidad relativa, sobre todo, en el ámbito de la financiación a las empresas. Sin embargo, otros datos apuntan de nuevo en dirección contraria: se ha reforzado la importancia de los avales y los disponibles, según reflejan las cuentas de orden, lo que constituye un indicio claro de reforzamiento de actividades en las que la confianza es decisiva.

Los datos del pasivo mostrados en el cuadro 3.5 y en el gráfico 3.12 confirman la variedad de impresiones anteriores. Por una parte, los productos más relacionales, los depósitos, pierden peso en el

CUADRO 3.5: **Evolución de la especialización productiva del pasivo bancario de bancos, cajas de ahorro y cooperativas**

Porcentajes sobre el activo total

	Total				Bancos				Cajas de ahorro				Cooperativas de crédito			
	1992	1995	2000	2004	1992	1995	2000	2004	1992	1995	2000	2004	1992	1995	2000	2004
Total pasivo	100,00	100,00	100,00	100,00	100,00	100,00	100,00	100,00	100,00	100,00	100,00	100,00	100,00	100,00	100,00	100,00
Sistema crediticio	18,27	21,91	13,36	10,92	23,33	28,88	16,12	14,82	10,58	10,36	10,07	5,94	4,92	5,66	4,21	4,13
Administraciones Públicas	3,08	2,45	2,54	3,03	3,14	2,58	2,48	2,97	3,02	2,22	2,61	3,20	2,42	2,06	2,56	2,32
Otros sectores residentes	54,12	52,59	49,04	53,39	43,34	40,34	36,58	40,89	70,83	73,13	65,03	69,05	78,41	78,55	78,39	78,69
Depósitos en euros	42,63	38,76	37,26	37,57	32,94	27,11	25,41	23,17	56,84	57,56	51,52	54,70	73,96	71,26	75,02	75,76
A la vista	10,95	8,56	11,32	11,34	12,26	8,42	11,13	10,12	8,63	8,59	11,43	12,83	11,38	10,98	13,33	14,22
De ahorro	11,57	9,77	9,97	9,53	6,66	5,30	5,50	5,19	19,23	17,16	15,37	14,40	22,15	20,42	23,99	24,05
A plazo	20,11	20,43	15,97	16,70	14,03	13,39	8,78	7,87	28,97	31,80	24,73	27,47	40,43	39,86	37,70	37,50
Depósitos en moneda extranjera	—	—	—	—	0,48	0,57	0,49	0,46	0,13	0,17	0,11	0,20	0,00	0,00	0,00	0,00
Cesiones temporales de activo	8,97	10,81	7,85	5,76	8,13	10,02	7,40	5,78	10,84	12,70	8,97	6,19	4,12	6,51	3,07	1,23
Empréstitos	0,59	1,66	2,64	7,91	0,33	1,73	2,39	9,19	1,10	1,69	3,25	6,72	0,00	0,00	0,00	1,19
Otros	—	—	—	—	1,45	0,90	0,87	2,29	1,93	1,02	1,18	1,24	0,33	0,78	0,29	0,50
Sector exterior	10,75	11,03	21,55	19,96	15,92	16,03	29,53	26,93	2,61	2,63	11,40	11,59	0,57	0,66	1,73	2,44
Operaciones no sectorizadas	13,79	12,03	13,52	12,69	14,27	12,17	15,29	14,39	12,96	11,66	10,89	10,23	13,68	13,07	13,12	12,42

Nota: Otros incluye participaciones de activo, acreedores por valores y otros acreedores.

Fuente: Banco de España.

GRÁFICO 3.12: Evolución de la especialización productiva del pasivo bancario

Variación de los porcentajes sobre el total de activos. Diferencia 2004-1992

a) Total SBE

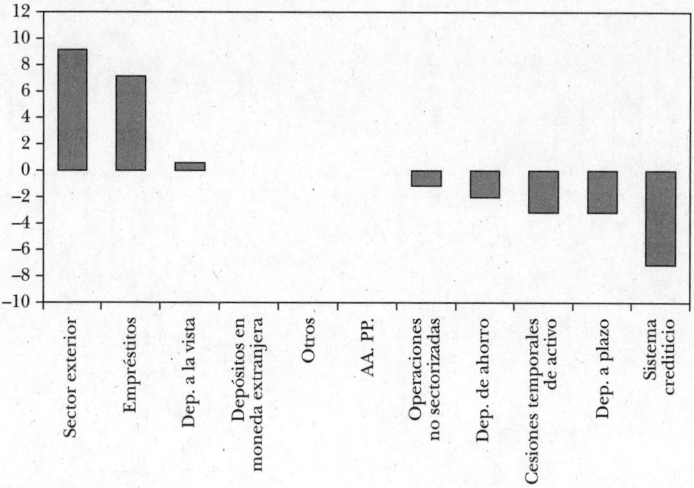

b) Bancos

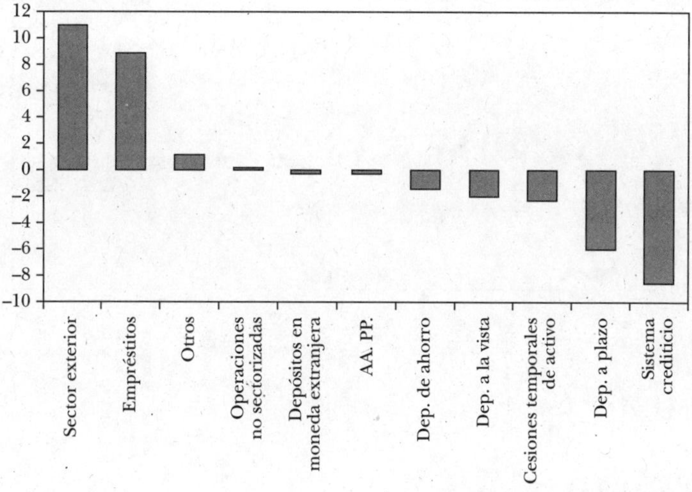

GRÁFICO 3.12 *(cont.)*: **Evolución de la especialización productiva del pasivo bancario**

Variación de los porcentajes sobre el total de activos. Diferencia 2004-1992

c) Cajas de ahorro

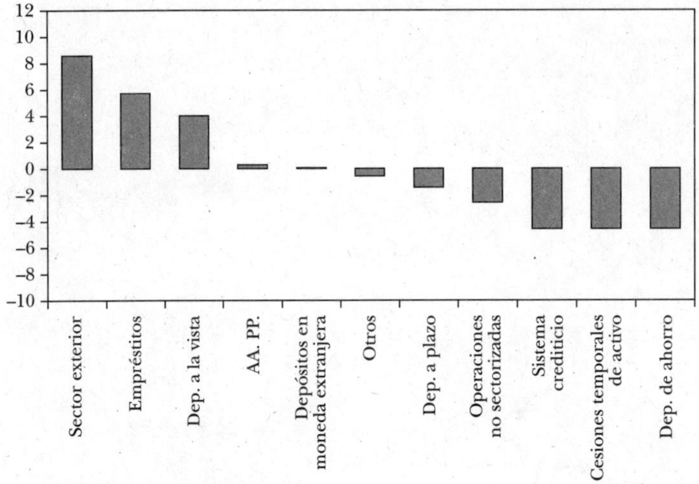

d) Cooperativas de crédito

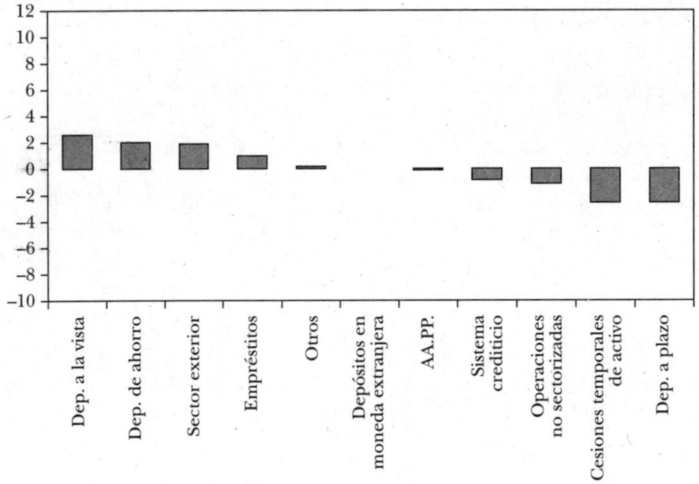

Fuente: Banco de España.

agregado. Ello es debido sólo a lo que sucede en los bancos y, en particular, a la pérdida de atractivo para los clientes de estas entidades de los depósitos a plazo. La principal vía alternativa por la que ahora los bancos captan esa financiación es el sector exterior, mediante productos sin duda más transaccionales y con coste más elevado. En cambio, en cajas y cooperativas el peso de los depósitos se mantiene y es muy superior en la actualidad al de los bancos: las cajas los doblan y las cooperativas los triplican. Pero también, en el caso de los depósitos, cabe, como en el de los créditos, que sus características relacionales varíen. Estas diferencias se deben a los perfiles de especialización de las entidades y a los distintos rasgos de los clientes. Por ejemplo, algunas entidades han expandido con fuerza estos pasivos con altas retribuciones por canales poco relacionales, como la banca a distancia, por teléfono o Internet. Otras, en cambio, retribuyen los depósitos con tipos de interés cuya explicación ha de buscarse en la rentabilidad que otros productos tienen para el banco, es decir, en el paquete de servicios que configuran una relación de clientela. Por consiguiente, no debe concluirse demasiado rápidamente la interpretación sobre el significado del uso de los depósitos y, de nuevo, convendrá esperar a los resultados del capítulo 4.

3.2.2. Factores productivos relacionales

La banca basada en las relaciones requiere que exista un contacto personal entre el cliente y la entidad, representada por los empleados. En muchos casos, además, para el desarrollo de esos contactos regulares, es relevante el papel de la oficina como espacio físico de encuentro y lugar de referencia para el cliente. Por consiguiente, otro de los aspectos en los que puede reflejarse la intensidad de la actividad relacional de las empresas bancarias es el uso de factores productivos que sirven de base para las mismas, como los recursos humanos o la red de oficinas.

Los empleados son decisivos para el establecimiento de relaciones de confianza personal con la clientela y también para el procesamiento de la información *soft* referida a actitudes y expectativas de compromisos duraderos de los clientes. Sin embargo, la dedicación de los trabajadores a estas y otras tareas puede ser variable, dependiendo de las tecnologías utilizadas y la organización de las entidades, lo que hace más complicado interpretar el significado de los datos de recursos humanos empleados desde la perspectiva que nos ocupa.

La relación del número de empleados con otros indicadores de volumen de actividad puede servir para realizar una primera apreciación de la capacidad potencial de dedicar recursos a la atención a los clientes. Por otra parte, el perfil —formativo y de actitudes— de los empleados también es indicativo de su capacidad de establecer relaciones y, en este sentido, las empresas bancarias han realizado importantes reestructuraciones de sus plantillas para reforzar su capacidad de procesar información y ofrecer servicios. Además, la densidad de la red de oficinas es también un índice relevante de su accesibilidad y capacidad de servir de base operativa para las relaciones económicas que se tejen desde las mismas.

Los cuadros 3.6 y 3.7 ofrecen información sobre estos aspectos. Los datos muestran tendencias generales y también rasgos diferenciales entre los grupos de instituciones. En cuanto a las tendencias, algunas parecen indicar que la evolución de los recursos relacionales no sigue el fuerte ritmo de crecimiento de la actividad bancaria. En el cuadro 3.6 se constata que la reducción del número de empleados por unidad de activo es generalizada. En el conjunto del sector se aprecia también un aumento del número de cuentas gestionadas por empleado. En el caso de los bancos se aprecia una reducción del número de empleados por cada 1.000 habitantes, aunque esta tendencia no se confirma en cajas y cooperativas.

En sintonía con los datos precedentes, el cuadro 3.7 documenta la reducción sustancial de la ratio de gastos de personal por unidad de activo. Complementariamente, el gráfico 3.13 ofrece indicadores de costes unitarios de personal calculados según a distintos indicadores alternativos de *output* —activos totales, activos totales corregidos por la creciente importancia de las actividades fuera de balance,[6] suma de créditos y depósitos, ingresos totales—. Todos ellos confirman la reducción de los costes medios cuando se usan medidas *stock* del *output* y la excepción se produce sólo cuando se consideran una medida basada en los ingresos totales. Esto último se debe a que la fuerte caída de los tipos de interés ha sido un intenso factor de reducción de ingresos; así, si la evolución de los ingresos se corrige para mantener el tipo de interés constante y evitar el efecto

[6] Al balance total se le suma un activo ficticio derivado de la actividad fuera de balance y que genera comisiones. Así, se supone que las comisiones netas son el flujo de ingresos generados por este activo, suponiendo que la rentabilidad de los activos de balance y la de este activo es la misma. Esta metodología fue propuesta por Boyd y Gertler (1994) y ha sido aplicada en diversos trabajos como en Maudos y Pérez (2003).

CUADRO 3.6: **Uso de factores productivos en los bancos, cajas de ahorro y cooperativas de crédito**

	Total				Bancos				Cajas de ahorro				Cooperativas de crédito			
	1992	1995	2000	2004	1992	1995	2000	2004	1992	1995	2000	2004	1992	1995	2000	2004
Empleado/activo total (millones de euros constantes de 1995 por empleado)	0,43	0,34	0,26	0,20	0,43	0,33	0,23	0,16	0,39	0,35	0,28	0,24	0,62	0,50	0,42	0,37
Cuentas de pasivo por empleado	296,7	350,1	363,9	357,0	192,4	250,7	264,8	235,7	528,7	506,1	459,5	456,2	–	451,7	504,7	456,2
Empleados por cada 1.000 habitantes	6,48	6,22	5,93	5,66	4,08	3,78	3,04	2,58	2,12	2,14	2,53	2,66	0,28	0,30	0,36	0,41
Número de cajeros automáticos por oficina	0,54	0,74	1,19	1,33	0,37	0,55	1,17	1,33	0,87	1,02	1,29	1,41	–	0,45	0,75	0,91
Densidad de la red (oficinas por 1.000 habitantes)*	0,12	0,11	0,13	0,12	0,05	0,05	0,07	0,06	0,19	0,18	0,17	0,16	0,15	0,15	0,16	0,15
Concentración de la red de oficinas**	2.892	2.672	2.500	2.312	1.403	1.344	1.456	1.369	4.975	4.671	3.699	3.221	7.507	7.465	6.485	5.236
Estructura del mercado (índice Herfindahl)***	1.214	1.144	1.242	1.288	1.180	1.102	1.214	1.247	1.224	1.157	1.240	1.291	1.368	1.322	1.362	1.399

* La densidad de la red de oficinas se ha calculado a nivel provincial para cada tipo de entidad (bancos, cajas y cooperativas). Para calcular las medias, se ha ponderado el dato individual por el peso en oficinas de cada entidad sobre el total.

** La concentración de la red de oficinas se mide mediante el índice de concentración de Herfindahl de la distribución provincial de la red de oficinas de cada entidad. Para calcular las medias, se ha ponderado el dato individual por el peso en oficinas de cada entidad sobre el total.

*** La estructura de mercado se mide mediante el índice de concentración de la red de oficinas de todas las entidades operantes en cada mercado provincial. Para calcular las medias, se han ponderado los índices provinciales por la importancia de cada provincia en la red de oficinas para cada entidad y, posteriormente, se han agregado las entidades.

Fuente: Banco de España, AEB, CECA, UNACC, INE y elaboración propia.

CUADRO 3.7: **Evolución de la cuenta de resultados de bancos, cajas de ahorro y cooperativas**

Porcentajes sobre el activo total

	Total				Bancos				Cajas de ahorro				Cooperativas de crédito			
	1992	1995	2000	2004	1992	1995	2000	2004	1992	1995	2000	2004	1992	1995	2000	2004
Productos financieros	10,28	8,40	4,68	3,40	10,58	8,40	4,68	3,36	9,71	8,36	4,65	3,43	10,84	8,68	4,92	3,52
Costes financieros	6,83	5,75	2,62	1,57	7,26	6,15	2,94	1,74	6,14	5,10	2,22	1,37	6,01	4,60	1,76	1,05
Margen de intermediación	3,45	2,65	2,06	1,83	3,32	2,25	1,75	1,62	3,57	3,26	2,42	2,06	4,83	4,08	3,16	2,46
Otros productos y gastos ordinarios	0,67	0,64	0,78	0,68	0,82	0,72	0,90	0,74	0,43	0,51	0,62	0,59	0,33	0,41	0,59	0,64
Margen ordinario	4,12	3,29	2,84	2,51	4,14	2,97	2,65	2,37	3,99	3,77	3,05	2,65	5,16	4,48	3,75	3,11
Gastos de explotación	2,62	2,16	1,79	1,37	2,62	2,00	1,66	1,18	2,57	2,42	1,96	1,59	3,17	2,63	2,26	1,94
Gastos de explotación de personal	1,59	1,32	1,08	0,82	1,61	1,22	1,00	0,68	1,54	1,47	1,18	0,98	1,84	1,54	1,29	1,10
Margen de explotación	1,50	1,13	1,05	1,14	1,52	0,98	0,99	1,19	1,42	1,36	1,09	1,06	2,00	1,85	1,49	1,16
Saneamientos y dotaciones de insolvencia	0,69	0,48	0,34	0,33	0,64	0,43	0,28	0,36	0,79	0,58	0,41	0,29	0,51	0,39	0,43	0,37
Otros	0,22	0,13	0,20	–0,04	0,19	0,15	0,14	–0,06	0,29	0,13	0,29	–0,03	–0,07	–0,17	0,10	0,09
Beneficio antes impuestos	1,03	0,79	0,91	0,77	1,08	0,70	0,85	0,78	0,92	0,91	0,97	0,74	1,41	1,30	1,17	0,88
Impuesto sobre sociedades	0,25	0,18	0,14	0,12	0,27	0,15	0,12	0,13	0,22	0,22	0,17	0,10	0,22	0,21	0,17	0,12
Beneficio del ejercicio	0,78	0,61	0,77	0,65	0,80	0,55	0,73	0,65	0,70	0,69	0,80	0,64	1,19	1,08	0,99	0,77

Fuente: Banco de España.

GRÁFICO 3.13: **Gastos de personal según distintas medidas de producción**

(porcentaje)

a) Porcentaje sobre el activo total

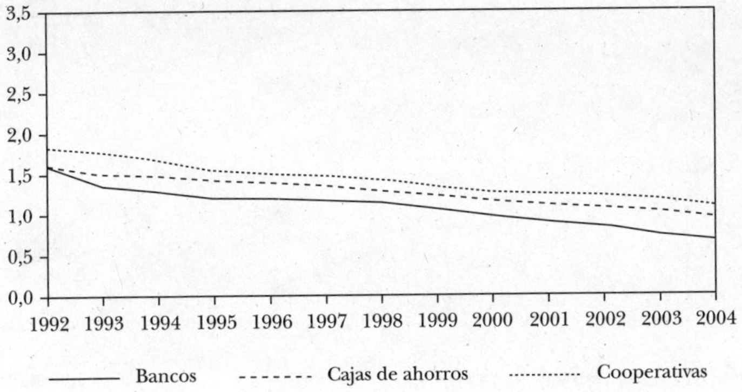

b) Porcentaje sobre (créditos + depósitos)

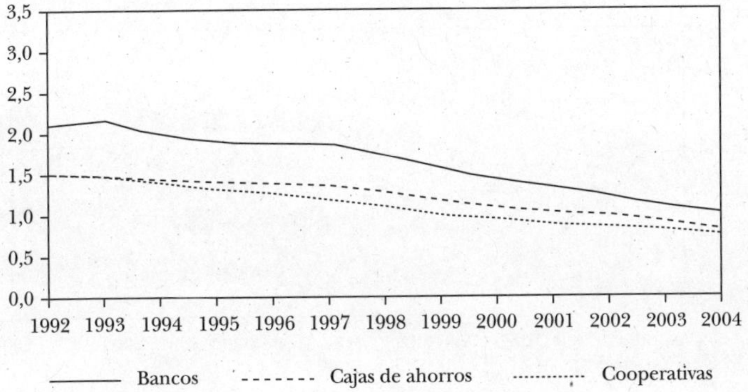

GRÁFICO 3.13 *(cont.)*: **Gastos de personal según distintas medidas de producción**

(porcentaje)

c) Porcentaje sobre el activo ampliado

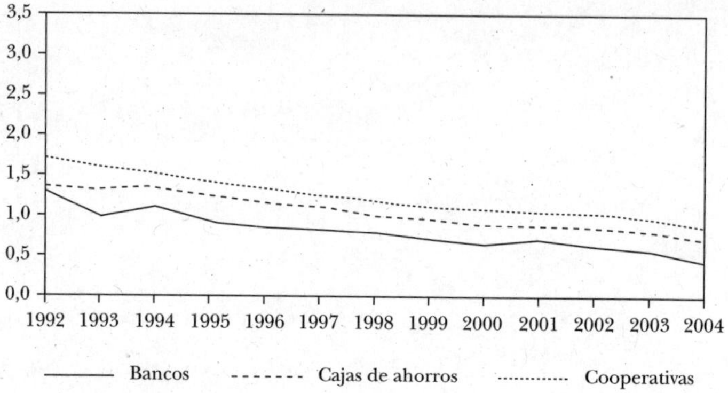

d) Porcentaje sobre los ingresos totales

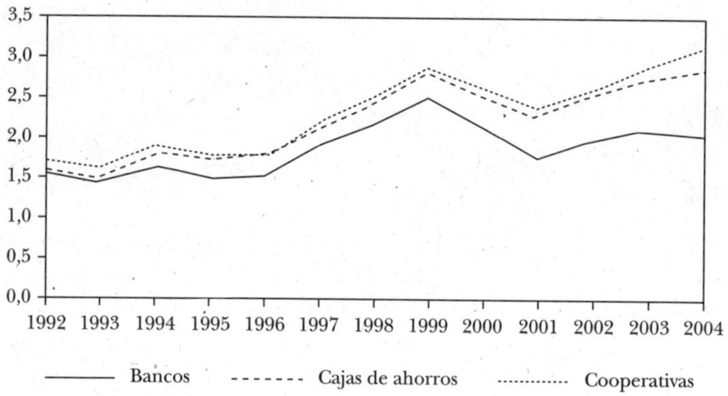

Fuente: Banco de España.

de las variaciones de los precios, los costes unitarios asociados con los factores relacionales vuelven a ser decrecientes (gráfico 3.14), como sucede en los otros indicadores de *output*.

Todos estos datos podrían servir de base para afirmar que los empleados bancarios han de atender a un mayor volumen de negocio y, por tanto, tienen ahora menos tiempo para atender a los clientes. Sin embargo, hay que tener en cuenta que, en el período analizado, ha tenido lugar un fuerte aumento de los recursos informáticos de

GRÁFICO 3.14: **Gastos de personal/ (ingresos financieros corregidos* y OPOs)**
(porcentaje)

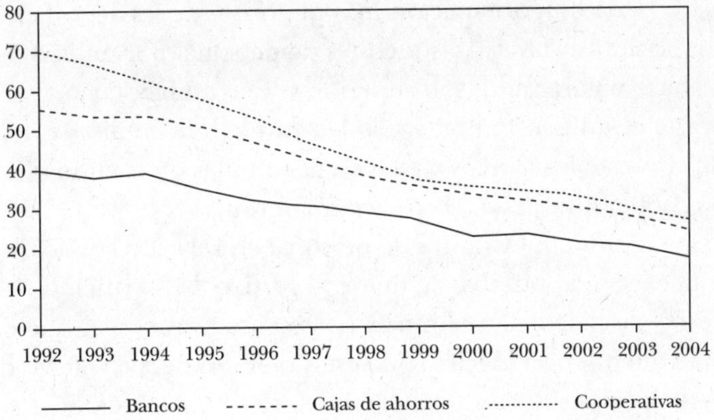

Nota: Los ingresos financieros corregidos se han calculado suponiendo que el tipo de interés que remunera a los créditos del balance son iguales a los ingresos financieros por unidad de crédito de 2004.
* OPOs: Otros productos ordinarios.
Fuente: Banco de España.

apoyo a la operatoria bancaria. Estas inversiones han sido tan intensas y su impacto sobre el funcionamiento de los bancos tan sustancial que no es descartable que, de hecho, pudiera suceder lo contrario y los empleados tuvieran ahora más dedicación al trato con los clientes, en las direcciones que contempla la banca relacional: captura de información y desarrollo de relaciones duraderas de confianza.

Uno de los indicadores disponibles de equipamiento informático de la banca es el número de cajeros automáticos, relevante por la capacidad de estos equipos de reducir las tareas rutinarias del personal de atención a la clientela. Los datos indican que la proporción entre cajeros y empleados ha pasado de 0,097 en 1992 a 0,22 en 2004. En la actualidad el número de cajeros supera ampliamente el de oficinas. Es posible que, gracias a ello y a otras inversiones en nuevas tecnologías, la dedicación del personal a actividades más relacionales se haya incrementado, pese al mayor volumen de negocio por empleado.

Por lo que se refiere a los grupos de instituciones, las posiciones relativas que presentan las entidades en los indicadores comentados ilustran sus diferencias. Los bancos gestionan volúmenes de activo por empleado mayores, lo que indica que la dimensión media de los clientes es mayor que en las cajas y cooperativas. Estas instituciones gestionan mayor número de cuentas y más pequeñas por empleado, operando cada trabajador con más apoyo de cajeros automáticos. Dada esta orientación más minorista de las actividades de las cooperativas y las cajas, sus costes de personal por unidad de activo, o activo corregido, son superiores. En cambio, cuando se corrige este sesgo y se computa sólo la actividad de créditos y depósitos, la curva de los bancos pasa a estar sobre las otras entidades y la de las cooperativas pasa a la posición inferior.

Si se consideran los gastos de personal en relación con los ingresos totales, se comprueba, de nuevo —gráfico 3.13, panel *d)*—, que los costes de personal pesan más en cooperativas y cajas que en la banca. La tendencia creciente de estas ratios se debe al efecto de la caída de los tipos de interés sobre los costes financieros. Si se corrige este efecto manteniendo constante el tipo de interés de los créditos a los niveles de 2004, se observa —gráfico 3.14— que las tendencias de los tres grupos pasan a ser decrecientes, manteniéndose las posiciones relativas comentadas. Esto indica que ha habido fuertes reducciones de costes de personal en todos los casos.

Las reducciones de los gastos de personal indican que la intensidad con la que se usan estos recursos por unidad de *output* es menor, pero no necesariamente implican una merma de la intensidad relacional ni de la capacidad de prestar servicios de este tipo. En estas circunstancias la evolución de los costes operativos medios es un indicador equívoco de la intensidad de la orientación relacional, pues, como se ha señalado, hay que tener en cuenta las ganancias de productividad. Por tanto, las diferencias en el uso del factor trabajo entre grupos de entidades deben ser también valoradas con cautela.

Dado el nivel tecnológico en un momento determinado, la especialización en actividades minoristas y relacionales intensifica el uso del factor trabajo. Lo que resulta más difícil de discernir es qué importancia cabe atribuir a una u otra orientación, que no son exactamente lo mismo: es posible que se utilicen más recursos humanos para atender transacciones de los pequeños clientes, pero también pueden automatizarse buena parte de los servicios y concentrase los recursos humanos y las oficinas en atender las relaciones con empresas y clientes. Para valorar esta cuestión, es de interés considerar la evolución, densidad y equipamiento tecnológico de la red.

La red de oficinas desempeña, desde hace varias décadas, un papel muy importante en la prestación de servicios bancarios en España y resulta razonable pensar que ha jugado también un gran papel en el establecimiento de relaciones de proximidad con la clientela. El número de oficinas ha crecido a lo largo del período en términos agregados, pero como resultado de comportamientos muy dispares de los distintos grupos de entidades —cuadro 3.6—. Sin embargo, debido a la forma en la que la red se ha expandido, no debe deducirse de ello directamente que las entidades poseen, en general, redes de oficinas más densas, más próximas a los clientes.

Esta afirmación se basa en la medición de la densidad de la red de oficinas, que ha sido calculada a partir de la ratio entre el número de oficinas de cada banco y la población de las provincias en las que éste está presente. A continuación se han agregado las densidades de oficinas de la entidad en los distintos territorios en los que opera, ponderándolas por el peso que en su red de oficinas tiene cada provincia. Los datos agregados que se presentan en el cuadro 3.6 resultan de una ulterior ponderación, basada en el peso de la red de oficinas de cada entidad en la red del sector bancario. El interés de este indicador frente al del número de empleados por cada 1.000 habitantes es que tiene en cuenta que no todas las entidades están presentes en todos los territorios, considerando la densidad de cada entidad o grupo de entidades teniendo en cuenta que sus mercados son geográficamente dispares. De hecho, mientras que el número de empleados por 1.000 habitantes se ha reducido, la densidad de la red se mantiene y tampoco es igual la evolución en ambos indicadores de bancos, cajas y cooperativas.

Los bancos, que disminuyen el número de empleados en relación a la población, mantienen, en cambio, la densidad de la red de oficinas a lo largo de los 13 años analizados. Las cajas de ahorros que aumentan el número de empleados por cada 1.000 habitantes y las oficinas disponibles por parte de sus clientes ven reducida la densidad de su red porque la expansión de la misma les hace estar presentes en provincias en las que su red es menos densa que en sus territorios tradicionales. Las cooperativas, que no han realizado expansiones significativas fuera de sus provincias de origen, mantienen la densidad de la red.

Por tanto, en estos años la red de oficinas bancarias en España ha mantenido su densidad, al tiempo que cambiaba sustancialmente su equipamiento informático y la forma de ofrecer a los clientes algunos de los servicios que hace un par de décadas absorbían buena parte de los recursos de las mismas, como la gestión de medios de pago. En este sentido, el cambio más importante es la implantación del autoservicio en la retirada de fondos, a través de la red de cajeros automáticos.

En el gráfico 3.15 se muestra el número de cajeros por oficina de los bancos, cajas de ahorros y cooperativas de crédito. Destaca el elevado nivel de las cajas de ahorros, sobre los otros dos tipos de instituciones, aunque los bancos han convergido a los niveles de las cajas al final del período. Este hecho, sin duda, está influido por la capacidad de los cajeros automáticos de actuar como elemento reductor de los costes de explotación, ya que permite reducir, en gran medida, el trabajo administrativo rutinario relacionado con estas actividades. Desde nuestra perspectiva, lo que interesa destacar es que, al confiar a los cajeros estas actividades, se revela la limitada intensidad relacional que, en la actualidad, se confiere a una parte importante de los servicios de medios de pago.

Así pues, las redes de oficinas no han perdido densidad ni proximidad geográfica, pero una buena parte de sus actividades se basa en la prestación de servicios mediante máquinas. Además, en muchas empresas bancarias, —sobre todo, en las cajas de ahorros—, como consecuencia de los procesos de expansión recientes, las oficinas están menos concentradas en los territorios tradicionales, de

GRÁFICO 3.15: **Número de cajeros por oficina**

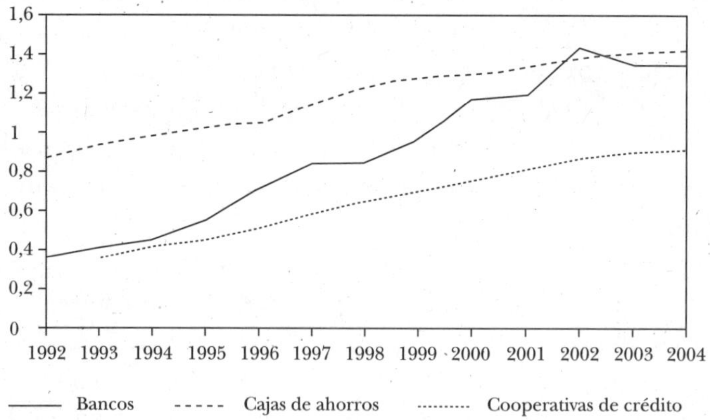

Fuente: AEB, CECA, UNACC y elaboración propia.

modo que, en esos casos, las redes son menos densas y tienen conexiones sociales y económicas con el entorno también menos potente. A la vista de todo ello, y dado que la productividad de las oficinas también ha aumentado, puede plantearse si su mayor volumen de actividad ha ido en detrimento de la actividad relacional.

Para responder a esta pregunta, es imprescindible tener presente el progreso técnico y el masivo uso de las nuevas tecnologías, pues, a causa del mismo, la oficina pasa a ser, no sólo un espacio de relación personal, sino un punto de oferta de servicios automáticos. Sin embargo, este cambio no elimina la componente relacional de la oficina, aunque modifica sus características, combinando más estrechamente las tecnologías relacionales con otras intensivas en otros factores que permiten la obtención y tratamiento de la información por canales más formales que informales.

Las actividades que requieren atención personalizada en las oficinas son ahora distintas y están mejor servidas por un personal más preparado, liberado en parte de tareas administrativas y rutinarias que hacen las máquinas y concentrado en actividades comerciales orientadas a gestionar relaciones con los clientes. Se trata de relaciones mucho más complejas, por el elevado número de productos que, con frecuencia, se comercializan y la personalización de los servicios que el cliente demanda, tanto en el caso de particulares como de empresas. Esta situación se gestiona, en ocasiones, en oficinas más grandes en las que el tamaño favorece la especialización, pero no siempre. Los factores que sí son imprescindibles para gestionar estas actividades son recursos humanos cualificados y soporte informático adecuado.

3.3. Conclusiones

Este capítulo ha considerado los perfiles relacionales del sistema financiero español y, en particular, del sector bancario a través de la información pública disponible. Desafortunadamente, no es posible acotar con precisión la intensidad relacional de la actividad financiera realizada por los distintos agentes de la economía española, de modo que el recorrido realizado permite más formular hipótesis que aportar conclusiones. Algunas de las primeras podrán ser contrastadas en capítulos posteriores.

Si se parte del supuesto habitual de que determinadas actividades financieras, como los préstamos y los depósitos, son más intensivas en relaciones que otras, de los datos se puede deducir un crecimiento de la banca relacional como consecuencia de la fuerte expansión del crédito. Sin embargo, esa hipótesis es discutible ya que la técnica crediticia relacional es una más de las que las entidades pueden aplicar y el crecimiento del crédito en los años recientes se debe, sobre todo, a la expansión de los créditos hipotecarios, que pueden basarse más en las garantías que en la confianza.

Los depósitos no suelen captar tanto la atención de la literatura sobre la banca relacional, centrada mayoritariamente en la actividad crediticia y, especialmente, en la financiación a pequeñas y medianas empresas. Sin embargo, son un ingrediente esencial a la hora de establecer las relaciones entre intermediario y el cliente, pues, a través de la gestión de los mismos, se obtiene información relevante, sobre sus ingresos, pagos, capacidad de ahorro y demanda potencial de servicios. Los depósitos han seguido una evolución más moderada que los créditos, pero, en un contexto de creciente competencia dentro del sector bancario y de éste con otros intermediarios (fondos de inversión) y con los mercados, los depósitos —y, en particular, aquellos en los que se domicilian las nóminas—, son el punto de partida para la oferta de otros servicios y el establecimiento de relaciones duraderas y personalizadas con los clientes. En este sentido, la evolución del volumen de depósitos no indicaría expansión de las relaciones, pero, en cambio, el número de cuentas sí. Junto a ello, y con frecuencia vinculado, hay que constatar el desarrollo intenso en estos años de los servicios bancarios a particulares y empresas, que refuerzan las conexiones entre los clientes y las entidades, en las que confían para que los asesoren sobre otros productos financieros, les custodien los valores o les gestionen los medios de pago.

La capacidad de los bancos de obtener información informal a través de la interacción repetida y el establecimiento de redes de relaciones densas con los clientes y con el entorno en el que operan se ha visto impulsada por esa expansión de la cartera de servicios que consumen muchos clientes. Al mismo tiempo, es importante advertir que el cambio tecnológico ha modificado sustancialmente la forma de producir y distribuir muchos de los servicios bancarios, apoyándose más en las tecnologías de la información. En estas circunstancias, la interacción de los bancos con los clientes ha experimentado transformaciones significativas para el tema que estudiamos, pues la información, tanto formal como informal, se capta, combina y procesa de manera diferente. Aunque el papel de las relaciones personales permanece, los servicios de los empleados a los clientes se modifican, desapareciendo, prácticamente, en algunos casos —para ser sustituidos por el autoservicio, como sucede en la gestión de retiradas de depósitos—, e intensificándose en otros como los de asesoramiento y atención comercial.

En conjunto, es probable que la dedicación de los recursos humanos de la banca a las tareas relacionales no sea ahora menor sino mayor, pues las mejoras de productividad los han liberado de actividades puramente administrativas que, en el pasado, consumían una parte sustancial de su tiempo de trabajo. Si a esto se añade el cambio en el perfil de cualificaciones de los empleados, el apoyo que reciben de las nuevas tecnologías para la gestión de clientes y la relativa estabilidad del número total de empleados y oficinas, es probable que, en términos agregados, la capacidad de producir actividad relacional de la banca española haya crecido.

Esto no es incompatible con otro rasgo claro del desarrollo financiero de estos años: la expansión, a gran velocidad, de los activos con unas características más transaccionales, como los títulos valores. En efecto, los mercados han crecido más que el balance de los intermediarios y muchos agentes no financieros han pasado a utilizar los títulos como instrumentos de ahorro o de financiación. Se constata que los instrumentos financieros transaccionales han crecido con mayor intensidad que los relacionales, apuntando una posible pérdida del grado de *relacionalidad* del sector financiero español como consecuencia del proceso de desintermediación de las últimas décadas en algunos sectores institucionales. Este proceso ha sido especialmente intenso en las Administraciones Públicas y las empresas no financieras de mayor tamaño. Sin embargo, los hogares y las pymes son más dependientes de la actividad relacional, sobre todo, a la hora de obtener financiación pero no sólo en ese ámbito. También se apoyan en las relaciones con los bancos para usar los activos transaccionales.

En efecto, se ha comprobado que el aumento de los activos transaccionales en las carteras de los agentes se produce en todos los sectores, pero no equivale a un retroceso en términos absolutos de las actividades relacionales de la banca, que se han expandido por tres vías: el asesoramiento, la venta conjunta de paquetes de servicio y la distribución comercial de productos de ahorro a través de la red bancaria. Como señala Merton (1995), lo que ha sucedido es que las interacciones entre mercados e intermediarios se han intensificado, en buena medida debido a que éstos últimos han actuado como puente entre sus clientes y los mercados, apoyándose en distintos instrumentos y en sus redes de relaciones.

En cuanto a la importancia de la banca relacional en los distintos grupos de instituciones bancarias, si se considera la especialización en créditos y depósitos o a la intensidad con la que se usan recursos de personal y a la densidad de la red de oficinas, parece que las cooperativas y cajas de ahorros están más orientadas en esa dirección que la banca. Sin embargo, algunas de las cautelas que se han expresado frente a una interpretación demasiado simple de los datos deben ser también tenidas en cuenta en este punto. En primer lugar, debe recordarse la orientación más intensa de cajas y cooperativas hacia el crédito hipotecario y la gestión de medios de pago minorista, y de los bancos al crédito a las empresas y otros servicios, por más que, en estas especializaciones, también se han producido cambios. Por tanto, cabe preguntarse si la especialización de los bancos es menos ampliamente relacional pero sus relaciones son más intensas, es decir, se basan más en tecnologías de producción de los servicios en las que la información privada y la confianza son decisivas. En segundo término, ha de tenerse presente que la clientela de los bancos, en la que existe mayor presencia de empresas y particulares de niveles de renta más elevada, consume más productos financieros y ofrece más oportunidades para el desarrollo de relaciones en las que la confianza sea importante. Esta posibilidad debe ser reconsiderada a la luz de algunos resultados de los capítulos 4 y 5.

Bibliografía

Boyd, John H., y Mark Gertler. «Are Banks Dead or Are the Reports Greatdy Exaggerated?». *Quarterly Review*, verano 1994: 2-23.

Maudos, Joaquín, y Francisco Pérez. «Competencia *vs.* poder de mercado en la banca española». *Moneda y Crédito* 217 (2003): 139-166.

Merton, Robert C. «Financial Innovation and the Management and Regulation of Financial Institutions». *Journal of Banking and Finance* 19 (1995b): 461-481.

4. La orientación relacional de las empresas bancarias

Francisco Pérez García
Universidad de Valencia e Ivie
Juan Fernández de Guevara Radoselovics
Ivie

EN el capítulo 3 se han descrito los rasgos generales de las actividades bancarias relacionales en España basándose en la especialización productiva y el empleo de factores y tecnologías orientadas hacia la relación personal con los clientes. Se ha constatado que no es sencillo valorar la amplitud e intensidad de la banca relacional, dada la complejidad de las vías por las que dicha interacción se produce.

Una vez consideradas las características relacionales del conjunto del sector y sus principales agregados institucionales, este capítulo las analiza con datos de las empresas bancarias individuales. Como en el anterior, el objetivo es identificar la importancia de la orientación relacional de las mismas y su evolución, pero, al emplearse datos de empresas bancarias, se puede utilizar otro enfoque. Puesto que las variables que podemos estudiar no son concluyentes sobre la amplitud e intensidad de la banca relacional, podemos preguntarnos si esas características resultan relevantes para el análisis de los costes, la competencia y la eficiencia bancaria.

En los capítulos anteriores se ha mostrado que la banca relacional es una forma de hacer intermediación financiera en la que se invierten recursos en la creación de relaciones con los clientes con el fin de adquirir información privada que ayude a los bancos a solucionar problemas de asimetría informacional. Una de las consecuencias de estas relaciones de clientela estable es que, gracias a las mismas, la banca puede ampliar su actividad en muchas direcciones y los clientes confiar a su banco numerosos servicios, no sólo de intermediación financiera, sino también de asesoramiento, adquisición y custodia de activos, gestión financiera, etc.

Es una cuestión a determinar empíricamente si, en esas condiciones, las empresas bancarias llegan a disfrutar de poder de mercado, o si la competencia elimina los beneficios extraordinarios. Asimismo, la evidencia empírica debe mostrar si la orientación relacional de las empresas bancarias tiene efectos significativos sobre los costes o la eficiencia. Antes de abordar estos temas, es preciso identificar, de alguna manera, las empresas que se orientan más hacia la banca relacional y las implicaciones de éstas sobre la estructura de la empresa, en particular, sobre su especialización y tecnología productiva.

En línea con lo expuesto en el capítulo 3, los aspectos potencialmente más relevantes para identificar estrategias relacionales en las empresas bancarias son de tres tipos: en primer lugar, el peso de las actividades y productos en los que se apoya más la relación con los clientes: créditos y depósitos; segundo, el empleo de factores que son decisivos para establecer relaciones personales: empleados y oficinas; en tercer lugar, la estrategia de implantación sobre el territorio, determinante de la accesibilidad y proximidad a los clientes. A la vista de los resultados, esta tarea no es sencilla.

En cuanto al primer aspecto, aunque la literatura generalmente se ha centrado en los efectos de la banca relacional sobre los préstamos bancarios y sus características (tipo de interés, disponibilidad del crédito, demanda de activos de garantía, etc.), conviene recordar que, en el proceso de generación de las relaciones con los clientes, es importante toda la gama de productos que pueden contribuir a generar información o a hacer rentable la inversión en la misma. En este sentido, la literatura teórica sobre la banca relacional apunta a que los depósitos son especialmente relevantes, pues proporcionan un gran volumen de información sobre el nivel de ingresos y gastos de las economías domésticas, y el volumen de ventas y movimientos de las empresas. De hecho, algunos depósitos, como los vinculados a la domiciliación de nóminas y pagos regulares, están en la base de la estabilidad de la relación de los hogares con las entidades de crédito. Además, como Berlin y Mester (1999) argumentan, la disponibilidad de una fuente de financiación con bajo coste como los depósitos facilita que el banco ofrezca un alisamiento en los tipos de interés que aísla, al menos en parte, el coste de la financiación a los clientes de los *shocks* financieros agregados de la economía.

En lo que se refiere al uso de factores, ya se ha comentado en el capítulo anterior la importancia de los empleados y las oficinas como principales canales de comunicación entre el cliente y la entidad. A través de los mismos, se transmite la información *blanda* o informal que constituye la materia prima de la banca relacional. Pero la captación de información y su procesamiento puede depender de varios factores: la propia abundancia de recursos especializados con esa orientación, la localización de dichos recursos para hacerlos accesibles a los clientes, la eficiencia de la estructura organizativa para transmitir la información que se genera en sus puntos de contacto con el cliente y, desde luego, la eficiencia en el uso de las nuevas tecnologías de la información.

La potencial importancia de la ubicación de oficinas para facilitar la accesibilidad de/a los clientes a los servicios y su conexión con los empleados justifica que se preste atención a la densidad de la red de oficinas que cada banco posee. Este aspecto ha de estudiarse teniendo en cuenta que no todas las entidades operan en todos los territorios, de manera que una red puede ser pequeña pero densa si se limita a ofrecer servicios en un espacio más pequeño. Si las oficinas se encuentran concentradas geográficamente, la entidad está en mejor disposición para aprovechar las ventajas asociadas al conocimiento de esa zona, gracias a las redes de relaciones que, a lo largo del tiempo, se han ido estableciendo. Por esa razón, el papel de las redes de oficinas puede verse influido por los procesos de expansión de las entidades. Tanto las fusiones como las estrategias de crecimiento en áreas geográficas distintas a las que habitualmente operan, en las que no tienen establecidas sus redes de relaciones y de confianza, tienen implicaciones para lo que venimos comentando, y así lo ha considerado la literatura (v., por ejemplo, Degryse, Masschelein, y Mitchell 2004 o De Young, Hunter, y Udell 2004). Los bancos, que, a medida que crecen, también se expanden geográficamente, reduciendo la concentración de su red de oficinas, probablemente no logran de inmediato, en las zonas de expansión, las ventajas que poseían en sus zonas tradicionales de actuación. De hecho, la concentración geográfica está altamente correlacionada, con signo negativo, con el tamaño de la entidad.[1]

---

[1] El coeficiente de correlación de Pearson entre el tamaño de la entidad y el índice de concentración geográfica de la red de oficinas para la muestra de bancos, cajas de

La naturaleza de la información que se adquiere en la oficina —no verificable, no contrastable y de difícil transmisión— hace relevante para la banca relacional algunos aspectos organizativos. En concreto, el aprovechamiento de la información derivada de las relaciones requiere que, dentro de la organización del banco, los gestores de la oficina tengan capacidad de decisión suficiente. El riesgo de que esto no suceda puede ser mayor en las empresas de mayor tamaño, porque, en ellas, la descentralización necesaria para la toma de decisiones es más complicada debido al mayor número de estratos de decisión dentro del banco (v. Berger y Udell 2002 y Berger et al. 2005). En todo caso, no es imposible que los bancos de gran tamaño se doten de estructuras que minimicen este riesgo, especialmente cuando interactúan con empresas. Por ejemplo, frecuentemente la actividad con empresas se realiza a través de oficinas especializadas, dedicadas con exclusividad a ese segmento de mercado en el que los gestores disponen de las facultades de decisión adecuadas. Asimismo, las tecnologías de la información pueden apoyar también eficientemente la descentralización de decisiones en estructuras complejas, mediante sistemas que combinen la exigencia de consulta de las decisiones con la rapidez casi automática de las autorizaciones. Así pues, la organización puede permitir que, aunque el banco sea grande, se aprovechen las ventajas que puede proporcionar la banca relacional.

El resto de este capítulo se ocupa de los temas planteados ordenándolos como sigue. En el epígrafe 1 se analiza la existencia de agrupaciones de empresas bancarias en función de la intensidad con la que presentan los rasgos que tradicionalmente distinguen a la banca relacional: especializaciones productivas y tecnologías intensivas en recursos humanos y redes de oficinas. A partir de un análisis *cluster* de las entidades de depósito españolas, se valora la importancia y trayectoria de las empresas que se adecuan más a esos perfiles. A continuación, en el epígrafe 2 se estudia la importancia que tienen las características relacionales de las entidades para explicar sus diferencias de costes y eficiencia, y se considera si disfru-

ahorros y cooperativas de crédito en España es de –0,64 y es estadísticamente distinto de 0 al nivel de probabilidad de 0,01. Por tanto, la mayor concentración de la red de oficinas suele estar asociado a empresas de menor tamaño, y viceversa.

tan de poder de mercado por ese motivo. Por último, en el epígrafe 3 se resumen las principales conclusiones del capítulo.

4.1. La especialización relacional de las empresas bancarias

Para captar las características de la orientación de las empresas bancarias españolas que tienen que ver con una actividad más o menos relacional, se prestará atención a un conjunto de indicadores referidos a los productos en los que se especializan los bancos, al uso de factores cuyo empleo se intensifica en la relación con los clientes y a la densidad de su red de oficinas. La imposibilidad de integrar todas estas dimensiones en un solo indicador aconseja utilizar técnicas estadísticas para agrupar a las empresas según a su similitud en el conjunto de variables seleccionadas.

Se parte de la información pública disponible acerca de las entidades de depósito españolas y, en función de la misma, se seleccionan las características que pueden diferenciar a las empresas por su especialización relacional y se estudia la existencia de grupos de entidades similares. La agrupación de entidades se realiza mediante la técnica estadística de análisis de conglomerados o análisis *cluster*, que permite identificar los grupos de entidades con características más comunes entre sí y, al mismo tiempo, más diferenciadas del resto. Este tipo de análisis ya ha sido aplicado con anterioridad a los sectores bancarios para estudiar la especialización.[2]

4.1.1. Fuentes y metodología

El conjunto de individuos a clasificar es la totalidad de bancos, cajas de ahorros y cooperativas de crédito operantes en el sector bancario español a lo largo del período comprendido entre 1992 y 2004. En algunos años se han eliminado aquellas entidades cuyos datos no resultaban consistentes a los efectos del análisis, por ejemplo, cuando los precios de los factores productivos —necesarios

---

[2] Véase Sánchez y Sastre (1995), Pérez y Tortosa-Ausina (2001, 2002), Maudos et al. (2002), Fernández de Guevara (2001, 2004) para análisis del caso español y Delgado, Pérez, y Salas (2002), Fernández de Guevara, Maudos, y Pérez (2005, 2007) para muestras de países europeos.

para la estimación de la medida del poder de mercado que se utilizará a lo largo de este capítulo y en el siguiente (índice de Lerner)— están fuera del intervalo definido por la media +/– dos veces y media la desviación típica. La muestra final está formada por 2.946 observaciones. El número de entidades por año varía entre las 252 (54 cajas de ahorros, 102 bancos y 96 cooperativas de crédito) de 1992 y los 186 de 2004 (47 cajas de ahorros, 56 bancos y 83 cooperativas de crédito).

Es importante seleccionar adecuadamente las características en virtud de las cuales se compararán y agruparán las empresas en función de su similitud. Como se ha comentado anteriormente, la información disponible a nivel de empresa limita el detalle que puede ser utilizado para clasificar las entidades. Se va a utilizar información contenida en el balance y datos referidos a empleados y a la distribución provincial de oficinas.

Por el lado del activo se considera el porcentaje en el balance total de cada entidad de tres grandes masas patrimoniales: actividad interbancaria (entidades de crédito), valores (Deuda del Estado, obligaciones y otros valores de renta fija y acciones y otros títulos de renta variable) y créditos sobre clientes. La hipótesis de partida es que un mayor peso de la actividad interbancaria y de valores será reflejo de una mayor actividad transaccional, mientras que mayor actividad en préstamos reflejará una vocación más relacional.

Como se afirma en algunos trabajos, los pasivos son también importantes en el proceso de adquisición de información relevante para solucionar los problemas de información asimétrica, por el conocimiento que aporta de los ingresos, gastos y movimientos en las cuentas a la vista. Además, como se ha comentado anteriormente, desde la perspectiva del trabajo de Berlin y Mester (1999), disponer de abundantes depósitos de ahorros en los que se disponga de poder de mercado asegura financiación estable a bajo coste con la que poder subsidiar los tipos de interés de los clientes relacionales en determinados períodos. Para captar la orientación relacional del pasivo, se incluyen en el análisis tres variables: el porcentaje de pasivos bancarios captados mediante depósitos (depósitos de ahorro), el porcentaje de pasivos captados mediante otros débitos (otros débitos con clientes) y los fondos obtenidos del interbancario (entidades de crédito). En este caso, la hipótesis es que un mayor peso de los depósitos de ahorro refleja mayor intensidad relacional.

En tercer lugar, se consideran indicadores referidos a los empleados o las oficinas. Como se comentaba anteriormente, la tecnología crediticia transaccional es sólo una de las que el banco puede utilizar para evaluar la calidad crediticia. Por tanto, a un banco muy orientado al crédito pero que utilice de manera más intensiva las tecnologías basadas en el análisis de información contable, o que haga mayoritariamente uso del *scoring*, podríamos catalogarlo erróneamente como relacional si realmente no se apropia de información relevante de sus clientes mediante la interacción repetida con ellos. Ahora bien, en ocasiones, las técnicas relacionales y las otras mencionadas se utilizan combinadas, de modo que lo más interesante es captar si el banco emplea intensamente o no las primeras. Ésta es una de las razones por las que es conveniente completar las variables del balance con otras que capten el uso más o menos intenso de los recursos en los que se basa la tecnología relacional. Con esta finalidad se incluyen dos: la intensidad con la que se usa el factor trabajo: la ratio empleados/activo, que también es una medida de productividad, y la concentración geográfica de la red de oficinas, como *proxy* de presencia de la empresa bancaria en los entornos socioeconómicos en los que está presente.

Como medida de concentración se utiliza el índice de Herfindahl de la distribución provincial de la red de oficinas de cada entidad. El índice de concentración se calcula para cada entidad como la suma del cuadrado de las cuotas de mercado de las oficinas que tiene la entidad en cada provincia sobre el total de oficinas de ese banco. Este indicador de concentración es muy sensible al tamaño de la red y al hecho de que no se han analizado datos intraprovinciales. La distribución provincial de oficinas es la única información disponible a nivel de empresa con desagregación territorial. Hubiese sido preferible alguna medida directa del negocio de las entidades (volumen de créditos o depósitos) en las distintas provincias, o disponer de mayor desagregación geográfica, a nivel municipal, pero no se dispone de dicha información. Así, las pequeñas entidades que actúan en una sola provincia presentan elevados índices de concentración, a mucha distancia de las grandes entidades que cubren todo el territorio nacional.

El interés de constatar esta concentración geográfica de las redes de las entidades es su posible efecto sobre la intensidad de su actividad relacional, por dos motivos: en primer lugar, por las razones señaladas acerca de la dificultad de hacer banca relacional en una red amplia y dispersa geográficamente; en segundo lugar, porque la reducción de la concentración de las redes entre 1992 y 2004 va acompañada, en ocasiones, por una expansión geográfica hacia territorios nuevos de algunas entidades en los que estas empresas bancarias no disponen de las ventajas relacionales con las que contaban en sus áreas de actuación tradicionales.

Por tanto, el análisis *cluster* se basa en ocho variables que definen características de las entidades a comparar a lo largo del período considerado: tres se refieren a la especialización del activo, otras tres a la del pasivo y dos al uso de factores que facilitan el desarrollo de las relaciones con los clientes. Como se ha comentado, se agrupan las entidades bancarias operantes en España cada año a lo largo del período comprendido entre 1992 y 2004. Aunque, en otros trabajos, el análisis se realiza para la media de cada entidad en todo el período muestral (Fernández de Guevara 2004; Fernández de Guevara, Maudos, y Pérez 2005, 2007, por ejemplo), en este caso, no lo haremos así porque estaríamos imponiendo que cada empresa realiza el tipo de actividad asociada al grupo al que es asignada con similar intensidad a lo largo del tiempo y no permitiríamos el reconocimiento de los cambios que pueden producirse en la orientación relacional/transaccional del negocio a lo largo de los 13 años de la muestra.

Existen dos grandes familias de técnicas para realizar el análisis *cluster*. En primer lugar, las *técnicas jerárquicas* parten de suponer que cada observación de la muestra forma en sí misma un grupo, *cluster* o conglomerado y, en sucesivas iteraciones, se van agregando los dos grupos que mayor similitud tienen entre sí, creando uno nuevo que sustituye a los dos que se fusionan. El proceso termina cuando todas las observaciones forman un único grupo. Una segunda forma de realizar el análisis de conglomerados es mediante *técnicas no jerárquicas*, en las cuales se tiene que conocer, a priori, el número de grupos existentes en la muestra. Las observaciones se van asignando a cada uno de los grupos de forma que se maximiza la homogeneidad de los individuos dentro de un mismo grupo y la heterogeneidad de cada agrupación con el resto. Este proceso se basa en un mecanismo iterativo mediante el cual se van recalculando los centroides —valores medios de las variables que definen los grupos— y se asignan las observaciones al grupo más cercano en términos de distancia euclídea, hasta que, después de cada iteración, los centroides varían por debajo de un determinado nivel de convergencia.

La utilización de una técnica jerárquica no ofreció buenos resultados, ya que, al existir un número tan amplio de observaciones, la solución a la que se llegaba era un único grupo que iba aglutinando a todas las entidades. Por ello, la técnica estadística elegida para identificar los grupos de empresas que más se parecen entre sí y más se diferencian con el resto será la no jerárquica de *k-medias* propuesta por Anderberg (1973) implementada a través del programa estadístico SPSS. Como se ha comentado, el principal inconveniente de esta técnica de clasificación es que hay que determinar, a priori, el número de grupos en los que se clasificarán las observaciones. Para ello, se ha repetido el ejercicio para un abanico amplio de grupos comprendidos entre siete y cuatro.[3] La clasificación en seis y siete *clusters* mostraba a uno de los grupos con un reducido número de observaciones difícil de caracterizar en términos de su actividad. Por tanto, en la presentación de resultados, se opta por distinguir cinco *clusters* por considerar que, con este número, los grupos quedan bien caracterizados y su evolución presenta rasgos interesantes. Serán denominados como sigue:

Grupo 1: grandes bancos.
Grupo 2: banca regional.
Grupo 3: banca local.
Grupo 4: banca de inversión.
Grupo 5: banca del interbancario.

[3] Otros trabajos de los referenciados previamente que realizan análisis *cluster* llegan a clasificar al conjunto de bancos y cajas de ahorros españoles en cuatro grupos, por lo que no pareció adecuado repetir el análisis para un número inferior de este *benchmark*, dado que aquí se incluyen, además, a las cooperativas de crédito.

4.1.2. Grupos de especialización: resultados

En el cuadro 4.1 se muestran los valores de las ocho variables consideradas integradas con el resto del balance bancario, lo que permite advertir que los rasgos de cada uno de los cinco grupos son los siguientes:[4]

a) *Grupo 1: grandes bancos*

Estas entidades, fundamentalmente bancos privados de gran tamaño, presentan una orientación de su balance hacia los productos relacionales (crédito y depósitos) notable pero inferior a la media. No obstante, su orientación al crédito es creciente a lo largo del período. Asimismo, los pasivos y compromisos contingentes, a los que cabe asociar características de tipo relacional, se han hecho muy importantes con el paso del tiempo. Por el contrario, por el lado del pasivo, los depósitos pierden peso y su importancia se aleja de la media del sector, siendo, actualmente, minoritarios como vía de captación de recursos. Estas entidades hacen un uso más intenso de los fondos captados del mercado interbancario que los grupos 2 y 3, que posteriormente se describen.

En concordancia con la creciente orientación transaccional, estas empresas bancarias utilizan un menor número de empleados por unidad de activo, aunque las mejoras de productividad también hacen que esta ratio se haya reducido. La menor concentración de la red de oficinas, y su reducción en el tiempo, refleja que realizan su actuación en un ámbito geográfico amplio, no limitado a una provincia o comunidad autónoma concreta.

b) *Grupo 2: banca regional*

En este grupo conviven bancos privados de tamaño medio, cajas de ahorros grandes y medianas y algunas cooperativas de crédito grandes. Por el lado del activo, su orientación al crédito es elevada, superior a la media y creciente. En el pasivo, los depósitos siguen siendo su canal mayoritario de captación de recursos. El establecimiento de

---

[4] Las entidades que pertenecen a cada grupo pueden cambiar de un año a otro por las razones señaladas al definir la técnica. Las que se integran en cada grupo al final del período (2004) se describen en el apéndice 1.1.

CUADRO 4.1: **Balance, actividad fuera de balance y resto de variables utilizadas para el análisis *cluster* de los grupos de especialización**

Porcentajes sobre el activo total

	1992						2004					
	Cluster 1 Grandes bancos	*Cluster* 2 Banca regional	*Cluster* 3 Banca local	*Cluster* 4 Banca de inversión	*Cluster* 5 Banca del interbanc.	Total SBE	*Cluster* 1 Grandes bancos	*Cluster* 2 Banca regional	*Cluster* 3 Banca local	*Cluster* 4 Banca de inversión	*Cluster* 5 Banca del interbanc.	Total SBE
Activo												
Cajas y depósitos en Bancos Centrales	1,70	2,88	2,83	0,12	0,33	2,08	1,14	1,49	1,44	0,36	2,51	1,34
Renta fija	18,45	18,36	21,72	7,48	8,86	18,44	15,81	8,57	8,16	10,29	9,64	11,87
Entidades de crédito	25,43	16,77	20,70	19,25	78,40	23,64	14,21	8,46	11,73	3,43	62,89	12,50
Créditos sobre clientes	43,95	55,10	47,51	67,41	8,42	46,87	52,39	73,15	72,18	83,72	14,80	62,38
Acciones y títulos de renta variable	0,31	0,41	0,83	0,13	0,47	0,39	1,57	0,81	1,36	0,05	0,62	1,16
Participaciones	3,56	0,81	0,54	0,56	0,52	2,41	7,99	3,14	1,50	0,67	3,77	5,25
Activos materiales	2,98	3,48	3,60	1,00	0,52	3,10	0,81	1,55	1,73	0,29	0,30	1,18
Otros activos	3,61	2,19	2,26	4,05	2,48	3,08	6,08	2,85	1,89	1,19	5,47	4,32
Total activo	100,00	100,00	100,00	100,00	100,00	100,00	100,00	100,00	100,00	100,00	100,00	100,00
Pasivo												
Entidades de crédito	28,66	11,02	7,22	85,97	77,05	23,57	24,41	9,01	5,13	72,91	47,20	17,39
Débitos a clientes	58,32	76,44	81,06	2,99	13,84	63,78	45,16	70,33	81,44	10,76	23,72	57,67
Depósitos de ahorro	45,86	66,37	70,09	2,23	7,97	52,42	36,50	64,18	78,30	9,78	10,90	50,41
A la vista	23,00	33,06	35,10	1,27	3,91	26,23	19,35	30,92	41,28	4,53	7,78	25,30
A plazo	22,86	33,31	34,99	0,96	4,06	26,19	17,15	33,25	37,02	5,25	3,12	25,11
Otros débitos	12,46	10,07	10,97	0,77	5,87	11,36	8,66	6,15	3,14	0,98	12,82	7,27

CUADRO 4.1 *(cont.)*: **Balance, actividad fuera de balance y resto de variables utilizadas para el análisis *cluster* de los grupos de especialización**

Porcentajes sobre el activo total

	1992						2004					
	Cluster 1 Grandes bancos	*Cluster* 2 Banca regional	*Cluster* 3 Banca local	*Cluster* 4 Banca de inversión	*Cluster* 5 Banca del interbanc.	Total SBE	*Cluster* 1 Grandes bancos	*Cluster* 2 Banca regional	*Cluster* 3 Banca local	*Cluster* 4 Banca de inversión	*Cluster* 5 Banca del interbanc.	Total SBE
Débitos representados por valores negociables	0,30	1,38	0,50	0,08	0,20	0,59	10,14	7,86	1,75	8,80	15,33	8,83
Otros pasivos	6,90	5,16	4,99	4,33	4,12	6,14	12,99	7,39	4,85	2,88	6,90	9,75
Recursos propios	5,82	6,01	6,23	6,63	4,79	5,91	7,29	5,41	6,82	4,65	6,86	6,35
Total pasivo	100,00	100,00	100,00	100,00	100,00	100,00	100,00	100,00	100,00	100,00	100,00	100,00
Cuentas de orden												
Pasivos contingentes	7,73	3,25	1,80	5,10	1,85	5,75	16,87	9,61	7,48	4,92	2,72	12,58
Compromisos contingentes	12,71	8,24	6,91	14,97	9,04	10,87	19,22	21,31	16,33	22,23	27,60	20,32
Suma cuentas de orden	20,44	11,49	8,71	20,06	10,89	16,61	36,09	30,92	23,81	27,15	30,32	32,90
Activo por empleado*	2,43	1,93	2,17	9,36	7,29	2,31	5,75	3,82	3,17	7,61	17,07	4,59
Concentración greográfica de la red de of.**	1.076	3.839	8.997	3.841	9.071	3.424	716	2.845	8.834	2.058	6.250	2.751
Número de entidades	40	53	128	17	14	252	19	61	82	11	13	186
Cuota de mercado activo (%)	59,46	25,45	11,51	1,59	1,99	100,00	45,20	47,05	4,27	1,00	2,48	100,00
Tamaño medio de la entidad (en *logs*)	15,92	14,79	13,12	13,16	13,57	14,60	17,07	15,94	13,24	13,80	14,54	14,00

* Millones de euros constantes de 1995.

** La concentración geográfica de la red de oficinas se ha calculado mediante un índice de concentración de Herfindahl-Hirschman calculado para la distribución provincial de las oficinas de cada entidad. Los agregados de cada grupo se han calculado ponderando cada entidad por el número de oficinas.

Fuente: AEB, CECA, UNACC y elaboración propia.

otras relaciones con clientes a través de los pasivos y compromisos contingentes que recogen las cuentas de orden ha experimentado un crecimiento sustancial a lo largo del período, hasta situarse en torno a la media del sector.

El uso de personal en las actividades es el más intenso de todos los grupos, aunque las mejoras de productividad lo han reducido también en relación con el volumen de actividad. La concentración de la red de oficinas es notablemente superior a la del *cluster* anterior, lo que indica una mayor implantación en zonas geográficas determinadas en lugar de una actuación en todo el territorio nacional como sucedía con el grupo de grandes bancos.

c) *Grupo 3: banca local*

En este *cluster* conviven bancos y cajas de pequeño tamaño con la mayoría de las cooperativas de crédito. Se trata de entidades que, en su mayoría, tienen una orientación local o comarcal y muestran una fuerte especialización hacia las actividades relacionales tradicionales, como reflejan su intensa orientación al crédito, aunque inferior al grupo 2, y, sobre todo, hacia los depósitos, ya que es el grupo que, con diferencia, más se apoya en éstos para captar pasivos. También es notable, el crecimiento de los compromisos y pasivos contingentes.

En la actualidad son las instituciones que mantienen más empleados por unidad de activo y su red es la más concentrada, junto a la del *cluster* 5 aunque por motivos muy diferentes. Este hecho refleja la mayor propensión a ubicarse en mercados regionales y locales en los que se encuentran fuertemente implantados, y donde, probablemente son más densas sus redes de relaciones.

d) *Grupo 4: banca de inversión*

Se trata de bancos privados orientados al crédito pero no a los depósitos, que, fundamentalmente, captan los fondos prestables del mercado interbancario. En las cuentas de orden resalta el elevado porcentaje que representan los compromisos contingentes. Usan poco personal y poseen una reducida red de oficinas concentrada geográficamente de forma similar a la del conjunto de entidades. Por todo ello, la mayoría de sus características apuntan a una escasa intensidad relacional. Dentro de este grupo destaca la presencia de bancos extranjeros.

e) *Grupo 5: banca del interbancario*

Como el anterior, este grupo se caracteriza por su perfil nítidamente transaccional; en este caso, tanto por el lado del activo como del pasivo, ya que su actividad se centra en la concesión de préstamos y captación de depósitos en los mercados interbancarios. La utilización de recursos productivos también apunta hacia lo transaccional en su actividad, ya que es el grupo en el que cada empleado gestiona un volumen de activos más elevado. Aunque la concentración de la red de oficinas es elevada, no se debe a una fuerte implantación en mercados locales, sino, más bien, a que estas empresas tienen muy pocas oficinas, ubicadas casi exclusivamente en los centros financieros de Madrid y/o Barcelona.

Una vez descritos los principales rasgos de los cinco grupos, en el gráfico 4.1 se muestra la evolución del número de entidades y la cuota de mercado de cada uno en términos de activo total. A lo largo de todo el período, el grupo más numeroso es el 3, aunque pierde unidades continuamente pasando, de 128 entidades en 1992, a 82 en 2004. Este grupo de bancos locales de pequeño tamaño representa una cuota en activos totales con respecto al total del sector reducida, del 4% en 2004. El grupo 2, de bancos regionales, en cambio, ha crecido en número de entidades (de 53 en 1992 a 61 en 2004) y en cuota de mercado, llegando, incluso, a superar, al final del período, los activos totales del grupo 1, el de los grandes bancos, con un porcentaje del mercado del 47%. El grupo 1 se ha reducido en número (de 40 a 19) y ha perdido peso en el activo total con intensidad, aunque sigue siendo muy relevante por el gran tamaño de algunas de sus entidades. Respecto a los grupos 4 y 5, dado su alejamiento de las características de la banca relacional, y la conjunción del pequeño número de entidades incluidas y su reducido peso en el sector, no se harán más comentarios.

La correspondencia entre los cinco grupos identificados y la tipología institucional de las entidades se puede establecer con la ayuda del cuadro 4.2. En él se observa que la población de bancos comerciales está repartida entre todos los grupos, pero la más numerosa se sitúa en el *cluster* 1, y su presencia es más escasa en el 3. El resto de grupos aglutina una proporción similar de bancos, en torno a un quinto del total cada uno. Las cajas de ahorros se con-

GRÁFICO 4.1: **Número de entidades bancarias y cuota de mercado por *cluster***

a) Número de entidades

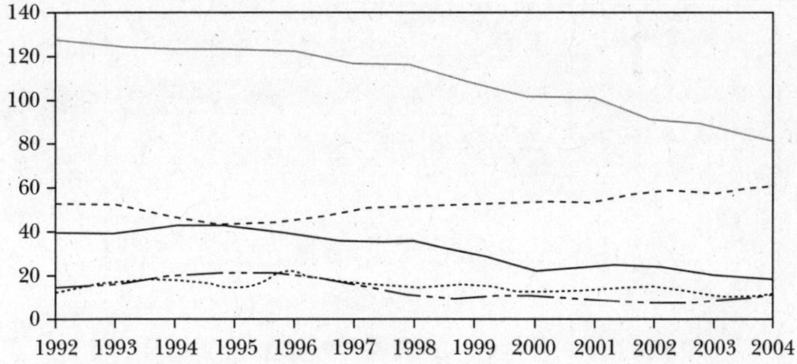

Cluster 1. Grandes bancos
Cluster 2. Banca regional
Cluster 3. Banca local
Cluster 4. Banca de inversión
Cluster 5. Banca del interbancario

b) Cuota de mercado en activos totales

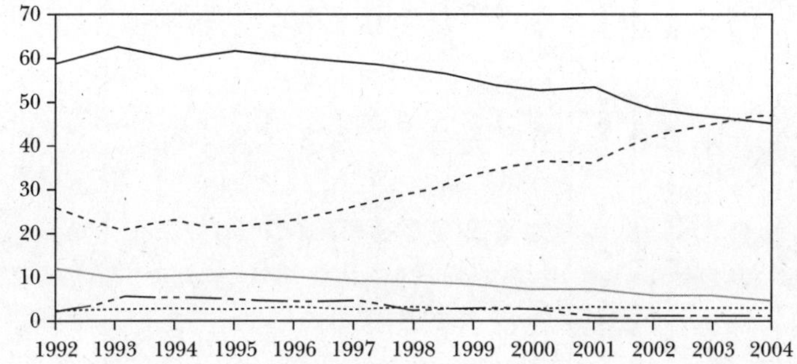

Cluster 1. Grandes bancos
Cluster 2. Banca regional
Cluster 3. Banca local
Cluster 4. Banca de inversión
Cluster 5. Banca del interbancario

Fuente: AEB, CECA, UNACC y elaboración propia.

CUADRO 4.2: **Grupos de especialización y tipo de especialización**
Porcentaje sobre el número total de cajas de ahorros, bancos o cooperativas de crédito

	Bancos					Cajas de ahorros					Cooperativas de crédito				
	Cluster 1 Grandes bancos	*Cluster* 2 Banca regional	*Cluster* 3 Banca local	*Cluster* 4 Banca de inversión	*Cluster* 5 Banca del interbancario	*Cluster* 1 Grandes bancos	*Cluster* 2 Banca regional	*Cluster* 3 Banca local	*Cluster* 4 Banca de inversión	*Cluster* 5 Banca del interbancario	*Cluster* 1 Grandes bancos	*Cluster* 2 Banca regional	*Cluster* 3 Banca local	*Cluster* 4 Banca de inversión	*Cluster* 5 Banca del interbancario
1992	37,3	26,5	7,8	16,7	11,8	3,7	37,0	57,4	0,0	1,9	0,0	6,3	92,7	0,0	1,0
1993	35,5	26,2	6,5	15,9	15,9	3,8	38,5	55,8	0,0	1,9	0,0	5,3	93,7	0,0	1,1
1994	39,3	18,7	6,5	19,6	15,9	1,9	42,3	53,8	0,0	1,9	0,0	5,3	93,7	0,0	1,1
1995	39,0	18,1	7,6	21,9	13,3	3,9	41,2	52,9	0,0	2,0	1,1	5,3	92,6	0,0	1,1
1996	34,0	18,9	7,5	20,8	18,9	3,9	43,1	51,0	0,0	2,0	1,1	3,2	94,7	0,0	1,1
1997	35,4	19,8	8,3	18,8	17,7	3,9	47,1	47,1	0,0	2,0	0,0	8,6	91,4	0,0	0,0
1998	38,2	21,3	9,0	14,6	16,9	3,9	49,0	45,1	0,0	2,0	0,0	8,6	91,4	0,0	0,0
1999	36,3	22,5	8,8	12,5	20,0	6,0	50,0	42,0	0,0	2,0	0,0	11,0	89,0	0,0	0,0
2000	30,0	24,3	10,0	17,1	18,6	6,3	54,2	37,5	0,0	2,1	0,0	12,5	87,5	0,0	0,0
2001	29,6	23,9	12,7	14,1	19,7	8,5	51,1	38,3	0,0	2,1	0,0	14,9	85,1	0,0	0,0
2002	32,9	21,4	11,4	12,9	21,4	4,3	63,8	29,8	0,0	2,1	0,0	16,7	83,3	0,0	0,0
2003	33,9	19,4	12,9	14,5	19,4	2,1	70,2	25,5	0,0	2,1	0,0	16,9	83,1	0,0	0,0
2004	32,1	19,6	7,1	19,6	21,4	2,1	72,3	23,4	0,0	2,1	0,0	19,3	80,7	0,0	0,0

Fuente: AEB, CECA, UNACC y elaboración propia.

centran claramente, y de forma creciente, en el grupo 2. Resulta interesante que el porcentaje de cajas de ahorros incluidas en el *cluster* 3 de banca local se ha ido reduciendo paulatinamente a costa del crecimiento del grupo de banca regional. Por tanto, se constata que, a lo largo de los últimos años, se ha producido un cambio en la actuación de las cajas de ahorros, que se han ido especializando de forma creciente conforme a las características del grupo 2, y diferenciándose de la banca local. Por último, las cooperativas de crédito están, sobre todo, presentes en el grupo 3, aunque algunas de ellas, las de mayor dimensión, también han cambiado su forma de actuación para asemejarse a la forma de hacer banca del grupo de banca regional.

Por tanto, las distribuciones por grupos de las empresas correspondientes a los distintos perfiles institucionales no son inmutables. Son el resultado de los orígenes de cada una de estas entidades pero, también, de sus estrategias de especialización durante las dos últimas décadas, en un contexto de creciente liberalización bancaria que ha homogeneizado el marco normativo para todas ellas y ampliado el margen de decisión de las empresas bancarias.

El grupo 3 responde, más que ningún otro, a las características que la literatura internacional sobre banca relacional viene destacando: entidades pequeñas muy orientadas a actividades bancarias tradicionales, que captan sus recursos mediante depósitos y los colocan en forma de créditos, usando, para ello, mayor proporción de personal y una densa red de oficinas. Estas entidades, fuertemente implantadas en mercados concretos donde tienen extendidas sus redes de relaciones, pueden explotar las ventajas de adquisición de información asociadas a la interacción repetida con sus clientes. Ahora bien, a la vista de los resultados, esas mismas características se presentan también, aunque con una intensidad algo menor, en el grupo 2, de banca regional, que, aunque depende algo menos de los depósitos, los usa también ampliamente y está igualmente orientado al crédito. Es interesante advertir que el grupo 2 ha crecido en número de empresas y cuota de mercado, mientras que el grupo 3 se ha reducido en ambos sentidos, aunque el tamaño medio de las entidades incluidas en este grupo se ha mantenido constante.

Sin embargo, el segundo grupo presenta una tendencia a la reducción de la concentración de su red de oficinas debido a la expansión de las empresas que lo integran fuera de sus ámbitos tradicionales de actuación. Estas estrategias de expansión podrían afectar a la capacidad de realizar banca relacional, ya que, en las nuevas zonas de actuación, por lo menos en las primeras etapas, no tendrán la misma capacidad de obtener la información privada de sus clientes al no existir relación previa con ellos.

Incluso el grupo 1, cuyos perfiles son claramente más transaccionales, no deja de tener una notable orientación al crédito (superior al 50% de sus activos) y hacia actividades relacionales con empresas, como las participaciones y las que reflejan las cuentas de orden. Por tanto, en las estrategias de los bancos de los tres primeros grupos, se aprecia el reconocimiento de la importancia de la cercanía entre el cliente y la entidad. Todos ellos prestan atención a la dotación de empleados y oficinas para atender a sus clientes, por considerar que facilitan el mantenimiento de relaciones a largo plazo. El hecho de que el sector bancario español tenga la red de oficinas más extensa de toda la Unión Europea en relación a la población y que haya crecido en los últimos años en todos los grupos de entidades es indicativo de la atención de la banca española a esta vía de contacto con los clientes.

4.1.3. Grupos de especialización: implicaciones para la cuenta de resultados

Las diferencias en las principales partidas de la cuenta de resultados de los grupos se recogen en el cuadro 4.3. Conviene considerar la incidencia sobre las mismas de la especialización en el sentido que estamos analizando.

En el año 2004 se aprecia que las diferencias en el margen de intermediación entre los grupos 1 y 3 son notables, y se derivan de que este último obtiene mayores intereses por unidad de activo y soporta unos costes financieros menores. El grupo 2 se encuentra en una situación intermedia entre los otros dos, aunque algo más próxima al de bancos locales.

Estas diferencias en la parte superior de la cuenta de resultados se deben a una combinación de la distinta importancia de créditos y depósitos en el balance y a las diferencias en los tipos de interés de

CUADRO 4.3: **Cuenta de resultados de los grupos de especialización**

Porcentajes sobre el activo total

	1992						2004					
	Cluster 1 Grandes bancos	*Cluster* 2 Banca regional	*Cluster* 3 Banca local	*Cluster* 4 Banca de inversión	*Cluster* 5 Banca del interbanc.	Total SBE	*Cluster* 1 Grandes bancos	*Cluster* 2 Banca regional	*Cluster* 3 Banca local	*Cluster* 4 Banca de inversión	*Cluster* 5 Banca del interbanc.	Total SBE
Intereses y rendimientos asimilados	10,15	10,72	10,44	11,04	8,36	10,31	2,88	3,32	3,54	3,53	2,44	3,11
Intereses y cargas asimiladas	7,42	6,39	6,09	9,54	7,44	7,04	1,72	1,37	1,16	1,84	1,96	1,54
Rendimiento de la cartera de renta variable	0,27	0,05	0,08	0,01	0,07	0,19	0,46	0,24	0,11	0,01	4,04	0,43
Margen de intermediación	3,01	4,39	4,44	1,52	0,98	3,46	1,62	2,19	2,49	1,70	4,51	2,00
Comisiones percibidas	0,85	0,67	0,42	0,35	0,46	0,74	0,82	0,71	0,73	0,25	0,79	0,76
Comisiones pagadas	0,11	0,10	0,10	0,06	0,09	0,11	0,15	0,12	0,11	0,27	0,21	0,14
Resultado de operaciones financieras	0,21	–0,03	–0,07	0,16	0,26	0,12	0,19	0,11	0,08	0,02	0,13	0,15
Margen ordinario	3,96	4,93	4,68	1,97	1,61	4,21	2,48	2,90	3,19	1,70	5,22	2,77
Otros productos de explotación	0,03	0,02	0,03	0,02	0,21	0,03	0,01	0,02	0,02	0,01	0,18	0,02
Gastos generales de administración	2,38	2,74	2,64	1,07	1,05	2,45	1,17	1,51	1,70	0,80	0,62	1,34
De personal	1,67	1,86	1,79	0,55	0,63	1,69	0,79	1,03	1,13	0,48	0,31	0,90
Otros gastos administrativos	0,71	0,88	0,85	0,51	0,42	0,76	0,38	0,48	0,56	0,32	0,31	0,43
Amortizaciones	0,21	0,28	0,26	0,05	0,08	0,23	0,11	0,15	0,14	0,04	0,03	0,13
Otras caragas de explotación	0,12	0,07	0,04	0,01	0,01	0,10	0,04	0,03	0,04	0,01	0,00	0,03

CUADRO 4.3 *(cont.)*: **Cuenta de resultados de los grupos de especialización**

Porcentajes sobre el activo total

	1992						2004					
	Cluster 1 Grandes bancos	*Cluster* 2 Banca regional	*Cluster* 3 Banca local	*Cluster* 4 Banca de inversión	*Cluster* 5 Banca del interbanc.	Total SBE	*Cluster* 1 Grandes bancos	*Cluster* 2 Banca regional	*Cluster* 3 Banca local	*Cluster* 4 Banca de inversión	*Cluster* 5 Banca del interbanc.	Total SBE
Margen de explotación	1,28	1,85	1,76	0,86	0,68	1,46	1,17	1,23	1,33	0,86	4,74	1,29
Amortización y saneamiento de insolvencias	0,59	0,72	0,58	0,82	0,12	0,62	0,29	0,37	0,32	0,39	0,04	0,32
Saneamiento de inmovilizaciones financieras	0,03	0,01	0,03	0,00	0,02	0,02	0,02	0,00	–0,01	0,01	0,01	0,01
Otros	–0,30	–0,03	–0,04	–0,44	–0,02	–0,20	0,01	0,04	–0,09	–0,10	3,32	0,10
Resultado antes de impuestos	0,95	1,16	1,19	0,48	0,56	1,02	0,85	0,81	1,10	0,57	1,38	0,85
Impuestos	0,23	0,33	0,29	0,19	0,18	0,26	0,10	0,14	0,20	0,16	0,14	0,12
Resultado del ejercicio	0,72	0,83	0,90	0,29	0,38	0,75	0,75	0,67	0,91	0,41	1,24	0,73

Fuente: AEB, CECA, UNACC y elaboración propia.

dichas operaciones[5] que se aprecian en el gráfico 4.2. Así, aunque el tipo de interés de los préstamos es similar entre los distintos grupos, dado el menor peso de esta partida (la más rentable) en el grupo 1, los ingresos por intereses son menores en su caso que en los otros grupos. En el pasivo, el menor peso de los depósitos en las empresas del primer grupo alivia la carga de intereses de las mismas pese al mayor nivel de los tipos de interés pagados. Es notable el menor coste financiero de las entidades de los grupos 2 y 3, que apenas se diferencian entre sí en los niveles de los tipos de interés cobrados o pagados. Por tanto, parece que los *clusters* 2 y 3 disponen de fondos ajenos más baratos que los grandes bancos. Esta facilidad para financiar su actividad la utilizan intensivamente, dado el mayor porcentaje de recursos ajenos captados mediante depósitos, especialmente los bancos locales. En cambio, los bancos del grupo 1 pagan tipos de interés mayores, pero también los cobran más altos. Como veremos más adelante, éstos son aspectos relevantes desde la perspectiva relacional.

Las posiciones de los tres grupos no varían apenas cuando se considera el margen ordinario, aunque el abanico de diferencias se estrecha debido al mayor volumen de ingresos por comisiones de los grandes bancos respecto a los otros dos grupos. Un segundo estrechamiento, mucho más intenso, se observa en el margen de explotación, una vez se tienen en cuenta los costes operativos que, como era de esperar debido a su orientación más intensiva hacia una forma de hacer banca que requiere mayor utilización de factores productivos, son mucho más elevados en los grupos 2 y 3 que en el grupo 1. Los menores gastos de explotación de este grupo también podrían ser debidos a la existencia de economías de escala, esto es, a los menores costes unitarios asociados al mayor tamaño de las operaciones y de las unidades operativas de los grandes bancos.

El resultado final es que los grupos 1 y 2 acaban igualados en el beneficio antes de impuestos (ROA), si bien el grupo 3 mantiene una diferencia positiva significativa. Por tanto, el grupo de la banca

---

[5] La limitación de la desagregación en la información estadística recogida en los estados contables públicos impide obtener una definición de los tipos de interés de los créditos y depósitos que sea independiente de otras actividades (como la interbancaria o la de valores). Por ello, se ha contrastado la sensibilidad de los resultados con definiciones alternativas a la utilizada, siendo la evolución de los tipos de interés, los márgenes absolutos e índices de Lerner similar, existiendo sólo diferencias en el nivel de las series.

GRÁFICO 4.2: Tipo de interés medio de los préstamos y depósitos según el grupo de especialización
(porcentaje)

a) Préstamos

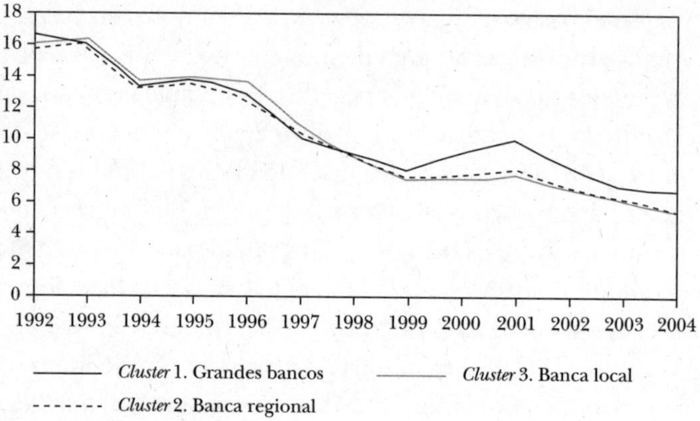

b) Depósitos

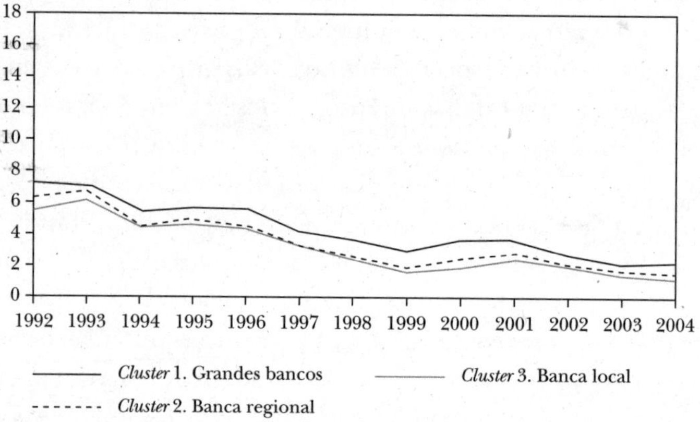

Fuente: AEB, CECA, UNACC y elaboración propia.

local presenta mayores rentabilidades que los grandes bancos y que los bancos regionales. Será interesante explorar a qué se debe esta diferencia y, en particular, si la presencia local y la cercanía con el cliente les proporcionan un poder de mercado del que se derivan rentas de monopolio.

Las similitudes entre los grupos 2 y 3 se aprecian también en otros indicadores, recogidos en el cuadro 4.4. Según los mismos, las

CUADRO 4.4: **Grupos de especialización: otras informaciones**

Porcentajes sobre el activo total

	1992						2004					
	Cluster 1 Grandes bancos	*Cluster* 2 Banca regional	*Cluster* 3 Banca local	*Cluster* 4 Banca de inversión	*Cluster* 5 Banca del interbanc.	Total SBE	*Cluster* 1 Grandes bancos	*Cluster* 2 Banca regional	*Cluster* 3 Banca local	*Cluster* 4 Banca de inversión	*Cluster* 5 Banca del interbanc.	Total SBE
Eficiencia operativa	0,68	0,63	0,63	0,57	0,71	65,99	0,53	0,58	0,59	0,50	0,13	54,07
Costes operativos medios (gastos de explotación, amortizaciones y otros gastos de explotación/activo)	2,71	3,09	2,94	1,13	1,14	2,78	1,32	1,69	1,88	0,84	0,65	1,50
Costes totales medios	10,13	9,48	9,03	10,66	8,58	9,81	3,04	3,06	3,04	2,68	2,62	3,04
Débitos a clientes/número de cuentas*	—	—	—	—	—	—	10,34	6,47	5,23	11,13	156,62	7,43
Activo por oficina**	19,95	12,18	10,60	191,98	146,75	16,19	43,99	19,94	13,87	79,72	1.123,09	26,95
Número de empleados por oficina	8,20	6,30	4,88	20,50	20,12	7,02	7,65	5,22	4,38	10,47	65,79	5,88
Concentración de mercado	1.180	1.170	1.371	976	1.390	1.201	1.258	1.270	1.342	1.113	1.136	1.263
Densidad de la red de oficinas***	0,081	0,133	0,186	0,001	0,096	0,117	0,064	0,140	0,174	0,007	0,000	0,121
Densidad del mercado****	0,961	0,959	1,018	0,821	1,052	0,970	0,956	0,991	1,023	0,903	0,776	0,984

* Miles de euros constantes de 1995.

** Millones de euros constantes de 1995.

*** Oficinas por cada 1.000 habitantes. La densidad se ha calculado como la ratio entre el número de oficinas de cada entidad y la población de cada provincia. Para cada entidad se han ponderado las provincias según su distribución provincial de oficinas. Posteriormente se han agregado las entidades ponderando por la importancia de su red de oficinas.

**** Oficinas por cada 1.000 habitantes. La ratio se ha calculado con el total de oficinas de entidades de crédito (Banco de España) dividido por la población de la provincia. Para cada entidad se han ponderado las provincias según su distribución de oficinas. Posteriormente se han agregado las entidades ponderando por la importancia de su red de oficinas.

Fuente: AEB, CECA, UNACC, Banco de España, INE y elaboración propia.

entidades de estos dos *clusters* tienen oficinas de tamaño más parecido y más pequeñas, tanto cuando se considera el volumen medio del activo que manejan como el número de empleados por oficina. Asimismo, el volumen de activo y número de cuentas que gestiona cada empleado es sensiblemente menor que el del grupo 1 y el tamaño de las cuentas también, todo lo cual parecería de nuevo consistente con una orientación más relacional de las entidades de los grupos 2 y 3.

Dada la importancia de la red de oficinas, es interesante considerar las diferencias entre los tres grupos en lo que se refiere a la posición de las entidades en los distintos mercados geográficos desde la perspectiva de la concentración de los mismos. En particular, puede ser relevante analizar si las estrategias de localización de oficinas de las empresas de los distintos grupos tienen efectos sobre su posicionamiento en mercados más o menos concentrados.

Para valorar este aspecto, se han construido dos indicadores basados en el índice de Herfindahl-Hirschman a partir de la información sobre la distribución de las oficinas de cada entidad en las diferentes provincias. El primero de ellos, denominado *concentración de mercado*, es un indicador de la concentración media de los mercados en los que actúa cada entidad. Este índice ha sido utilizado habitualmente como medida del grado de competencia, pero, recientemente, ha sido criticado como tal, pues una misma estructura de mercado, más o menos concentrada, puede dar lugar a distintos equilibrios, tanto de competencia perfecta, como de competencia monopolística (v. Berger et al. 2004; Maudos y Fernández de Guevara 2004; Fernández de Guevara, Maudos, y Pérez 2005; Claessens y Laeven 2004; entre otros). Por ello, se presenta, más bien, como un indicador de la estructura de mercado, más que de competencia propiamente dicha, cuestión que será analizada posteriormente con indicadores más adecuados.

El indicador de concentración de mercado se calcula a nivel provincial como la suma de los cuadrados de las cuotas de mercado en oficinas —única variable disponible para un mercado inferior al nacional— que cada entidad (bancos, cajas y cooperativas) tiene en el mercado considerado. El índice de concentración de mercado de cada entidad se calcula ponderando los índices provinciales de concentración por la distribución provincial de oficinas de cada empresa bancaria.

Según los resultados que recoge el cuadro 4.4, las empresas del grupo 3 son las que actúan en promedio en mercados más concentrados en el año 2004, seguidas por las del grupo 2 y, por último, las del grupo 1. Dado que la información disponible no permite contrastar este resultado para áreas geográficas inferiores a la provincial, no es posible valorar si un mayor detalle de la información cambiaría estos resultados, reforzando la posición de las empresas del grupo 3, que actúan como proveedores dominantes de servicios financieros en mercados locales. Sería una hipótesis a contrastar si ello llega a generar conductas monopolísticas. En el siguiente epígrafe se presenta un indicador de competencia para tratar de valorar esta hipótesis.

Todos estos rasgos indican que los grupos identificados presentan un conjunto de rasgos sobre los que es muy razonable pensar acerca de la amplitud y la intensidad con la que desarrollan sus actividades relacionales. Pero, según lo señalado, probablemente las empresas de los tres primeros grupos prestan, en todo caso, mucha atención a la relación duradera con sus clientes, aunque mediante especializaciones y estrategias de actuación distintas. Dado que no se puede sintetizar todo esto en un solo indicador que cuantifique u ordene el grado en el que se produce la orientación relacional de cada empresa o grupo, puede ser interesante analizar la influencia de esos perfiles de las entidades sobre dos aspectos relevantes para su funcionamiento y el de los mercados bancarios en general: la competencia y la eficiencia. Como se recordará, ése es uno de los debates que la literatura revisada en el capítulo 2 considera con mayor atención. Ése es el objetivo del siguiente epígrafe.

4.2. Costes, poder de mercado y eficiencia

La literatura sobre banca relacional insiste en que los usuarios de la misma pueden quedar atrapados en manos de las entidades financieras a las que han revelado la información privada, ejerciendo estas últimas poder de mercado en sus operaciones con clientes. Al mismo tiempo, también contempla la posibilidad de que esto no suceda, y las relaciones estables entre bancos y clientes generen equilibrios cooperativos en los que ambas partes ganan a largo plazo.

La mayoría de los trabajos sobre banca relacional y competencia prestan atención a entidades pequeñas, similares a las del grupo 3. En nuestro caso es interesante comprobar qué sucede con los tres grupos potencialmente relacionales y, en particular, si las características del grupo 3 resultan relevantes a la hora de explicar los costes, el poder de mercado o la eficiencia, en comparación con los otros dos.

Para realizar los análisis a los que nos referimos, necesitamos construir indicadores de costes, de poder de mercado (índice de Lerner), diferenciando, a ser posible, los mercados de créditos y depósitos, y de eficiencia en costes. A continuación se presentan, sucesivamente, los correspondientes instrumentos de análisis y los resultados de los mismos.

4.2.1. Instrumentos de análisis

Los indicadores de poder de mercado miden el margen relativo, es decir, el margen que una empresa puede obtener entre el precio y sus costes marginales de producción como porcentaje de su precio. En el caso de las empresas bancarias es posible que ese margen sea distinto en los mercados de activo (sobre todo, créditos) y de pasivo (depósitos). Al construir el indicador de poder de mercado bancario, suele hacerse esta distinción y es habitual utilizar como referencia el modelo de Monti-Klein de competencia imperfecta bancaria. Este modelo analiza el comportamiento de un banco monopolístico que se enfrenta a una función de demanda de préstamos *(P)* de pendiente negativa $P(r_P)$ y una función de oferta de depósitos *(D)* con pendiente positiva $D(r_D)$. Como muestran Freixas y Rochet (1997), el comportamiento del banco se puede representar mediante un modelo de competencia monopolística entre un número finito de *m* bancos cuyo equilibrio de Cournot para una entidad *n* es la solución al siguiente problema de maximización:

$$\max_{(D_n,\, P_n)} \left\{ \left(r_P \left[P_n + \sum\nolimits_{m \neq n} P_m^* \right] - r \right) P_n + \left(r - r_D \left[D_n + \sum\nolimits_{m \neq n} D_m^* \right] \right) D_n - C(P, D) \right\} \tag{4.1}$$

En esta expresión, los asteriscos denotan las cantidades de equilibrio; r_P es el tipo de interés de los préstamos; r, el tipo de interés del mercado interbancario; r_D, el tipo de interés de los depósitos y $C(P, D)$ son los costes operativos de producción del volumen de préstamos P y depósitos D. A partir de las condiciones de primer orden del problema de maximización definido en (4.1), obtenemos las expresiones del índice de Lerner en préstamos y en depósitos (parte izquierda de cada expresión siguiente).

$$\frac{\left[r^*_P - r - cm_P\right]}{r^*_P} = \frac{1}{N\varepsilon_P(r^*_P)} \qquad \frac{\left[r - r^*_D - cm_D\right]}{r^*_D} = \frac{1}{N\varepsilon_D(r^*_D)} \tag{4.2}$$

donde ε_P, ε_D, cm_P y cm_D son las elasticidades de demanda y los costes marginales de préstamos y oferta de depósitos, respectivamente.

Las expresiones anteriores muestran que el índice de Lerner en préstamos es la discrepancia entre el precio y el coste marginal de producción deducido el coste de oportunidad de los fondos, como porcentaje del precio de producción. Esto es, se trata de un margen relativo. Además, como se puede comprobar en las expresiones anteriores, el índice de Lerner resulta de las condiciones de entorno que se derivan para la empresa de la elasticidad de demanda de crédito o la oferta de depósitos y la estructura del mercado, aproximada por el número de competidores.

Dado que no se dispone de información sobre las elasticidades de la demanda de crédito y la oferta de depósitos, el cálculo de los índices de Lerner requiere la obtención de precios y costes marginales. Se adopta una especificación similar a la de Carbó et al. (2005) y Maudos, y Fernández de Guevara (2006), en la que, como precios de los créditos y depósitos, se utilizan los tipos de interés mostrados en el gráfico 4.2, calculados como el cociente entre los ingresos/créditos y gastos financieros/depósitos, respectivamente.

Para la estimación de los costes marginales y de los niveles de eficiencia, supondremos que el comportamiento de los bancos es minimizador de costes dado un determinado volumen de factores utilizados. Estimamos, por tanto, una función de costes operativos frontera (c) de la empresa i en el año t, que dependen de dos *outputs* (préstamos, P, y depósitos, D), dos precios de los factores (w_1 = precio del trabajo y w_2 = precio del capital físico) y el progreso técnico *(trend)* que interactúa con el precio de los *inputs* y los *outputs*. Se adopta la comúnmente utilizada forma funcional translogarítmica:

$$\ln c_{it} = \sum \gamma_h \ln w_{hit} + \gamma_L \ln P_{it} + \gamma_D \ln D_{it} + \gamma_{LD} \ln L_{it} \ln D_{it}$$

$$+ \frac{1}{2} \sum\sum \gamma_{hm} \ln w_{hit} \ln w_{mit} + \frac{1}{2} \gamma_{LL} (\ln P_{it})^2 + \frac{1}{2} \gamma_{DD} (\ln D_{it})^2$$

$$+ \sum \gamma_{hL} \ln w_{hit} \ln P_{it} + \sum \gamma_{hD} \ln w_{hit} \ln D_{it} + \mu_1 \, Trend + \frac{1}{2} \mu_2 \, Trend^2 \qquad (4.3)$$

$$+ \mu_L \, Trend \ln P_{it} + \mu_D \, Trend \ln D_{it} + \sum \mu_h \, Trend \ln w_{hit} + v_{it} + u_{it}$$

Los costes marginales se estiman como la derivada de la función de costes (4.3) con respecto al volumen de préstamos y depósitos, de acuerdo a las siguientes expresiones:

$$cm_{Pit} = \frac{\partial c_{it}}{\partial P_{it}} = \left[\gamma_L + \gamma_{LL} \ln P_{it} + \sum \gamma_{hL} \ln w_{hit} + \gamma_{LD} \ln D_{it} + \mu_L \, Trend\right] \frac{c_{it}}{P_{it}}$$

$$cm_{Dit} = \frac{\partial c_{it}}{\partial D_{it}} = \left[\gamma_D + \gamma_{DD} \ln D_{it} + \sum \gamma_{hD} \ln w_{hit} + \gamma_{LD} \ln P_{it} + \mu_D \, Trend\right] \frac{c_{it}}{D_{it}} \qquad (4.4)$$

La eficiencia (o ineficiencia) frontera de una empresa se mide mediante la distancia de sus costes con respecto a los del banco que presente la *mejor práctica* cuando ambos producen el mismo *output* bajo las mismas condiciones. Ese banco que representa la mejor práctica define una *frontera de eficiencia* alcanzable y, cuanto mayor es la distancia a la frontera, mayor es la ineficiencia-X de la empresa analizada.

Para estimar la ineficiencia, se utiliza la aproximación de la *frontera estocástica* propuesta por Aigner, Lovell, y Schmidt (1977) y Meeusen y van den Broeck (1977). Esta aproximación modifica la función de costes estándar suponiendo que la ineficiencia forma parte del término de error, siendo un término compuesto. Por tanto, el término de error de la ecuación (4.3) tiene dos componentes. El primer componente *(v)* se distribuye como una variable simétrica y es el ruido estadístico o la medida de error de la función de costes y es externo al control de la empresa. El segundo elemento del término de error compuesto (u) es una variable truncada que capta la ineficiencia relativa a la frontera. Siguiendo a Jondrow et al. (1982), las estimaciones a nivel de empresa del término de ineficiencia pueden ser calculadas utilizando la distribución de este término condicionada a la estimación del error compuesto. Para ello, se supone que el término de ineficiencia se distribuye como una variable seminormal.

La ratio de eficiencia obtenida puede ser entendida como la proporción de costes que son utilizados de forma eficiente. Por ejemplo, un banco con un valor de u estimado de 0,85 presenta un nivel de eficiencia del 85% en comparación con la mejor práctica observada en las mismas condiciones. Esto significa que la empresa podría llegar a producir el mismo nivel de *output* con un 15% de costes menos o, alternativamente, podría producir un 15% más de producción con el mismo nivel de costes.

4.2.2. Resultados

Los resultados de la estimación de costes marginales de préstamos y depósitos para los tres grupos aparecen en el gráfico 4.3. En él se aprecia que las diferencias entre los grupos en los costes marginales de los depósitos son muy escasas, pero, en cambio, son importantes en el caso de los créditos.

En concreto, los costes marginales de los grupos 2 y 3 son sensiblemente superiores a los del grupo 1, que son los más bajos. Este hecho puede considerarse reflejo de la mayor intensidad relacional de ciertas actividades llevadas a cabo por las entidades incluidas en los grupos 2 y 3, que utilizan más algunos factores productivos. En efecto, la concesión de un nuevo préstamo puede ser más costosa en aquellas entidades que utilicen intensivamente las relaciones repetidas con clientes para evaluar y monitorizar su concesión y seguimiento, y necesitan red de oficinas y plantilla de empleados amplias para obtener y procesar la información relevante de muchas operaciones de banca minorista. Los bancos del *cluster* 1 también disponen de personal y de presencia local, pero las dotaciones de recursos humanos son menores en relación a su volumen de actividad, al tamaño de las operaciones; asimismo, es menor la densidad de la red que les permiten captar la información informal del

GRÁFICO 4.3: **Costes marginales y márgenes absolutos según el grupo de especialización**
(porcentaje)

a) Costes marginales

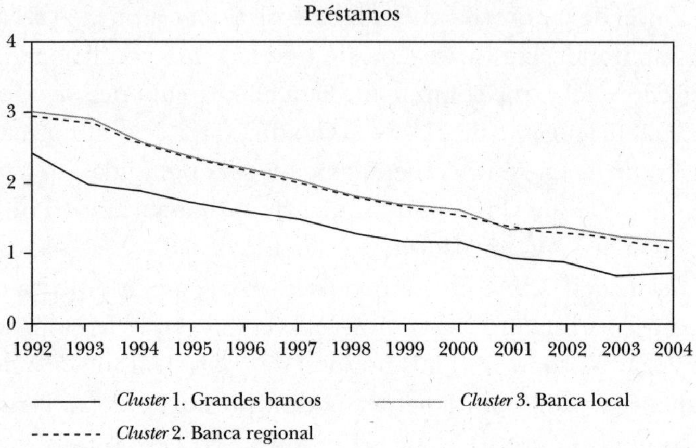

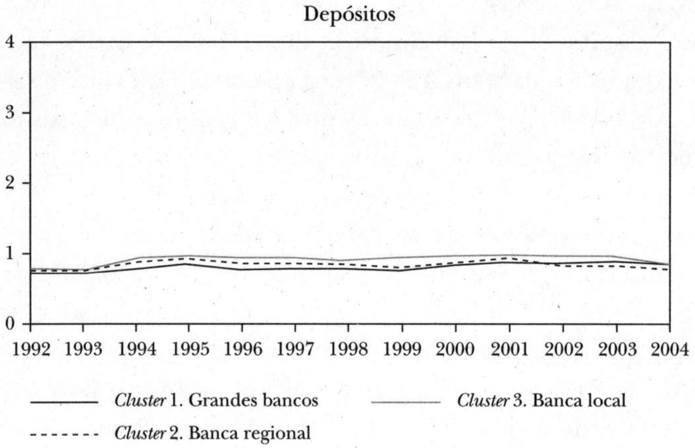

GRÁFICO 4.3 *(cont.)*: **Costes marginales y márgenes absolutos según el grupo de especialización**

(porcentaje)

b) Margen absoluto

Préstamos ($r_P - r - cm_P$)

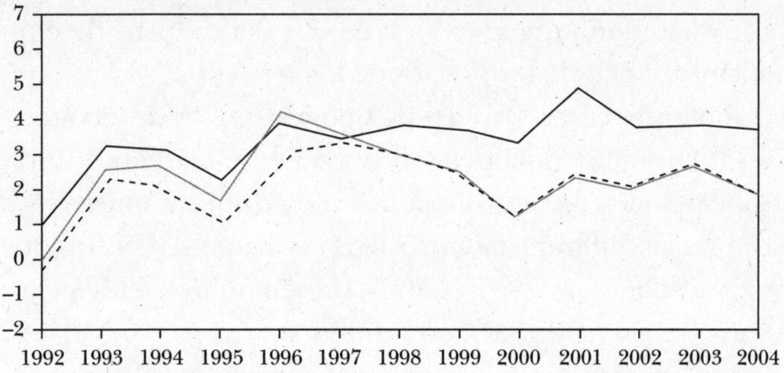

Cluster 1. Grandes bancos — *Cluster* 3. Banca local

Cluster 2. Banca regional

Depósitos ($r - r_D - cm_D$)

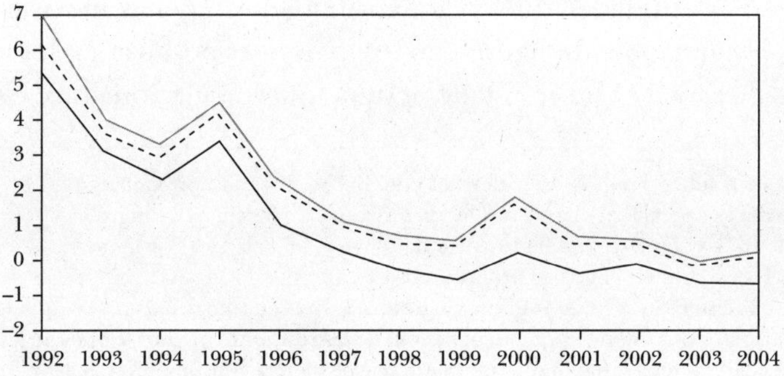

Cluster 1. Grandes bancos — *Cluster* 3. Banca local

Cluster 2. Banca regional

Fuente: AEB, CECA, UNACC y elaboración propia.

entorno. Por ello, se orientan hacia clientes de mayor tamaño y hacen un uso más intensivo de otras tecnologías crediticias a la hora de conceder préstamos que tienen un impacto menor en los costes marginales que las relacionales. No obstante, esto no impide que estos bancos mayores se comprometan en relaciones estables, pero lo hacen de otro modo que depende menos del número de empleados y oficinas, y más de los precios de los servicios.

Al compararse con los niveles de tipos de interés de créditos y depósitos, los costes marginales descritos generan márgenes absolutos en las operaciones de activo y pasivo muy distintos entre sí y también se aprecian diferencias entre algunos grupos. Mientras que los márgenes absolutos de los préstamos presentan una tendencia estable durante la última década, en cambio, los del pasivo han descendido de manera muy pronunciada hasta situarse en valores cercanos a 0, e, incluso, en algún año, negativos.[6] Por tanto, cabe suponer que los reducidos márgenes en las operaciones de pasivo están ligados a los resultados positivos obtenidos en las operaciones de activo. Es decir, que con los actuales tipos de interés y niveles de costes operativos, las entidades subvencionan márgenes apenas inexistentes en sus operaciones de pasivo con los márgenes positivos en los mercados de activo.[7] Este resultado apunta una vinculación entre depó-

---

[6] Este resultado podría estar derivado del hecho de estar aproximando los tipos de interés de las operaciones bancarias mediante ratios de los flujos de ingresos y gastos recogidos en la cuenta de resultados y los datos *stock* del balance. Por tanto, en períodos como el analizado en el que se producen reducciones de los tipos de interés, es posible que el tipo interbancario de referencia ajuste a la baja de forma más rápida que los ingresos o gastos por intereses, que dependerán de las revisiones o renovaciones de las condiciones contractuales, teniendo, por tanto, mayor inercia. Martín-Oliver, Salas-Fumás, y Saurina (2005) utilizan, directamente, tipos de interés marginales obtenidos a partir de los estados reservados que los bancos y cajas de ahorros remiten al Banco de España y obtienen que el margen absoluto entre el tipo de interés de los préstamos y depósitos y el interbancario pasó de 2,98 en préstamos y 4,16 en depósitos como media en el período 1989-1993 a 2,76 y 0,81, respectivamente. Por tanto, se constata el mayor margen absoluto de los depósitos en los años iniciales y la fuerte reducción en los niveles de éstos, frente a la mayor estabilidad de los márgenes de préstamos. Hay que tener en cuenta, además, que en nuestro cálculo incluimos los costes marginales operativos. Si, en el cálculo de Martín-Oliver, Salas-Fumás, y Saurina (2005) para el margen absoluto en depósitos (0,8), le restásemos los costes marginales aquí obtenidos (situados en torno a un punto porcentual), obtendríamos, posiblemente también, valores negativos.

[7] A esta forma de actuar de las entidades bancarias se le conoce en la literatura como la estrategia *loss leader*. Véase, por ejemplo, Carbó et al. (2005) y Maudos y Fernández de Guevara (2006). Martín-Oliver, Salas-Fumás, y Saurina (2005) obtienen resultados similares en el comportamiento de los productos activos y pasivos.

sitos y créditos que adquiere significado desde la perspectiva de la banca relacional.

Las diferencias en los márgenes de activo y de pasivo son reveladoras de que la banca relacional puede funcionar apoyándose en distintos instrumentos, y no sólo en una más densa red de oficinas. Así, cuando las entidades del grupo 1 captan depósitos con un margen prácticamente nulo, o incluso negativo, es probable que lo hagan como parte de su estrategia relacional. Probablemente ello tiene que ver con el perfil de su clientela —personas físicas y jurídicas con mayor nivel de renta y cultura financiera y mayores saldos medios— exigente en las condiciones que obtiene para sus depósitos y con mayor predisposición a cambiar los depósitos bancarios por otras formas de ahorro más rentables, aunque, quizá, más complejas y con más riesgo. De hecho, esta situación, a la que habría conducido la combinación de fuerte competencia en tipos y la estructura de costes, sería inaceptable para el banco si no se viera compensada por el acceso a un mayor margen en otras operaciones de crédito, en muchos casos con esa misma clientela. El acceso a los mercados de deuda internacionales o a los mercados interbancarios probablemente redujese los costes operativos, pero eliminaría una parte de la relación con los clientes e introduciría otros elementos de riesgo de tipos de interés a medio plazo.

En las entidades de los grupos 2 y 3, de nuevo el margen de las actividades de intermediación depende, sobre todo, de lo que sucede en el lado del activo, pero, en los depósitos, se conserva un margen positivo, aunque mucho menor que el de hace unos años. En este caso el margen absoluto de los créditos es menor —seguramente debido a la mayor importancia del crédito hipotecario en las empresas de estos grupos—, en correspondencia con lo que sucede en el lado del pasivo. La banca relacional en este grupo se apoya probablemente más en los factores (empleo y oficinas) y menos en precios cruzados.

Dada la probable interrelación en el comportamiento de las entidades en ambos lados del balance, conviene considerar el resultado conjunto de cada conducta. Si se agregan los márgenes absolutos de créditos y depósitos estimados, se puede apreciar (gráfico 4.4) la reducción de los mismos en la última década. Este resultado —y la notable asimetría actual entre márgenes de créditos y depósitos—

GRÁFICO 4.4: **Margen absoluto de la actividad de intermediación**

Margen absoluto de préstamos + margen absoluto de depósitos ($r_p - r_D - cm_p - cm_D$)

(porcentaje)

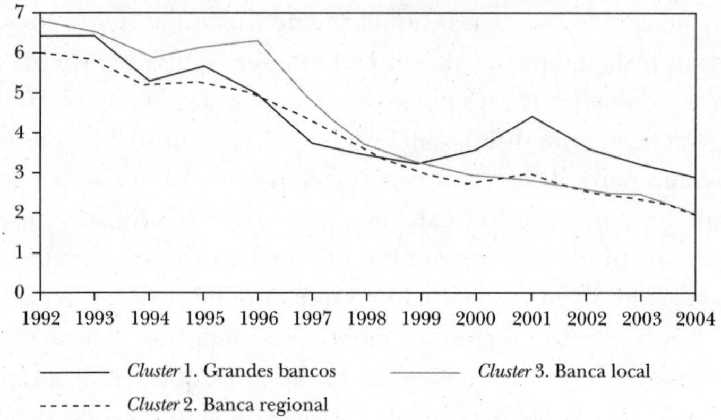

Fuente: AEB, CECA, UNACC y elaboración propia.

podría estar indicando que las entidades bancarias adaptan su conducta con el fin de atraer la clientela y conservarla al subsidiar mejores condiciones en los productos pasivos con la rentabilidad obtenida en los productos activos, algunos de los cuales cada vez tienen horizontes temporales más duraderos. Ciertamente, esta hipótesis requeriría evidencia empírica adicional basada en datos más desagregados, individualizados que, lamentablemente, no están disponibles.

Al analizar los resultados de las estimaciones referidas a los márgenes relativos (índices de Lerner) o poder de mercado, conviene tener muy presente lo anterior. El gráfico 4.5 indica que los índices de Lerner de los créditos han sido crecientes, al combinarse márgenes absolutos tendencialmente estables con un tipo de interés decreciente. Esta evolución justifica que la literatura señale un creciente poder de mercado de las entidades bancarias (Maudos y Pérez 2003; Carbó et al. 2005; Oroz y Salas 2003; Maudos y Fernández de Guevara 2004, 2006; Fernández de Guevara, Maudos y Pérez 2005) que contrasta con la percepción por parte de los operadores de que existe una fuerte competencia. Una posible explicación de esta paradoja puede aportarla la evolución del índice de Lerner de los depósitos que, en concordancia con lo señalado más arriba sobre el margen absoluto, resulta nulo o nega-

GRÁFICO 4.5: Índice de Lerner según grupo de especialización

(porcentaje)

a) Préstamos $(r_P - r - cm_P)/r_P$

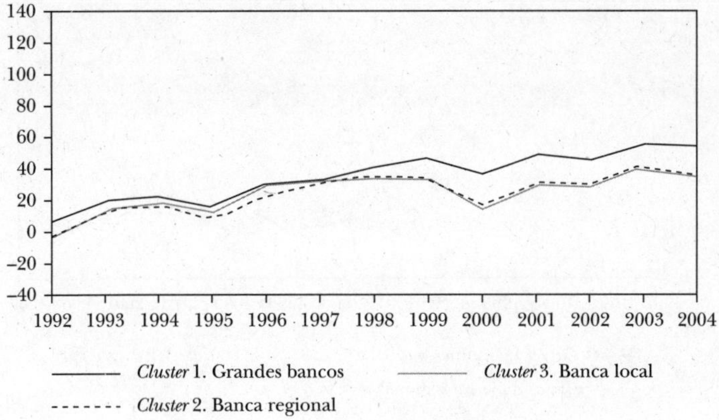

b) Depósitos $(r - r_D - cm_D)/r_D$

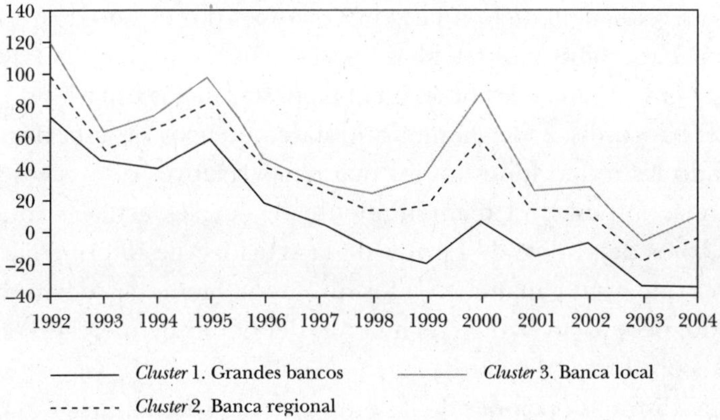

Fuente: AEB, CECA, UNACC y elaboración propia.

tivo para algunas entidades en los últimos años. El significado de la aceptación por el banco de este *poder de mercado de los depositantes* habría que encontrarlo en que éstos son, a la vez, titulares de crédito, es decir, en la relación de clientela. Cuando se calcula un índice de Lerner agregado (gráfico 4.6) como media de los márgenes relativos activos y pasivos recogidos en el gráfico 4.5 ponderada por el volumen de préstamos y depósitos en el balance, se observa que su evolución es decreciente, como consecuencia de la

GRÁFICO 4.6: Índice de Lerner de la actividad de intermediación

Media ponderada de los índices de Lerner de créditos y depósitos.

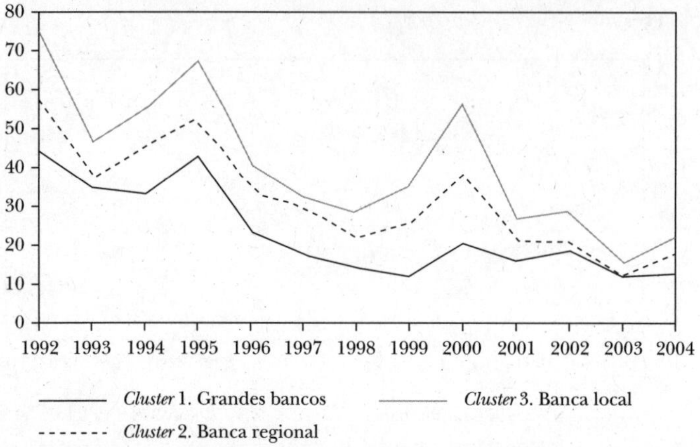

Nota: Como factores de ponderación se han utilizado el peso de los créditos y depósitos, respectivamente, sobre la suma de ambos.

Fuente: AEB, CECA, UNACC y elaboración propia.

intensa reducción de los márgenes relativos por el lado del pasivo. Este hecho, como apuntan Maudos y Fernández de Guevara (2006), ha generado ganancias netas en el bienestar de los usuarios de servicios bancarios, especialmente hasta comienzos de esta década, cuando las reducciones en los márgenes relativos de pasivos fueron más intensas. El mantenimiento de niveles actuales mucho más bajos del índice de Lerner de la actividad de intermediación indica que estas ganancias en los niveles de bienestar se han mantenido, pese al probable crecimiento del poder de mercado en algunos productos de activo.

Las distintas opciones de las empresas al especializarse y apoyar sus estrategias más en instrumentos como los factores de producción o más en las políticas de precios influyen en los costes operativos y financieros. Sin embargo, su efecto conjunto puede ser similar, y ello es tanto más probable cuanto más intensa sea la competencia. Una forma de valorar dicho efecto conjunto es considerar el indicador de eficiencia operativa, en el que no se observan diferencias importantes entre grupos tal y como se puede comprobar en el cuadro 4.4. Dentro de las escasas diferencias, el grupo 1 es el que presenta una mayor eficiencia operativa (menor ratio), y los grupos 2 y 3 presentan valores prácticamente idénticos. Otra vía alternativa es calcular indicadores de eficiencia frontera en costes operativos para los distintos grupos de especialización. En este segundo tipo de indicadores, los niveles de eficiencia en costes operativos son elevados y similares en los tres grupos. Los valores de la eficiencia frontera en los costes operativos del promedio de las empresas de cada grupo respecto a las entidades con mejores prácticas se sitúan entre el 85% y el 89% (gráfico 4.7). Es decir, las reducciones de costes que se podrían lograr si todas las empresas se comportaran como las que aparecen en la frontera de las mejores prácticas se situarían entre el 15% y el 11%. Por grupos, las más eficientes serían las entidades del grupo 3, pero, en todo caso, se debe señalar que las diferencias entre las medias de los grupos son irrelevantes y, por tanto, no significativas. Por tanto, aunque los costes operativos de las entidades que realizan más intensivamente actividades que, en general, son catalogadas como relacionales (cuadro 4.3) sean más elevados, esto no hace que sean más ineficientes. El término que mide la eficiencia frontera permite comprobar que, una vez que se compara a estas entidades con las mejores prácticas observadas en el mercado, las entidades que producen *output* similar, las empresas más relacionales no son más ineficientes. Realizar banca relacional mediante la utilización de más empleados y oficinas implica usar una tecnología más cara, en la medida en que requiere la utilización intensiva de factores productivos, pero eso no quiere decir que se realice de forma ineficiente, como se ha comprobado.

GRÁFICO 4.7: **Eficiencia en costes frontera según grupos de especialización**

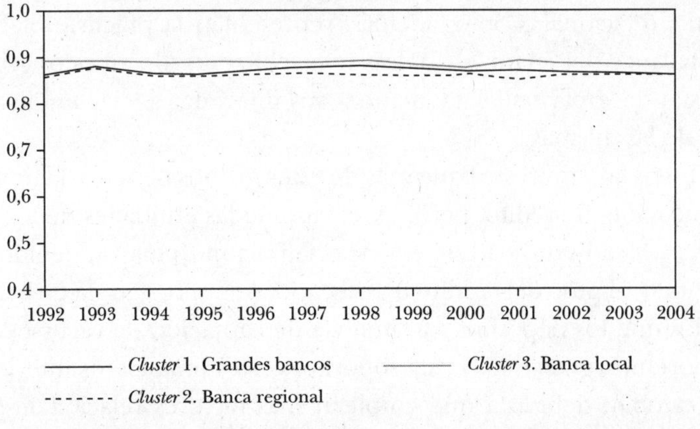

Fuente: AEB, CECA, UNACC y elaboración propia.

4.3. Conclusiones

El análisis de las características relacionales de las empresas bancarias españolas de este capítulo ha permitido identificar pautas de comportamiento comunes entre algunas de ellas y valorar sus implicaciones sobre aspectos relevantes de la competencia y la eficiencia bancaria.

Para estudiar las estrategias bancarias desde la perspectiva relacional, se han considerado tres aspectos: la especialización productiva en servicios financieros en los que las relaciones con los clientes pueden ser más relevantes (como créditos y depósitos); la intensidad en el uso de factores de producción como el trabajo y las oficinas, más necesarios cuando se usan tecnologías de análisis y supervisión de las operaciones basadas en la información relacional, y la concentración territorial de las redes de oficinas, como aproximación a una estrategia de penetración intensa del entorno socioeconómico próximo a la entidad.

Atendiendo a estos aspectos, se han seleccionado ocho indicadores y, tomando como base los mismos, se han identificado, mediante un análisis *cluster*, cinco grupos de entidades distintos entre sí y relativamente homogéneos en su interior. Los grupos han sido denominados como sigue: grandes bancos (grupo 1), banca regional (2), banca local (3), banca de inversión (4) y banca del interbancario (5). De los cinco, los tres primeros presentan características que permiten considerarlos orientados en buena parte hacia la banca relacional. Como, además, representan la práctica totalidad del balance del sector, el análisis se ha concentrado en estos grupos prestándose particular atención a sus diferencias y las implicaciones de las mismas.

Todas las empresas bancarias de estos grupos tienen una notable orientación al crédito, pero, en el caso de las entidades de los grupos 2 y 3, la intensidad de esa especialización es mayor, debido, sobre todo, al peso del crédito hipotecario. Además, se trata de bancos en los que los depósitos son una vía de captación de recursos más importante, gracias a lo cual soportan costes financieros inferiores. En cambio, debido a que emplean más factores relacionales, sus costes operativos son mayores.

La literatura sobre banca relacional centra su atención sobre todo en entidades locales como las del grupo 3 que, además de lo ya señalado, se caracterizan por su pequeño tamaño y la concentración de sus redes en ámbitos geográficos muy limitados. En ese conjunto de características se basa, en buena medida, una estrategia que, en ocasiones, permite disfrutar poder de mercado respecto a su clientela. En el caso español, estas entidades también logran niveles de rentabilidad superiores a la media, y los indicadores de poder de mercado los sitúan en una posición ventajosa frente a los otros grupos, aunque lo más interesante desde la perspectiva de este trabajo es que muestran, sobre todo, una tendencia a reducirse, como los demás grupos.

El conjunto de los resultados del capítulo confirma que los bancos locales no son los únicos que desarrollan una parte importante de su actividad con un enfoque relacional, pues, en los otros grupos, también está presente de forma similar o diferente. Posiblemente ello tiene su origen, al menos en parte, en la tradición bancaria española de apoyar sus servicios en una red amplia y densa de oficinas, en las que el trato personal entre clientes y empleados está muy extendido y asentado. Sin embargo, esas interrelaciones amplias y duraderas adoptan distintas formas, como se pone de manifiesto en los resultados del epígrafe anterior.

Es particularmente revelador, en ese sentido, el análisis llevado a cabo de los costes y el poder de mercado. En él se constata que la tecnología relacional es costosa, en particular, cuando se considera el lado del pasivo, aunque, como indican los indicadores frontera, no necesariamente ineficiente. Concretamente, dados los bajos tipos de interés existentes, el margen absoluto de las operaciones con depósitos es prácticamente inexistente en los últimos años, e, incluso, negativo en algunos casos. Ese resultado plantearía un interrogante sobre la racionalidad de los bancos en las actividades de depósito si estuvieran aisladas de las demás que ellos mismos realizan, dado que existiría la alternativa de captar fondos por otras vías, aunque quizá más costosas y más inciertas en cuanto al nivel de los tipos de interés a medio y largo plazo, pero con muy bajos costes operativos unitarios. La respuesta a esa cuestión es que, en realidad, las empresas bancarias consideran vinculados los márgenes de depósitos y créditos porque se relacionan con los clientes simultáneamente en varios mercados y de manera duradera.

La necesidad de considerar el comportamiento de los bancos desde esta perspectiva es mayor en las empresas del grupo 1, en el que se incluyen los grandes bancos, pues, aunque por la estructura de su balance y en el uso de factores productivos podría parecer que realizan con menor intensidad la banca relacional, también se caracterizan por una estrategia de precios mediante la cual se vincula la actividad del pasivo con la del activo.

Que esta asimetría de márgenes se plantee no sólo en los grupos 2 y 3, lo que, a priori, se catalogarían como más relacionales, sino que aparezca con fuerza en el grupo 1 tiene interés dado que se trata de los bancos más orientados a la financiación empresarial y a los ahorradores con saldos de mayor dimensión. Según la explicación propuesta, en estas empresas bancarias también son importantes las actividades basadas en relaciones múltiples y duraderas con la clientela, aunque, al parecer, operan más mediante subvenciones cruzadas entre productos y menos mediante la dedicación intensa de recursos relacionales típica de la banca minorista.

Dado que, para muchos clientes, las relaciones con el banco se producen tanto por el lado del activo como del pasivo, parece conveniente considerar el índice de Lerner tras agregar los efectos de lo que sucede en los mercados de depósitos y créditos. Cuando así se hace, se observa cómo el poder de mercado para el conjunto de actividades bancarias de créditos y depósitos se ha reducido considerablemente, con el consiguiente aumento del bienestar social que de ello se deriva.

Estos resultados tienen implicaciones interesantes para el debate sobre la competencia y las estrategias bancarias. La primera es que, en un contexto de fuertes caídas de los tipos de interés, el mantenimiento de los márgenes relativos requiere reducciones proporcionales de los costes y márgenes absolutos. Esta absorción de las consecuencias de la caída de tipos por las entidades sería una señal de competencia intensa. Esta valoración es distinta de la que se ha realizado en otros trabajos que consideran fundamentalmente indicadores agregados de la actividad bancaria (Fernández de Guevara, Maudos y Pérez 2005), pero, según lo señalado, esa aproximación ignora lo que pasa simultáneamente en el mercado de depósitos, donde serían los clientes los que estarían ganando poder de mercado.

La segunda implicación es que, aunque los distintos grupos se diferencian en sus características y estrategias, éstas no se traducen claramente en ventajas en cuanto a poder de mercado, sobre todo, cuando se observa la tendencia a la reducción del índice de Lerner en todos los grupos, que ha sido muy intensa. Este resultado concuerda de nuevo con la hipótesis de intensa competencia en el sector, pues, en esas circunstancias, todas las entidades se ven obligadas a comportarse de manera eficiente. En efecto, el análisis de los niveles de eficiencia en costes realizado también indica que, en general, son elevados y similares entre los grupos considerados.

Apéndice

CUADRO 4.A.1: **Empresas incluidas en cada *cluster* en 2004**

***Cluster* 1: grandes bancos**	Deutsche Bank S.A.E.	Banco Popular Español
	Banco Guipuzcoano	General Electric Capital Bank
	Banif, Banco	Banco Santander Central Hispano
	Citibank España, S.A.	Banco de Crédito Local de España
	Bankinter	Popular Banca Privada
	Banco Espirito Santo	Banco Bilbao Vizcaya Argentaria, S.A.
	Banco de la Pequeña y Mediana Empresa	Barclays Bank
	Sabadell Banca Privada	Banco Español de Crédito
	Banco de Finanzas e Inversiones	C. de Ahorros de Galicia
	Banco Urquijo	
***Cluster* 2: banca regional**	Banco de Andalucía	Monte de Piedad y C. de Ahorros de Huelva y Sevilla
	Banco Etcheverría	C. de Ahorros y Monte de Piedad de Extremadura
	Banca March	C. de Ahorros Provincial de Gipuzkoa y San Sebastian
	Banco Pastor	Unicaja
	Banco de Castilla	C. de Ahorros de Castilla La Mancha
	Banco de Vasconia	C. San Fernando Sevilla y Jerez
	Banco de Galicia	CajaSur
	Banco Gallego	C. de Ahorros y Pensiones de Barcelona
	Banco Simeón	C. de Ahorros de Cataluña
	Banco de Valencia	C. de Ahorros del Mediterráneo
	Banco de Sabadell	C. de Ahorros y Monte de Piedad de Madrid
	Monte de Piedad y C. de Ahorros de Badajoz	C. de Ahorros de Salamanca y Soria-Caja Duero
	C. de Ahorros Municipal de Burgos	C. de Ahorros y Monte de Piedad de Navarra
	C. de Ahorros Provincial de Girona	C. de Ahorros de Vigo, Ourense e Pontevedra-Caixanova
	C. General de Ahorros de Granada	C. de Ahorros de Valencia, Castellón y Alicante-Bancaja
	C. de Ahorros Provincial de Guadalajara	Caja Rural Central de Orihuela
	C. de Ahorros de Manresa	Caja de Crédito del Colegio de Ingenieros Industriales de Cataluña
	C. de Ahorros Layetana	Caja Laboral Popular

CUADRO 4.A.1 *(cont.)*: **Empresas incluidas en cada *cluster* en 2004**

***Cluster* 2: banca regional** *(cont.)*	C. de Ahorros de Murcia	Caixa Rural Galega
	C. de Ahorros de Sabadell	Caja Rural de Toledo
	C. de Ahorros y Monte de Piedad de Segovia	Caja Rural del Duero
	C. de Ahorros Provincial de Tarragona	Ipar Kutxa Rural, Caja Rural Vasca
	C. de Ahorros de Terrassa	Caja Rural de la Valencia Castellana
	C. de Ahorros del Penedés	Caja Abogados
	C. de Ahorros y Monte de Piedad de Zaragoza, Aragón y Rioja	Caja Rural Provincial de Las Palmas
	C. de Ahorros de la Inmaculada de Aragón	Caja de Arquitectos
	C. de Ahorros y Monte de Piedad de Ávila	Caja Rural Intermediterránea
	Bilbao Bizkaia Kutxa	Caja Rural del Sur
	C. España de Inversiones	
	C. de Ahorros y Monte de Piedad	Caja Rural Aragonesa y de los Pirineos
	C. de Ahorros de Álava y Vitoria	
***Cluster* 3: banca local**	Banco Condal	Caja Rural «San Vicente Ferrer» de Vall Uxó
	Banco de Crédito Balear	Caja Rural «Ntra. Sra. Del Campo» de Cañete de Las Torres
	Banco Depositario BBV	Caixa Rural de Callosa d'en Sarrià
	Banca Pueyo	Caja Rural Católico Agraria de Villarreal
	C. de Ahorros y Monte de Piedad de C.C.O. de Burgos	Caja Rural «San Isidro» de Vall Uxó
	C. de Ahorros de La Rioja	Caja Rural «San José» de Burriana
	C. de Ahorros Comarcal de Manlleu	Caja Rural «San José» de Alcora
	C. de Ahorros y Monte de Piedad de Ontinyent	Caja Rural Castellón-S. Isidro
	C. de Ahorros de Asturias	Caja Rural «Ntra. Madre Del Sol» de Adamuz
	C. de Ahorros y Monte de Piedad de las Baleares	Caja Rural Comarcal de Mota del Cuervo
	C. Insular de Ahorros de Canarias	Caixa Rural D'Algemesí
	C. de Ahorros de Pollença	Caja Rural de Torrente
	C. General de Ahorros de Canarias	Caja Rural «San Jaime» de Alquerías Niño Perdido
	C. de Ahorros de Santander y Cantabria	Caja Rural de Cheste
	C. Provincial de Ahorros de Jaén	Caja Rural de Turis

CUADRO 4.A.1 *(cont.)*: **Empresas incluidas en cada *cluster* en 2004**

Cluster 3: **banca local** *(cont.)*	Caja Rural de Almendralejo	Caja Rural de Casas Ibáñez
	Caja Rural de Gijón	Caja Rural de La Roda
	Caja Rural de Extremadura	Caja Rural «San José» de Almassora
	Caja Rural Provincial de Salamanca	Caja Rural «Ntra. Sra. Esperanza» de Onda
	Caja Rural de Soria	Caja Rural «San José» de Nules
	Caja Rural «San Agustín» de Fuente Álamo	Caja Rural de Casinos
	Caja Rural de Utrera	Caja Rural de Betxí
	Caja Rural de Fuentepelayo	Caja Rural de Guissona
	Caja Rural de Granada	Caja Rural de Villamalea
	Caja de Crédito de Petrel, Caja Rural	Caja Escolar de Fomento
	Caixa Rural Altea	Caixa Rural Provincial de Balears
	Caja Rural de Albacete	Caja Rural de Albal
	Caja Rural Provincial de Asturias	Caja Rural de Villar
	Caja Rural de Burgos	Caja Rural de «La Junquera» de Chilches
	Caja Rural de Ciudad Real	Caixa Popular
	Caja Rural Provincial de Córdoba	Caja Rural «San José» de Villavieja
	Caja Rural de Cuenca	Caja Rural «San Fortunato» de Castelldans
	Caja Rural de Jaén	Caixa Rural de Benicarló
	Caja Rural de Tenerife	Caja Rural «San Isidro» de Vilafames
	Caja Rural Provincial de Segovia	Caja Rural «San Isidro» de Cuevas de Vinromá
	Caja Rural de Teruel	Caja Caminos
	Caja Rural de Zamora	Caja Rural «El Salvador» de Vinarós
	Caja Rural «Ntra. Sra. De Guadalupe» de Baena	Caja Rural Alginet
	Caja Rural «San Roque» de Almenara	Caixa Rural «Los Santos De La Piedra» de Albalat dels Sorells
	Caja Rural de l'Alcudia	Credit Valencia, Caja Rural
	Caja Rural de «Ntra. Sra. Del Rosario» de Nueva Carteya	

CUADRO 4.A.1 *(cont.)*: **Empresas incluidas en cada *cluster* en 2004**

	Finanzia, Banco de Crédito
	Bancofar
	Bankoa
	Deustche Bank Credit
***Cluster* 4:**	Arab bank, Plc.
banca de inversión	Banco Popular Hipotecario
	Banco Halifax Hispania
	Finantia Sofinloc, Banco
	The Bank of Tokio-Mitsubishi Ltd.
	Bancopopular-E
	Deixa Banco Local
	Santander Investment Service
	Bancoval
	Banco Árabe Español
	Banco do Brazil
	Banco de la Nación de Argentina
***Cluster* 5:**	Banco Europeo de Finanzas
banca del	Banco Alcalá
interbancario	Banco Cooperativo Español
	Marocainedu Com. Exterieur I, B
	Santander Consumer Finance
	Banco Liberta
	EBN Banco De Negocios
	Confederación Española de Cajas de Ahorros

Bibliografía

AIGNER, Dennis J., C. A. K. LOVELL, y Peter SCHMIDT. «Formulation and Estimation of Stochastic Frontier Production Function Models». *Journal of Econometrics* 6, núm. 1 (1977): 21-37.

ANDERBERG, Michael R. *Cluster Analysis for Applications.* Nueva York, Academic Press: 1973.

BERGER, Allen N., y Gregory F. UDELL. «Small Business Credit Availability and Relationship Lending: the Importance of Bank Organisational Structure». *The Economic Journal* 112 (febrero 2002): 32-53.

— Asli DEMIRGÜÇ-KUNT, Ross LEVINE, y Joseph G. HAUBRICH. «Bank Concentration and Competition: an Evolution in the Making». *Journal of Money, Credit and Banking* 36, núm. 3 (2004): 433-453.

— Nathan H. MILLER, Mitchell A. PETERSEN, Raghuram G. RAJAN, y Jeremy C. STEIN. «Does Function Follow Organizational Form? Evidence from the Lending Practices of Large and Small Banks». *Journal of Financial Economics* 76 (2005): 237-269.

BERLIN, Mitchell, y Loretta J. MESTER. «Deposits and Relationship Lending». *The Review of Financial Studies* 12, núm. 3 (1999): 579-607.

CARBÓ, Santiago, Juan FERNÁNDEZ DE GUEVARA, David B. HUMPHREY, y Joaquín MAUDOS. «Estimating the Intensity of Price and Non-Price in Banking: an Application to the Spanish Case». Documento de Trabajo DT 05-02. Madrid, Fundación BBVA: 2005.

CLAESSENS, Stijn, y Luc LAEVEN. «What Drives Bank Competition? Some International Evidence». *Journal of Money, Credit and Banking* 36, núm. 3 (2004): 563-583.

DEGRYSE, Hans, Nancy MASSCHELEIN, y Janet MITCHELL. «SMEs and Bank Lending Relationships: the Impact of Mergers». *Working Paper Research Series* 46 (mayo de 2004). National Bank of Belgium.

DELGADO, Javier, Daniel PÉREZ, y Vicente SALAS. «Especialización crediticia y resultados en la banca europea». *Estabilidad Financiera* 5 (2002): 273-294.

DEYOUNG, Robert, William C. HUNTER, y Gregory F. UDELL. «The Past, Present, and Probable Future for Community Banks». *Journal of Financial Services Research* 25-2/3 (2004): 85-113.

FERNÁNDEZ DE GUEVARA, Juan. «Operaciones fuera de balance en el sistema bancario español». *Revista de Economía Aplicada* 25 (2001): 209-221.

—. «Diversificación de negocio y estructura de ingresos de las entidades de depósito». *Perspectivas del Sistema Financiero* 80, núm. 3 (2004): 35-56.

—, Joaquín MAUDOS, y Francisco PÉREZ. «Market Power in European Banks». *Journal of Financial Services Research* 27, núm. 2 (2005): 109-137.

—, Joaquín MAUDOS, y Francisco PÉREZ. «Integration and Competition in the European Financial Markets». *Journal of International Money and Finance.* En prensa, 2007.

FREIXAS, Xavier, y J-Ch. ROCHEL. *Microfoundations of Banking.* Camridge, Mass.: The MIT Press, 1997.

JONDROW, James, C. A. K. LOVELL, Ivan S. MATEROV, y Peter SCHMIDT. «On the Estimation of Technical Inefficiency in the Stochastics Frontier Production Models». *Journal of Econometrics* 19 (1982): 233-238.

MARTÍN-OLIVER, Alfredo, Vicente SALAS-FUMÁS, y Jesús SAURINA. «A Test of the Law of One Price in Retail Banking». Documento de trabajo, núm. 0530. Madrid: Banco de España, 2005.

MAUDOS, Joaquín, y Francisco PÉREZ. «Competencia *vs.* poder de mercado en la banca española». *Moneda y Crédito* 217 (2003): 139-166.

MAUDOS, Joaquín, y Juan FERNÁNDEZ DE GUEVARA. «Factors Explaining the Interest Margin in the Banking Sectors of the European Union». *Journal of Banking and Finance* 28/9 (2004): 2.259-2.281.

—, y Juan FERNÁNDEZ DE GUEVARA. «The Cost of Market Power in Banking: Social Loss vs. Inefficiency Cost». Journal of Banking and Finance, en prensa (2006).

MAUDOS, Joaquín, José Manuel PASTOR, Francisco PÉREZ, y Javier QUESADA. «Cost and Profit Efficiency in European Banks». *Journal of International Financial Markets, Institutions and Money* 12 (2002): 33-58.

MEEUSEN, Wim, y Julien van den BROECK. «Efficiency Estimation from Cobb-Douglas Production Functions with Composed Error». *International Economic Review* 18 (1977): 435-444.

OROZ, María, y Vicente SALAS. «Competencia y eficiencia en la intermediación financiera en España: 1977-2001». *Moneda y Crédito* 217 (2003): 73-99.

PÉREZ, Francisco, y Emili TORTOSA-AUSINA. «Product Mix of the Spanish Banking Firms: Do Competition Clubs Exist?». En E. P. M. Gardener y P. C. Verslujis, eds. *Bank Strategies and the Challenges in the New Europe.* Nueva York: Ed. Palgrave Macmillan, 2001. Cap. 8: 139-163.

—, y Emil: TORTOSA-AUSINA. «Product Mix Clubs, Divergence and Inequality of Spanish Banking Firms». *Applied Financial Economics* 12 (2002): 431-445.

SÁNCHEZ SÁEZ, José María, y Teresa SASTRE DE MIGUEL. «¿Es el tamaño un factor explicativo de las diferencias entre entidades bancarias?». Documento de Trabajo, núm. 9.512. Madrid: Banco de España, 1995.

5. Coste de la financiación empresarial, banca relacional y competencia bancaria: evidencia del caso español

Manuel Illueca Muñoz
Joaquín Maudos Villarroya
Universidad de Valencia e Ivie

EL sistema financiero constituye uno de los ámbitos en los que las relaciones económicas se producen en condiciones que hacen que la existencia de capital social sea relevante —por tratarse de relaciones duraderas y complejas en un contexto de información incompleta e incertidumbre—. Por consiguiente, resulta de interés explorar qué posibilidades y particularidades presenta el estudio del capital social en un aspecto del sistema financiero donde la relación de confianza es fundamental: la banca relacional.

El concepto de banca relacional (o préstamo relacional —*relationship lending*— cuando el análisis se circunscribe al ámbito del préstamo bancario) puede ser definido como «un contrato implícito a largo plazo entre un banco y su deudor. Debido a la producción de información y a la existencia de interacciones repetitivas con el prestatario a lo largo del tiempo, la banca relacional acumula información privada, estableciéndose lazos estrechos entre el prestamista y el prestatario» (Elsas 2004).

Por tanto, como se ha puesto de manifiesto en el capítulo 2 de la monografía, la banca relacional conlleva una inversión en información por parte del banco, la apropiación y uso monopolístico de la información privada que se obtiene tras la inversión, y la existencia de interacciones múltiples en la relación.

Las operaciones crediticias imponen a los bancos, cajas de ahorros y demás intermediarios financieros unos costes de supervisión y control que éstos intentan trasladar a los prestatarios incrementando los tipos de interés y/o restringiendo la oferta de fondos prestables. En estas condiciones, dos compañías con iguales características pueden enfrentarse a distintos tipos de interés si los costes derivados de la monitorización de sus préstamos son distintos como consecuencia de la existencia de una relación duradera y de confianza. En consecuencia, la relación que se establece entre el prestario y el banco puede crear beneficios en forma de menores tipos de interés de la financiación concedida o mayor disponibilidad de la misma, así como en forma de una menor exigencia de garantías y menores fluctuaciones de los tipos de interés *(intertemporal smoothing)*. Así, la teoría de la banca relacional está basada en la idea de que la existencia de una relación estrecha entre los bancos y los prestatarios puede ser económicamente beneficiosa, habiéndose centrado los trabajos empíricos en valorar las consecuencias de la existencia de las relaciones bancarias principalmente sobre el coste de la financiación y sobre la disponibilidad de crédito.

La propia definición manejada de banca relacional muestra elementos comunes con el concepto de capital social, tal y como se ha comentado pormenorizadamente en los capítulos anteriores de la monografía. Así, según la definición de capital social propuesta por el SCIG (2001), el capital social es fruto de las relaciones sociales y consiste en la expectativa de beneficios derivados del trato preferencial entre individuos. En el caso de la banca relacional, la relación banco-prestatario también genera un valor económico que puede traducirse en un menor coste de la financiación y/o en mayor disponibilidad de crédito. Además, en las relaciones bancarias, la confianza se genera gracias a la existencia de relaciones múltiples y duraderas a partir de las cuales se genera confianza, siendo este elemento común al concepto de capital social.

Los fundamentos teóricos de la banca relacional que se han descrito en el capítulo 2 de la monografía justifican las variables que aproximan la banca relacional en los trabajos empíricos. Así, las variables *proxy* más comúnmente utilizadas (Elsas 2004) son:

a) la duración de la relación banco-prestatario (Petersen y Rajan 1994; Berger y Udell 1995; Ongena y Smith 2000), ya que la duración refleja el grado de intensidad de la relación y permite acumular información privada a lo largo del tiempo;

b) el número de bancos con los que opera la empresa (número de relaciones bancarias), basado en la premisa de que mantener una sola relación promueve el desarrollo de lazos estrechos entre el banco y el prestatario;

c) la proporción de la financiación bancaria sobre el total de deuda —ya que es de esperar una mayor importancia de la banca relacional conforme aumenta el peso de la financiación bancaria;

d) el número de productos/servicios bancarios contratados con un solo banco.

En este contexto, el objetivo del trabajo es analizar el efecto de la banca relacional sobre el coste de la financiación de las empresas españolas. El trabajo se centra exclusivamente en el efecto sobre el coste de la financiación como consecuencia de la carencia de información adecuada para aproximar las restricciones financieras de las empresas. Asimismo, la banca relacional se aproxima a través del número de relaciones bancarias, dada la inexistencia de información para el resto de variables *proxy* de la banca relacional.

El análisis del caso español reviste interés por varios motivos. En primer lugar, porque no existe, que sepamos, ningún trabajo publicado que haya aportado evidencia sobre el mismo. En segundo lugar, por el elevado peso de la financiación bancaria y, en consecuencia, por la importancia de la banca relacional como tecnología crediticia a utilizar por los bancos para conceder préstamos. Y, en tercer lugar, por la importancia relativa de las pequeñas y medianas empresas (pymes) en la economía española, siendo este tipo de empresas las más dependientes de la financiación bancaria en las que están más presentes los problemas de información asimétrica en la relación prestamista-prestatario.

Además de analizar el efecto de la banca relacional, el trabajo también centra la atención en el efecto de determinadas características bancarias sobre el coste de la financiación. En concreto, se contrasta si un mayor poder de mercado por parte de los bancos, así como una menor eficiencia en su gestión, se traslada a la financiación concedida en forma de un mayor tipo de interés. La novedad del trabajo en el análisis de la competencia bancaria es que se utiliza un indicador directo de competencia/poder de mercado dadas las limitaciones que presentan los indicadores estructurales basados en la concentración de los mercados. Además, a diferencia de todos los trabajos que analizan el efecto de la competencia sobre las condiciones financieras de los préstamos, en nuestro caso, la competencia bancaria se mide a nivel de banco (no de mercado), lo que, teniendo en cuenta que disponemos de información de los bancos que operan con cada empresa, permite construir un indicador de competencia basado en el poder de mercado que ejercen los bancos que, efectivamente, mantienen relaciones bancarias con la empresa analizada.

Los resultados obtenidos confirman que la banca relacional ofrece beneficios a las empresas en términos de coste de la financiación, ya que las empresas que trabajan con un mayor número de bancos soportan un mayor coste. Además, los resultados muestran que los bancos más eficientes y con menor poder de mercado trasladan su mayor competitividad a los prestatarios en forma de un menor coste de la financiación concedida. Por consiguiente, relacionarse básicamente con un banco que es eficiente resulta doblemente ventajoso para la empresa financiada. Ahora bien, en relación al efecto de la competencia bancaria, el resultado es diametralmente el contrario cuando la competencia se aproxima —al igual que la mayoría de trabajos sobre banca relacional—, por la concentración del mercado bancario donde se ubica la empresa prestataria, lo que muestra los problemas que pueden presentar tanto el uso de medidas de competencia basadas en la concentración como las conclusiones obtenidas en los trabajos sobre competencia bancaria y banca relacional que utilizan la concentración como medida de competencia.

Además de esta introducción, la estructura del capítulo es la siguiente. En el epígrafe 5.1 se realiza un panorama de la literatura existente sobre los determinantes del coste de la financiación bancaria centrado en dos aspectos:

a) en el efecto de la banca relacional;

b) en la influencia del comportamiento de los bancos con los que se relaciona la empresa y, más concretamente, en el ejercicio de poder de mercado y en la eficiencia en la gestión.

El epígrafe 5.2 describe la metodología utilizada para la medición de la competencia y la eficiencia bancaria. En el epígrafe 5.3 se describen las fuentes de información, la composición de la muestra, la construcción de las variables utilizadas, así como los principales estadísticos descriptivos de las variables. El epígrafe 5.4 presenta los resultados de los determinantes del coste de la financiación bancaria. Finalmente, el epígrafe 5.5 contiene las conclusiones e implicaciones de política económica del trabajo.

5.1. Coste de la financiación, banca relacional y características bancarias: revisión de la literatura

5.1.1. Coste de la financiación y banca relacional

Uno de los trabajos más influyentes que ha analizado el efecto de la banca relacional sobre el coste de la financiación de las empresas es el de Petersen y Rajan (1994). Según una muestra de 3.404 pymes americanas con menos de 500 trabajadores, dichos autores constatan que los beneficios de las relaciones bancarias operan, principalmente, a través de cantidades (disponibilidad de financiación bancaria) en lugar de precios (tipo de interés de los préstamos). Como *proxy* de las relaciones bancarias utilizan las variables «duración de la relación», «contratación de otros productos/servicios bancarios» y «número de relaciones bancarias». Concretamente, los principales resultados en términos del coste de la financiación son:

1. la duración de la relación bancaria tiene un impacto escaso sobre el tipo de interés;
2. el tipo de interés es más pequeño (aunque la diferencia no es significativa) cuando el prestamista suministra a la empresa más productos/servicios bancarios;
3. el número de relaciones bancarias afecta positivamente al coste de la financiación.

En términos de disponibilidad de fondos, los resultados muestran que el racionamiento de crédito:

1. disminuye con la duración de la relación.
2. disminuye con el número de productos/servicios bancarios contratados.
3. aumenta con el número de relaciones bancarias.

Berger y Udell (1995) analizan el efecto de la banca relacional sobre las condiciones crediticias aplicadas a las pequeñas empresas americanas. Los resultados muestran que los prestatarios con relaciones bancarias más duraderas se benefician de un menor coste de la financiación y que los bancos acumulan información privada que utilizan para redefinir las condiciones crediticias.

Utilizando la misma fuente de información que Petersen y Rajan (1994, 1995), y Berger y Udell (1995) y Cole (1998) analiza los factores explicativos de la decisión de un banco de extender o denegar un crédito, centrándose, sobre todo, en la importancia de la existencia de relaciones anteriores entre el banco y el prestatario, así como la duración de la relación. Los resultados indican que la existencia de una relación previa es un factor relevante a la hora de explicar la decisión del banco. Además, la probabilidad de ampliar el crédito decrece con el número de fuentes de servicios financieros utilizados por la empresa, porque la existencia de relaciones múltiples disminuye el valor de la información privada generada por el prestamista potencial. En general, los resultados avalan las teorías de la intermediación financiera que postulan que las relaciones bancarias generan valor a través de la información privada que aporta la relación con los clientes bancarios.

Para el caso concreto de las empresas alemanas, los trabajos de Elsas y Krahnen (1998) y Harhoff y Körting (1998) han analizado el papel de la banca relacional sobre el coste de la financiación bancaria y sobre las garantías o colaterales exigidos para la obtención de financiación. En concreto, Elsas y Krahnen (1998), utilizando una muestra de préstamos concedidos por cinco grandes bancos alemanes, comparan la política crediticia de los llamados *housebanks* (concepto de banco estrechamente relacionado con la idea de banca relacional) y el resto de bancos. Sus resultados muestran que los *housebanks* suministran un seguro de liquidez en situaciones de deterioro de la calidad del prestatario, si bien no encuentran evidencia favorable a que los tipos de interés difieran según el tipo de banco.

El trabajo de Harhoff y Körting (1998) examina empíricamente el papel de las relaciones bancarias a la hora de determinar el coste de la financiación y los requerimientos de garantías (colateral) de las pymes (menos de 500 trabajadores) alemanas. Los resultados muestran que, si bien las variables *proxy* de las relaciones bancarias (duración de la relación, número de relaciones y valoración de los gestores de las empresas sobre la existencia de confianza mutua con los bancos) tienen cierta influencia sobre el coste de la financiación, la influencia es mucho mayor sobre la exigencia de colateral y la disponibilidad de financiación externa.

Para el caso de las empresas belgas, Degryse y Cayseele (2000) analizan el impacto de diferentes medidas de banca relacional sobre las condiciones crediticias, tanto en términos de precios (tipo de interés) como de cantidades (disponibilidad de financiación externa). La evidencia que obtienen estos autores según 17.429 contratos realizados a pequeñas empresas por uno de los mayores bancos belgas muestra dos efectos contrapuestos. Así, si bien el coste de la financiación aumenta con la duración de la relación bancaria, disminuye conforme aumenta el alcance de la relación (aproximada por la compra de otros productos bancarios por parte de la empresa). En términos netos, los resultados revelan que la tasa a la que crece el tipo de interés con la duración es menor cuanto mayor es el alcance de la relación. Los resultados también muestran que los requerimientos de colateral disminuyen con la duración y alcance de la relación.

Para el caso italiano, Angelini, Di Salvo, y Ferri (1998) proporcionan evidencia de los efectos de las relaciones bancarias sobre el coste y disponibilidad de crédito en una muestra de pequeñas empresas (10 trabajadores de media), así como la posible existencia de un efecto diferencial relacionado con la naturaleza local y/o cooperativa de las empresas bancarias. En términos del coste de la financiación bancaria, los resultados son ambiguos. Así, si bien una mayor duración de la relación bancaria está asociada a mayores tipos de interés para préstamos concedidos por bancos no-cooperativos, la duración no tiene efectos significativos en el caso de los préstamos concedidos por las cooperativas de crédito a sus socios. En términos de restricciones de liquidez, la evidencia muestra que las restricciones son menos frecuentes en las empresas que obtienen financiación de un menor número de bancos.

También en el caso italiano D'Auria, Foglia, y Reedtz (1999) aportan evidencia de que la banca relacional suministra crédito a un menor coste y que la competencia bancaria ayuda a reforzar el compromiso entre el banco y el prestatario. Más concretamente, y a partir de las relaciones existentes durante ocho años entre 2.300 grandes empresas y 83 bancos, los resultados indican que, cuanto mayor es la intensidad de la relación entre prestamista y prestatario (aproximado por el volumen de crédito concedido y por la cuota de cada banco en el total de créditos de una empresa), menor es el tipo de interés de los préstamos concedidos.

En resumen, de los ocho trabajos referenciados que analizan el efecto de la banca relacional sobre el coste de la financiación, en tres, la evidencia confirma claramente las ventajas de la banca relacional en términos de un menor tipo de interés en los préstamos concedidos, no encontrándose efectos significativos en el resto de trabajos. En consecuencia, la ventaja asociada a la existencia de relaciones bancarias duraderas es una hipótesis que debe dilucidarse en la vertiente empírica.

5.1.2. Coste de la financiación, competencia y eficiencia bancaria

El número de relaciones bancarias puede ser interpretado como un indicador de la intensidad de la relación banco-prestatario pero, también, como un indicador de competencia entre bancos prestamistas. Pero, adicionalmente, el grado de rivalidad competitiva existente en los mercados bancarios (aproximado habitualmente por la concentración del mercado) y/o el grado de poder de monopolio que puede ejercer el banco prestamista también son indicadores del grado de competencia bancaria que puede afectar al coste de la financiación. Por tanto, además del efecto de la intensidad y duración de las relaciones bancarias, diversos trabajos se han preocupado por analizar el efecto de la competencia existente en los mercados bancarios sobre los términos de la financiación concedida.

Uno de los trabajos que más influencia posterior ha tenido en el análisis del efecto de la competencia bancaria en la determinación del valor de la relación que se establece entre el banco y la empresa prestataria es el de Petersen y Rajan (1995). Para ello, los autores presentan un modelo teórico que enfatiza la importancia del poder de mercado de los bancos a la hora de prestar a las empresas de peor calidad. Los resultados empíricos referidos a una muestra de pymes americanas muestran que

a) las empresas situadas en mercados bancarios más concentrados están menos sometidas a problemas de racionamiento de crédito;
b) la influencia de la edad de la empresa difiere según el grado de concentración de los mercados bancarios.

Así, las empresas situadas en mercados más concentrados se benefician de un menor coste de la financiación, si bien la reducción de dicho coste con la antigüedad de la empresa es menor cuanto mayor es la concentración. Este resultado confirma la implicación del modelo teórico de que las empresas que actúan en mercado bancarios concentrados inicialmente pagan un menor tipo de interés si bien la reducción del coste con la edad es menor cuanto mayor es la concentración. El trabajo de

Petersen y Rajan (1995) también demuestra teóricamente que, cuando los mercados de crédito son competitivos, los bancos tienen menos incentivos en invertir en banca relacional, ya que los bancos menos competitivos tienen más incentivos para invertir en información blanda *(soft information)*.[1] En consecuencia, mercados menos competitivos pueden estar asociados a una mayor disponibilidad de crédito.

D'Auria, Foglia, y Reedtz (1999) analizan dos dimensiones de la influencia de la intensidad de la competencia bancaria sobre el coste de la financiación. Por un lado, analizan el efecto de la rivalidad competitiva de los mercados aproximando el grado de competencia a través de la concentración (índice de Herfindahl-Hirschman) en los principales mercados locales (las cuatro áreas geográficas principales de Italia) de préstamos. Por otro lado, introducen adicionalmente como variable explicativa del coste de la financiación bancaria el número de bancos con los que se relaciona la empresa, con lo que se contrasta la *hold-up hypothesis* que establece que, cuanto menor sea el número de bancos con los que se relaciona la empresa, mayor será el poder de mercado de los bancos para establecer un tipo de interés más elevado en los préstamos concedidos. Los resultados muestran que la concentración de los mercados bancarios afecta positivamente al coste de la financiación y que el número de relaciones bancarias lo disminuye, confirmando esto último el beneficio de la competencia entre un mayor número de oferentes de financiación y lo primero, la existencia de *hold-up*.

También el trabajo de Angelini, Di Salvo, y Ferri (1998) incluye como variable de control un indicador de competencia en los mercados locales de crédito (el índice de Herfindahl-Hirschman en depósitos y/o en préstamos, alternativamente) a la hora de explicar el coste de la financiación bancaria. Sus resultados indican que la concentración no es una variable estadísticamente significativa, contrastando, por tanto, con la evidencia aportada por Petersen y Rajan (1995). Los autores justifican la discrepancia de resultados por el hecho de que los mercados italianos analizados son geográficamente más pequeños que los utilizados en Petersen y Rajan (1995).

---

[1] Alternativamente, el modelo teórico de Boot y Thakor (2000) sugiere que los mercados competitivos favorecen la banca relacional en el sentido que disminuyen las restricciones financieras promoviendo la disponibilidad de crédito.

Degryse y Ongena (2005) estudian los efectos sobre el coste de la financiación bancaria de la distancia geográfica entre la empresa y el banco prestamista, por un lado, y entre la empresa y los bancos competidores, por otro. Como variables de control introducen el efecto de la competencia bancaria utilizando como variables *proxies* el número de oficinas de los competidores y el índice de concentración de Herfindahl. En el primer caso no encuentran resultados significativos, mientras que, en el caso de la concentración, su efecto sobre el coste de la financiación es positivo y significativo.

Otra de las áreas de la economía bancaria que ha recibido gran atención en los últimos años es el análisis de la eficiencia en la gestión gracias, en parte, al desarrollo de aproximaciones frontera al análisis de la eficiencia-X. En general, el abundante número de estudios hasta ahora realizado muestra la importancia de las ineficiencias-X (en torno al 10-15% de los costes), así como su capacidad explicativa de las diferencias de resultados de las entidades bancarias. Sin embargo, un aspecto que ha sido menos estudiado es el efecto de la eficiencia bancaria sobre el precio de la financiación. Así, sería de esperar que, dadas unas condiciones competitivas, cuanto mayor sea la eficiencia en costes de un banco, menor sea el tipo de interés aplicado en los préstamos concedidos y, en consecuencia, menor el margen de intermediación.

5.2. Metodología

5.2.1. La medición de la competencia en los mercados bancarios

En todos los trabajos empíricos analizados que estudian la importancia de la banca relacional, la intensidad de la competencia bancaria se aproxima a través de un índice de la concentración del mercado (generalmente el índice de Herfindahl-Hirschman). También en el modelo teórico de Boot y Thakor (2000) se utiliza el número de bancos y, por extensión, el grado de concentración.

Sin embargo, en paralelo, existe un abundante y reciente número de trabajos que muestran las limitaciones que tiene aproximar la intensidad de la competencia bancaria a través de medidas de concentración de los mercados. Así, la teoría de los mercados atacables *(contestable markets)* demuestra que el resultado de la competencia perfecta puede encontrase incluso en situaciones de mercados altamente concentrados (piénsese, por ejemplo, en la paradoja de Bertrand) y que un acuerdo colusivo puede alcanzarse con un elevado número de empresas. Por tanto, el comportamiento más o menos competitivo de los bancos no está necesariamente relacionado con el número de competidores y/o con la concentración del mercado.

En la vertiente empírica estudios recientes también han mostrado lo inadecuado que puede resultar utilizar la concentración como indicador de competencia (Berger et al. 2004; Maudos y Fernández de Guevara 2004; Fernández de Guevara et al. 2005; Claessen y Laeven 2004; entre otros).

Por estos motivos, y con objeto de solventar las limitaciones que conlleva la utilización de medidas estructurales de competencia basadas en la concentración de los mercados, en el ámbito de la economía bancaria se utilizan diversos instrumentos de competencia procedentes de la llamada «nueva organización industrial empírica» *(new empirical industrial organization):* el índice de Lerner (Maudos y Fernández de Guevara 2004; Fernández de Guevara, Maudos, y Pérez 2005, 2007), la estimación del test de Bresnahan (Shaffer 1989, 1993; Shaffer y Disalvo 1994; Neven y Röller 1999), o el test de Panzar y Rosse (Molyneux, Lloyd-Williams, y Thornton 1994; De Bandt y Davis 2000; Nathan y Naeve 1989; Bikker y Haaf 2002; Maudos y Pérez 2003; Claessens y Laeven 2005).

En nuestro caso, la medición de la competencia se realiza a través del índice de Lerner de poder de mercado por un motivo fundamental. A diferencia del resto de instrumentos de competencia, el índice de Lerner permite aproximar el poder de mercado de cada banco, por lo que podemos analizar el efecto del poder de mercado del banco o bancos con los que se relaciona la empresa prestataria sobre el coste de la financiación recibida. Por tanto, además de solventar los problemas que puede presentar la utilización de medidas de concentración, nos permite medir, de forma más precisa, el efecto del poder de mercado que ejerce un banco sobre el coste de la financiación que otorga a la empresa prestataria.

5.2.1.1. El índice de Lerner

La derivación analítica del índice de Lerner en el caso concreto de la empresa bancaria está basada, al igual que en el capítulo 4, en modelos de competencia imperfecta de la familia Monti-Klein.

En estos modelos se analiza el comportamiento de un banco con poder de mercado que se enfrenta a una curva de demanda de préstamos con pendiente negativa $P(r_P)$ y a una curva de oferta de pendiente positiva $D(r_D)$, siendo las variables de decisión el volumen de préstamos y depósitos. Por simplicidad suele asumirse que el capital del banco está dado y que es precio aceptante en el mercado interbancario (r). Como demuestran Freixas y Rochet (1997), el modelo puede interpretarse como un modelo de competencia imperfecta a la Cournot entre un número finito de bancos (N).

De las condiciones de primer orden del problema de maximización de beneficios obtenemos las expresiones del índice de Lerner:

$$\frac{\left[r^*_P - r - cm_P\right]}{r^*_P} = \frac{1}{N\varepsilon_P(r^*_P)} \qquad \frac{\left[r - r^*_D - cm_D\right]}{r^*_D} = \frac{1}{N\varepsilon_D(r^*_D)} \qquad (5.1)$$

donde ε_P y ε_D son las elasticidades de demanda y oferta de préstamos y depósitos, respectivamente. El lado derecho de las expresiones anteriores son la expresión del índice de Lerner de poder de mercado que mide la capacidad de fijar tipos de interés de préstamos (depósitos) por encima (debajo) de los costes marginales como proporción de los precios. Obsérvese que el poder de mercado depende negativamente de la elasticidad de la demanda y del número de bancos competidores (aproximado generalmente por la concentración del mercado). En consecuencia, la ventaja que presenta el índice de Lerner frente a los indicadores de concentración es que capta conjuntamente el efecto de la elasticidad de la demanda y del número de competidores, siendo, por tanto, preferible como indicador de competencia.[2]

El cálculo de los costes marginales necesarios para medir el índice de Lerner se realiza a través de la estimación de una función de costes frontera translogarítmica, donde los costes operativos (c) dependen de dos *outputs* del modelo de intermediación bancaria utilizado (P = préstamos y D = depósitos), dos precios de los *inputs* (w_1 = precio del trabajo y w_2 = precio del capital físico) y del cambio técnico.

---

[2] El modelo podría ampliarse para incorporar un parámetro de variaciones conjeturales que aproximara el tipo de conducta bancaria. En ese caso el índice de Lerner de poder de mercado dependería, además de la concentración y la elasticidad, del parámetro de conducta.

5.2.1.2. El índice de Herfindahl-Hirschman de concentración

Con objeto de contrastar la robustez de resultados y analizar los problemas que pueden presentarse en los trabajos que valoran el efecto de la competencia bancaria sobre el coste del crédito mediante la utilización de indicadores de concentración, en el trabajo utilizaremos el índice de HH (Herfindahl-Hirschman) del mercado bancario (provincia) en el que la empresa prestataria tenga su sede social. Se construye dicho índice a partir de la distribución provincial de la red de oficinas de bancos, cajas y cooperativas de crédito.

Al igual que se hace en otros capítulos de la monografía y en otros estudios referidos al caso español (Maudos 2001; Carbó, Humphrey y Rodríguez 2003; Carbó, López, y Rodríguez 2003), suponemos que el mercado relevante para medir la competencia es el provincial, dado que muchas empresas bancarias (especialmente las de tamaño reducido) sólo tienen presencia en alguna/s provincia/s. Dado que la única información disponible a escala provincial es la distribución de la red de sucursales bancarias en cada mercado, utilizamos la red de oficinas como *proxy* de la actividad bancaria. De esta forma, la concentración bancaria en cada provincia se aproxima a través del índice de HH definido como la suma al cuadrado de las cuotas de mercado de las entidades de depósito (bancos, cajas y cooperativas) con presencia en dicha provincia.

5.2.2. La medición de la eficiencia bancaria

Con objeto de contrastar la influencia de la eficiencia sobre el coste de la financiación bancaria, utilizamos el concepto de eficiencia-X que mide la distancia que separa a un banco de la frontera de costes formada por el *benchmark* de las mejores prácticas observadas del sector. En concreto, utilizamos la aproximación de frontera estocástica propuestas por Aigner, Lovell, y Schmidt (1977) y Meeusen y van den Broeck (1977) que modifica una función de costes estándar asumiendo que la ineficiencia forma parte de un término de error compuesto de dos elementos. El primer componente *(v)* es simétrico y capta el efecto de las perturbaciones aleatorias (errores de medida, buena o mala suerte, etc.). El segundo componente *(u)* es asimétrico y capta la ineficiencia relativa a la frontera de referencia. Como demostraron Jondrow et al. (1982), la estimación del término de ineficiencia puede realizarse a través de la distribución de *u* condicionada al término de error compuesto, siendo lo más frecuente asumir una distribución seminormal. El valor estimado de la ineficiencia se interpreta como el ahorro potencial de costes asociado a la mala gestión.

5.3. Fuentes de información, muestra y variables utilizadas

5.3.1. Fuentes de información y muestra utilizada

Los análisis que se realizan combinan información proveniente de los estados financieros de las empresas españolas y de los balances y cuenta de resultados de las entidades de depósitos españolas (bancos, cajas y cooperativas de crédito). En concreto, las fuentes de información utilizadas son las siguientes:

a) El SABI (Sistema de Análisis de Balances Ibéricos) contiene información de más de 600.000 empresas españolas (adicionalmente hay 60.000 portuguesas) con datos históricos desde 1990. Además de los estados financieros, SABI contiene información sobre la razón social, dirección de ubicación, códigos de actividad, forma jurídica, fecha de constitución, número de empleados, auditores, bancos con los que trabaja la empresa, etc. Si bien la base de datos contiene información histórica de muchas variables, en algunos casos se gana información si se utilizan los CD de años anteriores, siendo éste el caso de los bancos con los que opera la empresa.[3] No obstante, dado que apenas hay información para el año 2004, el último año considerado en el trabajo es 2003, siendo 1996 el primer año analizado.

b) De los anuarios de la AEB (Asociación Española de la Banca), la CECA (Confederación Española de Cajas de Ahorros) y la UNACC (Unión Nacional de Cooperativas de Crédito), se

[3] Por ese motivo, el último CD utilizado hace referencia a abril de 2005, habiéndose utilizado los CD anteriores correspondientes a 2003 (febrero), 2002 (febrero), 2001 (febrero), 2000 (enero), 1999 (abril) y 1998 (septiembre). Los distintos meses utilizados en cada año se debe a la disponibilidad de los CD.

han obtenido los balances y cuentas de resultados de las entidades de depósitos españolas. A partir de dicha información, se ha estimado para cada entidad el indicador de competencia bancaria (índice de Lerner), así como su eficiencia en costes (eficiencia-X).

Como señala la literatura sobre banca relacional, los problemas de información asimétrica que tienen lugar en las relaciones banca-empresa son mayores en el caso de las pequeñas y medianas empresas (pymes). Por ello, el análisis que realizamos en el trabajo está referido a las pymes españolas, utilizando la definición de pyme que emana de la Recomendación de la Comisión Europea 96/280/CW del 3 de abril de 1996 y que en su artículo 1 define a las pymes como empresas de menos de 250 trabajadores, cuyo volumen de negocio anual no exceda de 40 millones de ecus/euros o cuyo balance general anual no exceda de 27 millones de ecus. Por disponibilidad de información, se ha utilizado el límite referido al tamaño del balance para distinguir entre grandes empresas y pymes.

Por distintas razones se consideró razonable eliminar de la muestra las microempresas con activo inferior a un millón de euros.[4] De entrada, la calidad de la información contable es menor en las empresas pequeñas (Dechow y Dichev 2002). De hecho, salvo circunstancias excepcionales, las cuentas anuales de las empresas cuyo activo es inferior a un millón de euros no están auditadas. En este trabajo, tanto la variable a explicar, el coste financiero, como la mayor parte de las variables explicativas se obtienen directamente de las cuentas anuales de las empresas. En estas condiciones, una presencia mayoritaria de microempresas, potencialmente emisoras de información contable de baja calidad, podría distorsionar los resultados del análisis empírico. Por otra parte, muchas de estas compañías son meras sociedades instrumentales, sin actividad, con claves de funcionamiento ajenas a las típicas de una empresa orientada a la producción de bienes y servicios.

[4] En algunos trabajos previos que ha utilizado SABI para contrastar hipótesis sobre las condiciones financieras de las empresas, también se eliminan las microempresas (por ejemplo, Aybar, Casino, y López [2006] eliminan de la muestra las empresas menores de tres millones de euros).

El cuadro 5.1 describe el proceso de depuración de la muestra seguido hasta obtener la muestra finalmente utilizada en este trabajo, compuesta por 42.636 observaciones año-empresa. De las 8.698.374 observaciones año-empresa de compañías españolas no financieras[5] identificadas en el SABI en un primer paso, se eliminaron 8.525.533 porque no cumplían unos requisitos mínimos de disponibilidad de información contable. Los criterios de eliminación impuestos fueron, por este orden: activo total no disponible (se eliminan 5.580.971 observaciones), activo total inferior a un millón de euros (2.418.943 observaciones), o pasivo circulante no desglosado (525.877 observaciones).

CUADRO 5.1: **Proceso de selección de la muestra**

Observaciones año-empresa de compañías españolas no financieras en el SABI (1994-2003)	8.698.374
Observaciones con activo no disponible o < 1 millón € o pasivo circulante no desglosado	(8.525.533)
Observaciones con activo > 27 millones €	(26.192)
Observaciones para las cuales no está disponible el dato en t-1	(31.191)
Observaciones para las cuales no está disponible el dato en t-2	(25.280)
Observaciones con un nivel de deuda inferior al 5% del activo total	(30.376)
Observaciones sin información disponible, o bien acerca del número de relaciones bancarias de la empresa, o bien acerca de la eficiencia media o el poder de mercado de los bancos con los que opera	(15.151)
Observaciones sin información disponible sobre las variables de control	(155)
Observaciones extremas del coste de la deuda (>25%)	(1.860)
Observaciones de la muestra final	42.636

Dado que el trabajo se centra en las condiciones financieras de las pymes, se eliminaron, además, las compañías con activo superior a 27 millones de euros (este filtro eliminó 26.192 observaciones). Además, las características del modelo econométrico utilizado para contrastar las hipótesis planteadas en este estudio obligaron a eliminar las observaciones correspondientes al año t y empresa i para las cuales no hubiera información disponible en $t-1$ y $t-2$ para la misma empresa i (de este modo, se eliminaron 56.471 empresas). Por otra parte, puesto que el análisis de los determinantes del coste fi-

[5] Las entidades financieras y de seguros, así como las inmobiliarias, fueron excluidas de la muestra.

nanciero tiene únicamente sentido para aquellas empresas que tienen cierta cantidad de deuda, se exigió a las observaciones de la muestra un nivel de deuda mínimo del 5% sobre el activo total (este criterio supuso eliminar 30.376 observaciones adicionales).

Dado que el objetivo fundamental de este trabajo es analizar las relaciones entre el coste financiero de la empresa, el número de relaciones bancarias y la eficiencia y poder de mercado de los bancos con los que operan las empresas, se han eliminado las observaciones para las cuales no hubiera información sobre los bancos con que opera la empresa o, existiendo información al respecto, no fuera posible calcular la eficiencia o el poder de mercado de estos bancos (este filtro eliminó 15.151 observaciones). También se eliminaron 155 observaciones año-empresa para las cuales no era posible calcular alguna de las variables de control del modelo econométrico estimado en el trabajo. Finalmente, se eliminaron las observaciones extremas de la variable dependiente del modelo, el coste de la deuda, entendiendo por extremas aquellas que superan el 25% (este filtro eliminó 1.860 observaciones adicionales).

El cuadro 5.2 ofrece información acerca de la composición de la muestra por sectores de actividad. El sector más representado en la muestra es de los servicios (52% de las observaciones año-empresa, de los que una parte muy importante —37 puntos porcentuales— corresponde al comercio), seguido de la industria (45,2% de las observaciones). La agricultura y la energía representan conjuntamente el 3% de las observaciones. En el cuadro se aprecia que la importancia relativa de los distintos sectores es relativamente constante a lo largo del período analizado.

5.3.2. Características económico-financieras de las pymes españolas

El cuadro 5.3 pone de manifiesto que las empresas de la muestra tienen un activo total medio en torno a 8,5 millones de euros y una cifra neta de negocios (ventas) próxima a los 13 millones. Se trata de empresas rentables, cuyo resultado de actividades ordinarias se sitúa en 400.000 euros. De hecho, la rentabilidad económica de estas compañías alcanza una media de 6,8% en el período analizado. En términos generales, la financiación se reparte prácticamente a partes iguales entre fondos propios (32,5%), deuda comercial (36,1%) y deuda con en-

CUADRO 5.2: **Composición sectorial de la muestra**

Panel A: Número de observaciones

	1996	1997	1998	1999	2000	2001	2002	2003	Total
Agricultura	92	117	113	117	105	96	141	133	914
Energía	28	32	32	37	32	27	35	33	256
Industria	1.847	2.219	2.291	2.461	2.289	2.468	2.920	2.797	19.292
Servicios	1.952	2.468	2.522	2.776	2.604	2.734	3.579	3.539	22.174
Total	3.919	4.836	4.958	5.391	5.030	5.325	6.675	6.502	42.636

Panel B: Porcentaje de observaciones sobre el total anual

	1996	1997	1998	1999	2000	2001	2002	2003	Total
Agricultura	2,3	2,4	2,3	2,2	2,1	1,8	2,1	2,0	2,1
Energía	0,7	0,7	0,6	0,7	0,6	0,5	0,5	0,5	0,6
Industria	47,1	45,9	46,2	45,7	45,5	46,3	43,7	43,0	45,2
Servicios	49,8	51,0	50,9	51,5	51,8	51,3	53,6	54,4	52,0
Total	100	100	100	100	100	100	100	100	100

tidades financieras (31%). La deuda con entidades financieras vence generalmente a corto plazo, a pesar de lo cual la ratio de liquidez (activo circulante/pasivo circulante) es superior a la unidad en el 75% de los casos. El coste medio de la deuda se sitúa en torno a un 8,1%.

El panel A del cuadro 5.3 permite apreciar la evolución de los indicadores económico-financieros de las empresas españolas a lo largo del período 1996-2003. Del análisis de este cuadro se deducen los siguientes hechos estilizados:

- La ROA (rentabilidad económica) de las empresas de la muestra ha disminuido sensiblemente, pasando de un 7,4% en 1996 a un 5,6% en 2003.
- Apenas se observan cambios en la estructura financiera de las empresas, aunque los datos permiten concluir que desde 1996 viene produciéndose una mejoría de los indicadores de solvencia y liquidez. Dos datos avalan esta afirmación:

  — El peso del patrimonio neto sobre el activo total ha aumentado en más de un 2%.

CUADRO 5.3: **Características económico-financieras de las empresas de la muestra**

Panel A: Evolución temporal de la media anual

	1996	1997	1998	1999	2000	2001	2002	2003
Activo[1]	7.543	7.540	7.928	8.335	8.863	9.170	9.161	9.259
Ventas[1]	11.467	11.789	12.507	12.865	13.812	14.012	13.889	14.102
EBITDA[1]	818	856	914	957	962	917	881	879
RAO[1]	286	351	438	490	455	386	367	377
ROA (%)	7,40	7,50	7,80	7,60	6,90	6,30	5,70	5,60
Fondos propios (%)	31,30	29,80	32,80	33,00	33,10	33,60	33,40	33,50
Deuda comercial (%)	36,20	38,80	36,50	36,70	36,20	35,60	35,70	35,50
Deuda con coste (%)	32,50	31,40	30,70	30,30	30,70	30,80	30,90	31,00
Deuda con coste a L/P (%)	63,20	62,80	62,80	62,40	62,20	62,50	61,80	62,00
LIQ	1,27	1,27	1,29	1,3	1,31	1,33	1,32	1,33
CFIN (%)	12,30	10,10	8,70	7,20	7,80	8,00	7,10	6,10

Panel B: Principales estadísticos descriptivos para el conjunto de la muestra

	Media	Desv. típica	Q1	Mediana	Q3
Activo[1]	8.561	5.360	4.502	6.977	11.215
Ventas[1]	13.177	10.545	6.542	10.037	16.248
EBITDA[1]	900	1.061	312	640	1.238
RAO[1]	396	900	42	231	615
ROA (%)	6,80	8,60	3,20	6,20	10,40
Fondos propios (%)	32,50	19,00	19,10	30,70	44,90
Deuda comercial (%)	36,10	16,50	24,30	33,80	45,60
Deuda con coste (%)	31,00	16,30	18,00	29,50	41,80
Deuda con coste a L/P (%)	62,40	28,90	39,90	66,90	88,40
LIQ	1,31	0,67	0,98	1,17	1,48
CFIN (%)	8,10	4,50	5,10	7,00	10,20

EBITDA: Beneficios antes de intereses, impuestos, amortizaciones y provisiones.

RAO: Resultado de las actividades ordinarias.

ROA = BAIT / AVG_TA siendo BAIT el resultado antes de intereses e impuestos y AVG_TA el activo total medio.

Fondos propios: proporción que representan los fondos propios de la empresa sobre el activo medio total.

Deuda comercial: proporción que representa el pasivo comercial sin coste (proveedores y acreedores) sobre el activo medio total.

Deuda con coste: proporción que representa la deuda media con coste sobre el activo medio total.

Deuda a C/P: proporción que representa la deuda media a corto plazo con coste sobre la deuda media total con coste.

LIQ = AVG_AC / AVG_PC, siendo AVG_AC y AVG_PC el activo y pasivo circulante medio respectivamente.

CFIN = INTE / AVG_DEUDA, siendo INTE el gasto financiero por intereses de la empresa y AVG_DEUDA es la deuda media total con coste.

— La ratio de liquidez ha crecido ligeramente (1,27 en 1996 frente a 1,33 en 2003).

- El coste financiero de las empresas ha disminuido de un modo notable. De hecho, la caída acumulada del coste de la deuda supera el 50% (12,3% en 1996 frente a 6,1% en 2003).

5.3.3. Las relaciones bancarias en las pymes españolas

Del conjunto de variables *proxy* de banca relacional que utiliza la literatura sobre el tema, la base de datos de datos empleada (SABI) sólo contiene información del número de entidades bancarias que opera con cada empresa, no siendo posible obtener información de la duración de la relación bancaria ni del abanico de productos/servicios contratados.

El cuadro 5.4 muestra que las pymes españolas operan, por término medio, con tres entidades financieras distintas. No obstante, el dato promedio oculta una notable variabilidad en cuanto al número de relaciones bancarias que mantienen las empresas de la muestra. De hecho, mientras que algunas compañías operan con un único banco (25,05% del total), otras mantienen relaciones comerciales con cinco entidades financieras o más (18% de la muestra). En general, el número de relaciones bancarias es menor en las empresas más pequeñas. Para las compañías de activo inferior a 4,5 millones de euros, el número medio de relaciones bancarias es igual a 2,7, aumentando a 3,1 para las empresas más grandes de la muestra, con activo entre 22,5 y 27 millones de euros.[6]

A pesar de que, en los últimos años, se ha producido una notable expansión de la red de oficinas de bancos y cajas, especialmente de estas últimas (Illueca, Pastor, y Tortosa-Ausina 2005), el número medio de relaciones bancarias de las empresas españolas se ha mantenido relativamente estable, no observándose cambios significativos ni en cuanto al rango de variación de esta variable ni en cuanto a la distribución del número de relaciones bancarias por tamaños de empresa.

5.3.4. La evolución de la competencia y la eficiencia bancaria

El período de tiempo analizado en el trabajo (1996-2003) ha sido testigo de un crecimiento de la concentración en los mercados

[6] Este resultado es similar a Ongena y Smith (2000) y Farinha y Santos (2002).

CUADRO 5.4: **Relaciones bancarias por empresa. Distribución por tamaño de empresa y año para el período 1996-2003**

Panel A: Número medio de relaciones bancarias por año y tamaño de empresa

Activo	1996	1997	1998	1999	2000	2001	2002	2003	Total
1-4,5 M €	2,81	2,79	2,68	2,74	2,29	2,87	2,8	2,67	2,71
4,5-9 M €	3,05	3,03	2,86	2,96	2,46	3,00	3,01	2,92	2,91
9-13,5 M €	3,16	3,20	3,07	3,07	2,56	3,12	3,19	3,07	3,06
13,5-18 M €	3,13	3,19	3,20	3,13	2,59	3,33	3,31	3,32	3,17
18-22,5 M €	3,21	3,09	2,99	3,21	2,66	3,29	3,28	3,23	3,13
22,5-27 M €	3,17	3,53	3,04	3,18	2,61	3,19	3,15	3,16	3,12
Total	2,99	2,99	2,88	2,95	2,47	3,06	3,06	2,98	2,93
Observaciones año empresa	3.919	4.836	4.958	5.391	5.030	5.325	6.675	6.502	42.636

Panel B: Observaciones año empresa por número de relaciones bancarias. Porcentaje sobre el total correspondiente a cada tamaño de empresa.

Activo	1	2	3	4	5	6	7	8 o más*	Total
1-4,5 M €	28,62	24,86	19,27	12,16	7,53	4,68	2,19	0,69	100
4,5-9 M €	25,51	23,28	19,14	13,62	9,16	5,44	2,60	1,24	100
9-13,5 M €	22,95	22,53	19,45	13,89	9,86	6,50	3,32	1,48	100
13,5-18 M €	20,98	22,59	19,00	14,39	10,16	7,08	3,88	1,91	100
18-22,5 M €	21,17	22,08	19,71	14,63	10,88	6,29	3,75	1,50	100
22,5-27 M €	21,30	23,47	19,43	13,61	11,05	4,54	4,54	2,07	100
Total	25,05	23,41	19,25	13,43	9,12	5,63	2,86	1,24	100
Observaciones año empresa	10.678	9.980	8.208	5.727	3.887	2.398	1.219	530	42.636

* Sólo hay 75 observaciones año empresa con más de ocho relaciones bancarias (74 observaciones con nueve relaciones bancarias y una única observación con diez relaciones).

bancarios como consecuencia, principalmente, de las fusiones bancarias. Así, como muestra el gráfico 5.1, la concentración del mercado bancario, aproximado por el índice de HH[7], ha aumentado de 1996 a 2003 con independencia del indicador de negocio bancario utilizado (total activo, préstamos, depósitos, oficinas). Así, en tér-

[7] El índice de HH se ha construido como suma al cuadrado de las cuotas de mercado de bancos, cajas y cooperativas de crédito en el total nacional.

GRÁFICO 5.1: **Concentración del mercado bancario nacional**
Índice de Herfindahl-Hirschman

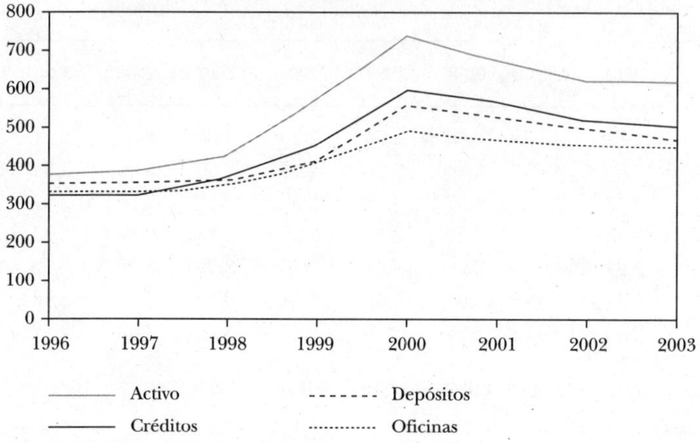

Fuente: AEB, CECA, UNACC y elaboración propia.

minos de activo total, el índice de HH ha pasado de 376 en 1996 a 594 en 2003, siendo la evolución similar aunque con un menor valor del índice en los mercados de préstamos y depósitos, así como en términos de oficinas bancarias. Se observa el fuerte aumento del valor del índice en el período 1998-2000 como consecuencia de las fusiones de los grandes bancos (BSCH y BBVA).

Ahora bien, el inconveniente que presenta el gráfico 5.1 es que ha sido construido suponiendo que el mercado relevante para analizar la competencia bancaria es el nacional, siendo este supuesto cuestionable para un gran número de entidades de depósito de implantación regional, provincial y local. Por ese motivo, el gráfico 5.2 muestra la evolución del índice de HH construido como media de los índices de HH de cada provincia que se calculan a partir de la distribución de la red de oficinas.[8] La comparación del gráfico 5.2 con el gráfico 5.1 muestra un nivel de concentración muy superior, con valores del índice de HH en torno a 12.000 puntos (en 2003, el índice de HH nacional en oficinas es 445, frente a 12.997 a escala provincial).

La evolución de los valores medios del índice de HH que ilustra el gráfico 5.2 esconde importantes diferencias entre los mercados provinciales de la geografía española, lo que podría traducirse en

[8] El número de oficinas es la única variable disponible a escala provincial para cada entidad de depósito.

GRÁFICO 5.2: **Concentración de los mercados bancarios provinciales Índice de Herfindahl-Hirschman**

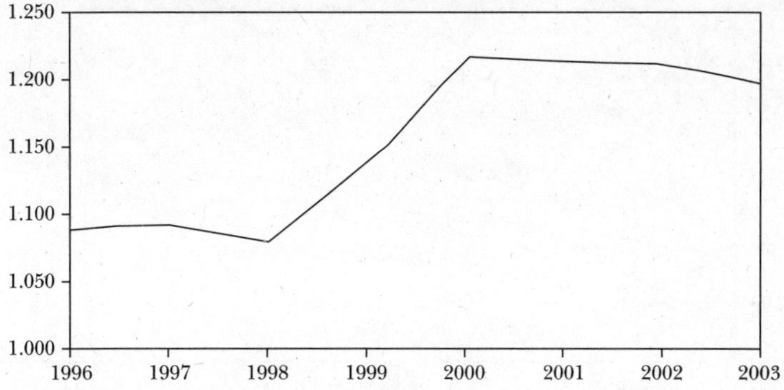

Fuente: AEB, CECA, UNACC y elaboración propia.

distintos niveles de rivalidad competitiva en los mercados bancarios correspondientes que podrían afectar, a su vez, al coste de la financiación bancaria de empresas ubicadas en distintas provincias. Con objeto de analizar estas diferencias, el gráfico 5.3 muestra los valores del índice de HH para cada una de las 52 provincias españolas en el año inicial (1996) y final de estudio (2003). El gráfico está construido ordenando las provincias en orden ascendente en función del valor del índice de HH. Así, de la visión del gráfico se concluye que

1. existen importantes desigualdades en el grado de concentración de los mercados bancarios provinciales, coexistiendo mercados con valores del índice de HH inferiores, en 2003, a 1.000 puntos (es el caso, por orden de menor a mayor, de Valencia, Sevilla, Madrid, Castellón, Alicante y Badajoz) con mercados con valores superiores a 2.000 puntos (Granada, Segovia, Cuenca, Huesca, Soria, Ávila y Teruel);
2. en ocho mercados provinciales el grado de concentración es superior a los 1.800 puntos, siendo el umbral de referencia a partir del cual en algún país se considera a un mercado como excesivamente concentrado y, por tanto, poco competitivo;[9]
3. la concentración del mercado ha aumentando en 2003 en relación al nivel existente en 1996.

[9] Es el caso, por ejemplo, de Estados Unidos donde el Departamento de Justicia define los mercados como altamente concentrados si el valor del HH es superior a 1.800 puntos.

GRÁFICO 5.3: **Desigualdades provinciales en la concentración de los mercados bancarios. Índice de Herfindahl-Hirschman**

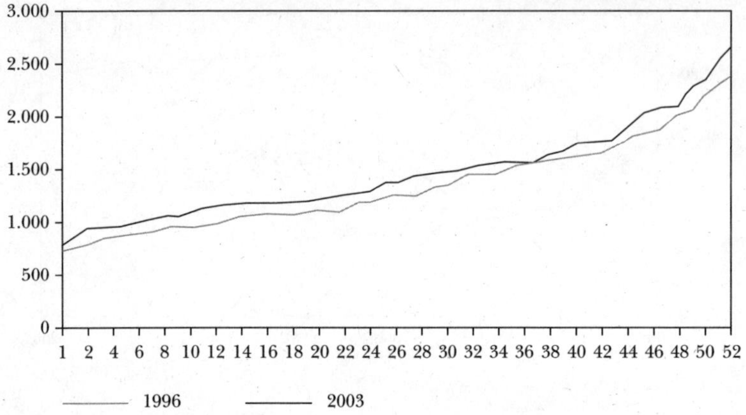

Nota: En el eje horizontal se representa la concentración de los mercados bancarios en cada provincia ordenados de menor a mayor en cada año. Por tanto, una misma provincia puede encontrarse en posiciones distintas en cada uno de los años representados.
Fuente: AEB, CECA, UNACC y elaboración propia.

Como se ha comentado con anterioridad, existen argumentos tanto teóricos (teoría de los mercados contestables, paradoja de Bertrand, etc.) como empíricos que muestran las limitaciones de aproximar la competencia bancaria mediante la utilización de indicadores estructurales de concentración de los mercados. Por ese motivo, en este trabajo se ha construido el índice de Lerner de poder de mercado, tanto para el mercado de préstamos como de depósitos.

Al igual que en el capítulo 4, el cálculo de los valores del índice de Lerner se realiza según la estimación de la función de costes especificada en la expresión (4.3) de dicho capítulo y a la construcción de precios medios de préstamos y depósitos. En el primer caso, la función de costes frontera se estima utilizando el panel de datos de bancos, cajas de ahorros y cooperativas de crédito. En el segundo caso, los precios de los préstamos se aproximan como cociente entre los ingresos financieros y el valor de los préstamos, calculándose los precios de los depósitos como ratio entre los costes financieros y el saldo de los depósitos.

La visión del gráfico 5.4 muestra un comportamiento del poder de mercado bien distinto en el mercado de préstamos y en el de de-

GRÁFICO 5.4: **Índice de Lerner de poder de mercado de la banca española**
(porcentaje)

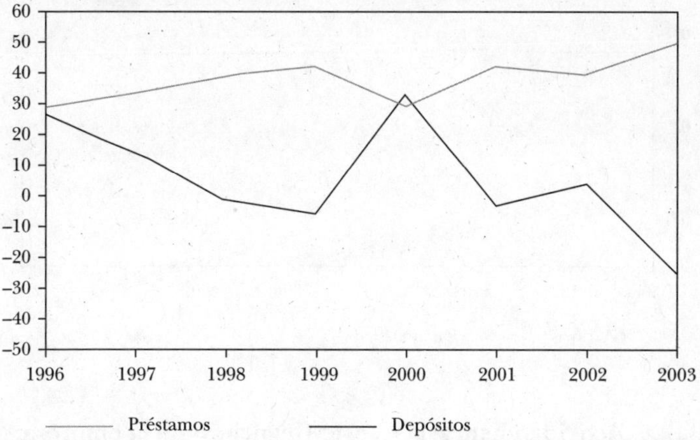

Fuente: AEB, CECA, UNACC y elaboración propia.

pósitos, tal y como se ha comentado con detalle en el capítulo 4. Así, mientras que, en la vertiente del activo, se ha producido un aumento del valor del índice de Lerner, en el mercado de depósitos ha disminuido el poder de mercado, siendo prácticamente nulo a lo largo del período analizado. Lo que este resultado constata es que las entidades de depósito españolas están llevando a cabo una estrategia de tipo *loss-leader* consistente en captar pasivo ofreciendo remuneraciones muy reducidas en relación al coste marginal y al interbancario para compensarlas con márgenes positivos en la vertiente del activo.[10] Este resultado, como ya se comentó en el capítulo 4, tiene implicaciones para la actividad relacional llevada a cabo por las entidades de depósito.

La estimación frontera estocástica de la función de costes operativos de las entidades de depósitos españolas muestra un valor de la eficiencia-X en torno al 86% (gráfico 5.5). La eficiencia es relativamente estable en el período analizado ya que fluctúa entre un valor máximo del 85,8% en 2002 al 86,8% en 1998, siendo dichos valores similares a los obtenidos en otros trabajos.

---

[10] Los resultados de la evolución del índice de Lerner son similares a los obtenidos en el trabajo de Carbó et al. (2005) y Maudos y Fernández de Guevara (2006), constatándose también en este trabajo la existencia de una estrategia de tipo *loss-leader*.

GRÁFICO 5.5: **Eficiencia en costes de la banca española**

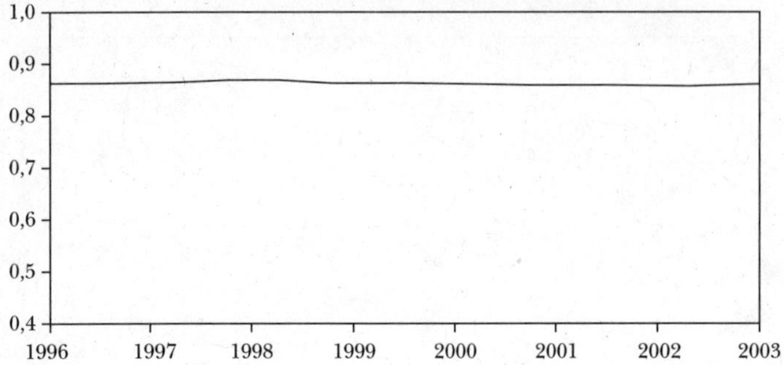

Fuente: AEB, CECA, UNACC y elaboración propia.

5.3.5. Actividad bancaria y coste financiero de la empresa: análisis empírico

El objetivo central de este trabajo consiste en contrastar si el coste financiero de la empresa depende del número de bancos con los que operan y de las características de dichos bancos (en concreto, su eficiencia y el poder de mercado). Para ello, se estimará por mínimos cuadrados ordinarios el modelo que aparece en la expresión (5.2):

$$
\begin{aligned}
CFIN_{it} = {} & \beta_0 + \beta_1 \underset{(+)}{NREL_{it}} + \beta_2 \underset{(-)}{PMDO_{it}} + \beta_3 \underset{(+)}{EFI_{it}} + \beta_4 \underset{(-)}{COB\_INT_{it-1}} \\
& + \beta_5 \underset{(-)}{LIQ_{it-1}} + \beta_6 \underset{(-)}{COL_{it-1}} + \beta_7 \underset{(-)}{TAM_{it-1}} + \sum_{j=1}^{N-1} \beta_{7+j} AÑO_j \qquad (5.2) \\
& + \sum_{k=1}^{S-1} \beta_{7+N+k-1} SEC_k + \psi_{it}
\end{aligned}
$$

Además de incorporar las variables previamente citadas, el modelo incluye una serie de variables de control previamente identificadas en la literatura: la ratio de liquidez *(LIQ)*, la ratio de cobertura de intereses *(COB_INT)*, la capacidad de la empresa para emitir deuda con colateral *(COL)* y el tamaño *(SIZE)*. Las variables de control se incorporan al modelo con un retardo, pues se entiende que los estados financieros del ejercicio $t - 1$ son los utilizados por el prestamista para evaluar las operaciones del ejercicio t. El signo esperado de todas las variables explicativas del modelo (5.2) se indica debajo de cada una de ellas. Además, se incluyen en el modelo $N - 1$ variables dicotómicas correspondientes a los N años del período analizado ($AÑO_j$, donde $j = 1 \ldots N$), así como $S - 1$ variables dicotómicas representativas de los S sectores de actividad representados en la muestra.

En concreto, las variables del modelo se definen del siguiente modo:

- *Coste financiero* ($CFIN_{it}$): el coste de la deuda no es directamente observable a través de la información contenida en la base de datos utilizada en este trabajo por lo que, siguiendo los trabajos previos de Francis, Lafond, Olsson, y Schipper (2005) o Pitman, y Fortin (2004), se utiliza como indicador del coste financiero la ratio intereses pagados sobre deuda media con coste del período. En ocasiones, la deuda media que aparece en el denominador, calculada como promedio de los datos correspondientes al primer y último día del ejercicio, no se aproxima a los valores reales del endeudamiento medio. Esta circunstancia tiende a generar valores extremos en la variable coste financiero, obligando a restringir arbitrariamente el rango de variación de la misma para evitar sesgos en la estimación del modelo econométrico utilizado. En este trabajo, se han eliminado aquellas observaciones cuyo coste financiero supera el 25%. En cualquier caso, los resultados no varían sensiblemente si:
  1. se elimina el 1% de la cola izquierda y el 5% de la cola derecha;
  2. se elimina el 5% de ambas colas;
  3. se trunca la muestra en los percentiles 5 y 95 o 1 y 95 del coste de la deuda.

- $NREL_{it}$: es el número de entidades financieras que operan con la empresa i en el año t.
- *Poder de mercado* ($PMDO_{it}$): como se ha comentado previamente, en este trabajo se han considerado dos variables alternativas para medir el poder de mercado que disfrutan las entidades de crédito con las que opera la empresa: el índice de Lerner de poder en el mercado de préstamos ($LERNER\_L_{it}$) y el índice de Herfindahl-Hirschman de concentración (HH_{it}).

$LERNER\_L_{it}$ se define como el promedio del poder de mercado de los bancos con los que opera la empresa *i* en el año *t*:[11] $LERNER\_L_{it} = \frac{1}{NREL_{it}} \sum_{j=1}^{W} D_{jt}^{i} L_{jt}$ donde L_j es el índice de Lerner de poder en el mercado de préstamos correspondiete a la entidad financiera *j* en el año *t* (siendo $j = \{1, ..., W\}$ y $t = \{1996, ..., 2003\}$) y D_{jt}^{i} es una variable que toma valor 1 si la empresa *i* es cliente de la entidad financiera *j* en el año t y 0 en caso contrario.[12] Por otra parte, HH_{it} se define como el índice de Herfindahl-Hirschman de la provincia donde la empresa tiene su sede social.

- *Eficiencia* (EFI_{it}): Para calcular los valores de esta variable para cada observación año-empresa de la muestra, fueron necesarios dos pasos. En primer lugar, se llevó a cabo una estimación frontera estocástica de la función de costes operativos de los bancos, cajas y cooperativas de crédito españolas. Una vez obtenida la estimación de la eficiencia-X correspondiente a cada entidad financiera *j* en el año *t* (EX_{jt}), la variable EFI_{it} se obtuvo aplicando la expresión: $EFI_{it} = \frac{1}{NREL_{it}} \sum_{j=1}^{W} D_{jt}^{i} EX_{jt}$.
- *Cobertura de intereses* (COB_INT_{it-1}): Calculado como la ratio entre el beneficio antes de intereses, impuestos, amortizaciones y provisiones *(EBITDA)* y el gasto por intereses del período. La introducción de esta variable en el modelo tiene por objeto controlar por la capacidad de la empresa para hacer frente a sus compromisos financieros a largo plazo. Su interpretación es similar a otras ratios frecuentemente utilizadas en la literatura, como la deuda sobre el activo total (v., en este sentido, White, Sandi, y Fried 2003).
- *Liquidez* (LIQ_{it-1}): Ratio de circulante de la empresa *i* en el ejercicio $t-1$, calculado como activo circulante medio sobre pasivo circulante medio. La introducción de esta variable en el modelo trata de controlar por la capacidad de la empresa para atender a sus compromisos financieros a corto plazo.

---

[11] La variable $LERNER\_L_{it}$ (y EFI_{it}) se calcula como una media simple de los bancos con los que trabaja la empresa ya que no se dispone de información que permita ponderar la importancia relativa de cada banco (como el porcentaje de financiación que concede cada uno).

[12] Obviamente, $NREL_{it} = \sum_{j=1}^{W} D_{jt}^{i}$.

- *Capacidad potencial de la empresa para emitir deuda con colateral* (COL_{it-1}), calculada como inmovilizado material medio sobre activo total medio en $t-1$. La variable se utiliza como *proxy* de las posibles garantías que respaldan los préstamos concedidos.
- *Tamaño de la empresa* (TAM_{it}), definido como el logaritmo del activo medio de la empresa i en el año $t-1$.
- $AÑO_j$: variable dicotómica que toma valor 1 para el año j y 0 para el resto, siendo $j = 1 \ldots N-1$, donde N es el número de años incluido en el análisis.
- SEC_K: variable dicotómica que toma valor 1 para el sector k y 0 para el resto, siendo $k = 1 \ldots S-1$, donde S es el número de sectores NACE de 2 dígitos incluidos en la muestra.

5.4. Determinantes del coste de la financiación: resultados empíricos

5.4.1. Análisis univariante

Antes de analizar, mediante un análisis de regresión múltiple, los determinantes del coste de la financiación de las empresas españolas, es de interés ilustrar las correlaciones existentes entre el coste de la financiación y el número de relaciones bancarias, el poder de mercado y la eficiencia en la gestión bancaria.

El cuadro 5.5 muestra el coste financiero de las empresas y su distribución en función del número de relaciones bancarias. Para el total del período analizado, el coste de la financiación bancaria aumenta con el número de relaciones, aportando, por tanto, evidencia favorable a la existencia de ventajas en términos de menor coste asociadas a la banca relacional. Así, el coste medio de la financiación es del 7,98% para las empresas que trabajan con un solo banco, del 8,19% para las que operan con tres y del 8,29% para las que trabajan con cinco bancos o más. En definitiva, la diferencia entre el coste financiero soportado por las empresas con más relaciones bancarias (cinco o más) frente a aquellas que operan con un solo banco se sitúa en torno a 31 puntos básicos para todo el período, siendo estadísticamente significativa al 1%.

La relación creciente entre el coste financiero y el número de relaciones bancarias se mantiene durante todo el período compren-

CUADRO 5.5: **Coste financiero de la empresa. Distribución por número de relaciones bancarias y año para el período 1996-2003**

N.º relaciones bancarias (porcentajes)	1996	1997	1998	1999	2000	2001	2002	2003	Total
1)	12,10	9,84	8,45	7,06	7,61	7,77	6,96	5,96	7,98
2	11,99	10,01	8,66	7,18	7,89	8,11	6,98	6,05	8,10
3	12,40	10,23	8,83	7,43	7,74	7,99	7,07	6,02	8,19
4	12,71	10,27	8,90	7,02	7,91	8,29	7,19	6,28	8,29
5 o más)	12,51	10,39	8,83	7,18	7,71	8,04	7,23	6,22	8,29
Total	12,30	10,12	8,70	7,17	7,76	8,02	7,07	6,09	8,15
PB[1]	41	55	38	12	10	27	27	26	31
	(3,56)*	(8,75)***	(4,15)**	–0,52	–0,23	(2,60)*	(3,54)*	(3,21)*	(22,80)***

[1] Puntos básicos de diferencia entre el coste financiero soportado por las empresas con cinco relaciones bancarias o más frente a aquellas que operan con una única entidad financiera. Entre paréntesis se reporta el valor del estadístico F correspondiente al análisis de la varianza desarrollado para contrastar la significatividad de la diferencia en puntos básicos. ***, **, * indican significatividad al 1, 5 y 10%, respectivamente.

dido entre 1996 y 2003. De hecho, la diferencia en puntos básicos entre las empresas que operan con cinco bancos o más y aquellas que trabajan con una única entidad financiera es positiva en todos los años analizados, alcanzando un máximo de 55 puntos básicos en 1997 y un mínimo de 10 en 2000. Salvo en 2000 y 2001, las diferencias observadas son estadísticamente significativas al menos al 10%.

En el caso del poder de mercado, si bien la aproximación utilizada permite medir el poder de mercado de forma separada para el mercado de los préstamos y el de los depósitos, centramos nuestro interés en el primero de los mercados ya que el objetivo es analizar los determinantes de los costes de la financiación bancaria y, en consecuencia, en el precio medio de los préstamos bancarios.

Los resultados también muestran, en general, una relación creciente con el coste de la financiación. Así, el cuadro 5.6 contiene la distribución del coste financiero por quintiles según el valor medio del índice de Lerner de poder de mercado en la fijación del tipo de interés de los préstamos de los bancos con los que operan las empresas. Para la media del período 1996-2003, el coste financiero del

CUADRO 5.6: **Coste financiero de la empresa. Distribución por años y quintiles del poder de mercado del banco con el que opera la empresa para el período 1996-2003**

Poder de mercado Quintiles[1] (porcentajes)	1996	1997	1998	1999	2000	2001	2002	2003	Total
1	12,27	10,02	8,64	7,00	7,60	7,68	6,65	5,95	7,96
2	12,53	10,11	8,75	6,96	7,60	7,84	7,06	6,11	8,11
3	12,47	10,36	8,68	7,09	7,68	8,18	7,14	6,11	8,21
4	12,29	10,33	8,89	7,31	7,87	8,18	7,29	6,08	8,28
5	11,92	9,78	8,53	7,51	8,03	8,23	7,23	6,17	8,19
Total	12,30	10,12	8,70	7,17	7,76	8,02	7,07	6,09	8,15
PB[2]	–35	–24	–12	51	42	55	58	22	24
	–2,28	–1,36	–0,35	(7,97)***	(5,15)**	(9,89)***	(14,12)***	–2,1	(11,54)***

[1] Quintiles ordenados de menor a mayor poder de mercado.

[2] Puntos básicos de diferencia entre el coste financiero soportado por las empresas que operan con los bancos con más poder de mercado (último quintil) y el coste financiero de aquellas que operan con los bancos con menos poder de mercado (primer quintil). Entre paréntesis se reporta el valor del estadístico F correspondiente al análisis de la varianza desarrollado para contrastar la significatividad de la diferencia en puntos básicos. ***, **, * indican significatividad al 1, 5 y 10%, respectivamente.

20% de las empresas que operan con bancos con menor poder de mercado es del 7,96%, mientras que aumenta al 8,19% para el 20% de las empresas que trabajan con los bancos menos competitivos.[13] Esta diferencia de 24 puntos básicos en el coste financiero es estadísticamente significativa al 1%. A diferencia de lo que sucede con las relaciones bancarias, la relación entre el coste financiero y el poder de mercado no es creciente para el todo el período. De hecho, sólo a partir de 1999, el coste financiero de las pymes españolas aumenta significativamente a medida que crece el poder de mercado de las entidades financieras con las que operan.

En relación a la eficiencia en la gestión bancaria, el cuadro 5.7 constata la existencia de una relación decreciente con el coste de la

[13] Los estadísticos descriptivos de las variables no muestran diferencias en el poder de mercado en función del tamaño de la empresa ya que el valor del índice de Lerner es prácticamente el mismo en los distintos estratos en los que se ha dividido la muestra.

CUADRO 5.7: **Coste financiero de la empresa. Distribución por años y quintiles de eficiencia del banco con el que opera la empresa para el período 1996-2003**

Eficiencia Quintiles[1] (porcentajes)	1996	1997	1998	1999	2000	2001	2002	2003	Total
1	12,45	10,15	8,72	7,34	7,89	7,87	6,96	6,23	8,20
2	12,35	10,39	8,96	7,47	8,07	8,18	7,26	6,09	8,33
3	12,48	10,35	9,03	7,27	7,66	8,35	7,22	6,32	8,34
4	12,10	9,86	8,59	7,01	7,75	7,95	7,39	6,10	8,10
5	12,09	9,85	8,19	6,78	7,46	7,75	6,52	5,69	7,77
Total	12,30	10,12	8,70	7,17	7,76	8,02	7,07	6,09	8,15
PB[2]	36	30	53	56	44	13	44	54	43
	–2,3	–2,14	(7,20)***	(10,30)***	(5,56)**	–0,55	(9,11)***	(13,63)***	(39,16)***

[1] Quintiles ordenados de menor a mayor eficiencia.

[2] Puntos básicos de diferencia entre el coste financiero soportado por las empresas que operan con los bancos menos eficientes (primer quintil) y el coste financiero de aquellas que operan con los bancos más eficientes (último quintil). Entre paréntesis se reporta el valor del estadístico F correspondiente al análisis de la varianza desarrollado para contrastar la significatividad de la diferencia en puntos básicos. ***, **, * indican significatividad al 1, 5 y 10%, respectivamente.

financiación. Así, para la media del período 1996-2003, el 20% de las empresas que trabajan con bancos menos eficientes soportan un coste financiero mayor que el correspondiente al 20% de las empresas que trabajan con los bancos más eficientes (último quintil). La diferencia entre ambos grupos de empresas asciende a 43 puntos básicos y es estadísticamente significativa al 1%. En términos generales, la relación decreciente entre coste financiero de las empresas y eficiencia de los bancos se mantiene para todos los años analizados en este estudio. Sin embargo, el cuadro 5.7 pone de manifiesto que la relación entre ambas variables no es monótona. Las empresas del segundo quintil soportan un coste financiero mayor que las del primero, a pesar de que los bancos con los que operan son más eficientes.

5.4.2. Análisis de regresión múltiple

Los resultados derivados del análisis univariante son compatibles con las hipótesis planteadas, en el sentido de que el coste financiero de las empresas depende, en principio, de determinados aspectos relacionados con la naturaleza de la actividad bancaria. En concreto, el coste de la deuda:

1. aumenta con el número de relaciones bancarias;
2. está directamente relacionado con el poder de mercado de los bancos.;
3. Disminuye cuando la empresa opera con bancos eficientes.

Sin embargo, el coste financiero también depende de otros aspectos que, si estuvieran correlacionados con las tres variables previamente citadas, podrían sesgar los resultados del análisis empírico.

CUADRO 5.8: **Coste financiero de la empresa, banca relacional, eficiencia y poder de mercado**

	Signo esperado	**Coeficiente estimado**	**Coeficiente estimado**
Constante	¿?	0,2526***	0,2372***
		(21,72)	(27,93)
Lerner_L	+	0,0156***	
		(5,45)	
HH	+		–0,0307***
			(–4,11)
EFI	—	–0,0432***	–0,0416***
		(–4,61)	(–4,43)
NREL	+	0,00066***	0,00061***
		(5,83)	(5,40)
LIQ	—	–0,0017***	–0,0016***
		(–5,06)	(–4,86)
COB_INT	—	–0,00005***	–0,00005***
		(–12,46)	(–12,42)
COL	—	–0,0203***	–0,0199***
		(–16,32)	(–15,89)
TAM	—	–0,0081***	–0,008***
		(–24,00)	(–23,90)
Dummies año		SÍ	SÍ
Dummies sector		SÍ	SÍ
N		42.626	42.626
R^2 ajustado		20,16%	20,13%
Estadístico F		195,65***	196,34***

Notas: En todos los modelos estimados la variable dependiente es el coste financiero de las empresas correspondiente al año t (t = 1996, ..., 2003). Las variables independientes han sido calculadas a partir de las cuentas anuales del año t–1. Entre paréntesis, ratio–t. ***, **, * indica significatividad al 1, 5 y 10%, respectivamente.

Para controlar el efecto de estas variables, se estimó con el *pool* de datos el modelo (5).[14] Los resultados de la estimación para el período 1996-2003 han sido incluidos en el cuadro 5.8.

En términos generales, la estimación del modelo confirma los resultados derivados del análisis univariante. El coeficiente de la variable *EFI* (eficiencia de los bancos) es negativo y significativo al 1%, lo que muestra que la eficiencia en la gestión bancaria se traslada a un menor coste de la financiación concedida. En cambio, los coeficientes asociados a las variables *LERNER_L* (poder de mercado) y *NREL* (número de relaciones bancarias) son positivos (y estadísticamente significativos al 1%), lo que muestra que las empresas que trabajan con un menor número de bancos y con entidades de depósito con menor poder de mercado soportan un menor coste de la financiación. En cambio, si, en lugar de utilizar la variable *LERNER_L*, se aproxima la competencia a través del grado de concentración *(HH)* del mercado bancario de la provincia en la que la empresa tiene su sede social, se obtiene un resultado contrario a lo esperado. El parámetro asociado a esta variable es negativo y significativo al 1%, lo que confirma que *HH* no constituye un indicador adecuado del poder de mercado de las entidades financieras. Finalmente, los coeficientes de las variables de control tienen el signo esperado y son significativos al 1%. Así, el coste financiero disminuye con la liquidez *(LIQ)*, el grado de cobertura de los intereses, *(COB_INT)*, la capacidad de la empresa para emitir deuda con colateral *(COL)* y el tamaño (TAM).

5.4.3. Análisis de la robustez de los resultados

En este epígrafe se presentan los resultados de tres análisis de sensibilidad llevados a cabo al objeto de reforzar la evidencia suministrada en el epígrafe anterior. En concreto, se plantean los siguientes ejercicios adicionales:

1. Se ajustan los valores críticos del estadístico de contraste para tener en cuenta el tamaño muestral.

---

[14] No se han introducido efectos fijos en la estimación ya que el número de observaciones por empresa es muy reducido (de media, sólo hay dos observaciones por empresa). En consecuencia, a pesar de que el período analizado incluye ocho años, más que un panel, se dispone de un *pool* de datos.

2. Se evalúa la estabilidad temporal de los parámetros estimados.
3. Se estima el modelo (5.2) en distintas submuestras formadas por empresas de tamaño similar.

5.4.3.1. Tamaño muestral

Es sabido que, al aumentar el tamaño muestral, disminuye el error estándar de los parámetros estimados y, con él, la amplitud del intervalo de confianza para el contraste de significatividad. En otras palabras, cuando el tamaño muestral es elevado, aumenta artificialmente la probabilidad de rechazar la hipótesis nula de que el parámetro es igual a 0. Una posible solución al problema consiste en ajustar al alza el valor crítico del estadístico de contraste *t*.

En este trabajo, se consideran los valores críticos del estadístico *t* ajustados por el tamaño muestral propuestos por Connolly (1989):[15]

$$t^* = \left[(T-k)\left(T^{1/T}-1\right)\right]^{\frac{1}{2}} \tag{5.3}$$

donde T es el tamaño muestral y k, el número de parámetros estimados. El parámetro es significativo si su correspondiente estadístico t es superior a t^*. El valor crítico del estadístico de contraste para las regresiones incluidas en el cuadro 5.8 es igual a $t^* = \left[(42.636-56)\left(42.636^{1/42.636}-1\right)\right]^{\frac{1}{2}} = 3{,}27696$. Como puede apreciarse, los valores del estadístico t superan, en todos los casos, el valor crítico t^*, indicando que los resultados obtenidos no pueden atribuirse al elevado tamaño de la muestra utilizado en este trabajo.

5.4.3.2. Estabilidad de los parámetros del modelo

Con objeto de contrastar si los resultados presentados con anterioridad se mantienen a lo largo de todo el período analizado, se ha estimado el modelo para cada año. El cuadro 5.9 presenta los resultados derivados de este análisis de sensibilidad.

Por lo que respecta a las tres variables representativas de la actividad bancaria, es importante destacar que todos los parámetros tienen el signo esperado, excepto los asociados al poder de mercado

[15] Como indican Szakmary y Kiefer (2004), la expresión de los valores críticos del estadístico *t* reportados en el artículo de Connolly (1989, 140) incorpora un pequeño error tipográfico.

CUADRO 5.9: **Coste financiero de la empresa, banca relacional, eficiencia y poder de mercado. Estimaciones anuales**

	Signo esperado	1996	1997	1998	1999	2000	2001	2002	2003
Constante	¿?	0,2102***	0,21841***	0,2557***	0,205***	0,1712***	0,1441***	0,1537***	0,1631***
		(7,50)	(9,10)	(10,03)	(8,20)	(6,81)	(5,74)	(6,79)	(7,41)
Lerner_L	+	–0,0148	0,0031	0,0098	0,0227***	0,0161**	0,0239***	0,0298***	0,0122*
		(–1,14)	(0,28)	(1,10)	(2,79)	(2,49)	(3,38)	(4,00)	(1,70)
Eficiencia	—	–0,0045	–0,035	–0,0962***	–0,0625***	–0,0217	0,0021	–0,0338	–0,0622**
		(–1,14)	(–1,36)	(–3,33)	(–2,29)	(–0,79)	(0,08)	(–1,37)	(–2,53)
Num_Relaciones	+	0,00074*	0,00097***	0,00094***	0,00086	0,00034	0,00041	0,00077***	0,00081***
		(1,82)	(2,79)	(2,62)	(0,28)	(0,89)	(1,31)	(2,84)	(3,03)
LIQ	—	–0,0084***	–0,0052***	–0,0005	–0,0004	–0,0006	–0,0011	–0,0008	0,00064
		(–6,35)	(–4,67)	(–0,51)	(–0,37)	(–0,63)	(–1,15)	(–0,94)	(0,92)
COB_INT	—	–0,00017***	–0,00007***	–0,000016**	–0,000052***	–0,000077***	–0,00006***	–0,00004***	–0,00010***
		(–6,31)	(–2,73)	(–1,79)	(–4,42)	(–6,28)	(–4,82)	(–5,36)	(–8,13)
COL	—	–0,0132***	–0,0119***	–0,0167***	–0,0207***	–0,02743***	–0,0268***	–0,0255***	–0,01595***
		(–2,86)	(–3,01)	(–4,33)	(–6,02)	(–7,68)	(–7,64)	(–8,43)	(–5,46)
TAM	—	–0,0091***	–0,0098***	–0,0099***	–0,0092***	–0,0075***	–0,0075***	–0,0067***	–0,0059***
		(–7,90)	(–9,75)	(–9,61)	(–9,90)	(–7,60)	(–7,83)	(–7,93)	(–7,28)
Dummies año		NO	NO	NO	NO	NO	NO	NO	NO
Dummies sector		SÍ	SÍ	SÍ	SÍ	SÍ	SÍ	SÍ	SÍ
N		3.918	4.835	4.955	5.390	5.027	5.323	6.671	6.500
R^2 ajustado		6,77%	7,18%	7,04%	7,97%	7,40%	7,27%	5,35%	5,24%
Estadístico F		6,92***	7,71***	7,74***	9,64***	9,36***	8,61***	8,86***	7,43***

Notas: En todos los modelos estimados, la variable dependiente es el coste financiero de las empresas correspondiente al año t (t = 1996, …, 2003). Las variables independientes han sido calculadas a partir de las cuentas anuales del año t-1. Entre paréntesis, ratio-t. ***, **, * indica significatividad al 1, 5 y 10%, respectivamente.

para el año 1996 y la eficiencia en 2001. No obstante, en algunos casos, los parámetros no son significativos, especialmente los relativos a la eficiencia que sólo son significativos en tres de los ocho años considerados. Conforme a lo esperado, los signos de los parámetros asociados a las variables de control son negativos y, prácticamente en todos los casos, significativos al 1%. Tan sólo la liquidez pierde significatividad estadística a partir de 1999.

5.4.3.3. Análisis por tamaños de empresa

Finalmente, se ha procedido a estimar el modelo en tres submuestras compuestas por empresas de tamaño similar (cuadro 5.10): la primera formada por empresas de menos de nueve millones de euros de activo, la segunda por empresas cuyo activo se sitúa entre 9 y 18 millones y la tercera compuesta por empresas de activo superior a 18 millones de euros. Los resultados son similares a los obtenidos en los epígrafes anteriores. Ni el signo, ni la magnitud de los parámetros asociados a las variables propias de la actividad bancaria cambian por tamaño de empresa. Únicamente se observa una diferencia notable en el coeficiente estimado para la variable eficiencia, que, en las empresas más grandes, es positivo aunque no significativo. En términos generales, la significatividad del resto de variables, poder de mercado y relaciones bancarias disminuye en las empresas grandes. A tenor del valor de ambos parámetros, la reducción de la significatividad parece asociada al menor número de observaciones que forman parte del tercer grupo de tamaño.

5.5. Conclusiones

En este capítulo hemos explorado la naturaleza de las relaciones banca-empresa en la economía española y su impacto sobre el coste de la financiación. El análisis del caso español reviste interés por varios motivos. En primer lugar, por el elevado peso de la financiación bancaria y, en consecuencia, por la importancia de la banca relacional como tecnología crediticia a utilizar por parte de los bancos para conceder créditos; en segundo lugar, por la importancia relativa de las pymes en el tejido productivo de la economía española y, en tercer lugar, por la inexistencia —que sepamos— de trabajos publicados referidos al caso español. Para ello, se utiliza una muestra de pymes en el período 1996-2003, con la información que proporciona la base de datos SABI, que es la única disponible que ofrece información sobre el número de re-

CUADRO 5.10: **Coste financiero de la empresa, banca relacional, eficiencia y poder de mercado. Estimaciones por grupos de tamaño**

	Signo esperado	Activo < 9000 €	Activo entre 9.000 y 18.000 €	Activo entre 18.000 y 27.000 €
Constante	¿?	0,1750***	0,1608***	0,1124
		(16,60)	(10,99)	(3,93)
Lerner_L	+	0,01373***	0,0161***	0,0169*
		(3,67)	(3,30)	(1,72)
Eficiencia	–	–0,05206***	–0,0497***	0,0018
		(–4,32)	(–3,00)	(0,06)
Num_Relaciones	+	0,00056***	0,00046**	0,00064*
		(3,69)	(2,48)	(1,74)
LIQ	–	–0,0023***	–0,0007	–0,0016
		(–4,97)	(–1,25)	(–1,45)
COB_INT	–	0,00008***	–0,00005***	–0,000008
		(–11,05)	(–8,62)	(–1,08)
COL	–	–0,0201***	–0,0219***	–0,0226***
		(–12,07)	(–10,53)	(–5,69)
Dummies año		SÍ	SÍ	SÍ
Dummies sector		SÍ	SÍ	SÍ
N		27.057	11.705	3.412
R^2 ajustado		18,41%	19,51%	17,02%
Estadístico F		115,94***	53,55***	13,96***

Nota: En todos los modelos estimados, la variable dependiente es el coste financiero de las empresas correspondiente al año t (t = 1996, …, 2003). Las variables independientes han sido calculadas a partir de las cuentas anuales del año t-1. Entre paréntesis, ratio-t. ***, **, * indica significatividad al 1, 5 y 10%, respectivamente.

laciones bancarias. En el trabajo también se analiza la importancia de algunas características bancarias y, en concreto, el grado de competencia y eficiencia en la gestión a la hora de explicar las diferencias en los tipos de interés aplicados a los préstamos a las empresas.

El análisis de las relaciones bancarias muestra que las pymes españolas operan, por término medio, con tres entidades financieras distintas, si bien hay importantes diferencias entre empresas. Así, mientras que existen empresas que trabajan con un único banco (25% de la muestra), otras mantienen relaciones con cinco o más entidades (19% de la muestra). Por tamaños, las empresas más grandes mantienen un mayor número de relaciones bancarias, si bien las diferencias entre tamaños son reducidas.

En el contexto de las teorías de la intermediación financiera que enfatizan las ventajas informativas de los bancos, los resultados avalan la hipótesis de que los problemas de asimetría de información y el consiguiente coste de monitorización son menores cuanto más intensa es la relación bancaria, lo que se traduce en menores costes de la financiación para las empresas que trabajan con un menor número de bancos. En consecuencia, la relación de confianza estrecha y duradera que se establece entre el prestatario y el banco genera capital social y beneficios económicos en forma de menores tipos de interés en la financiación concedida. Así, el análisis univariante realizado muestra que el coste de la financiación empresarial es menor en las empresas que mantienen una única relación bancaria, incrementándose conforme aumenta el número de relaciones bancarias. Este resultado se ve confirmado en el análisis multivariante una vez se controla por el efecto de otras variables explicativas del coste de la financiación. Los resultados son robustos ya que se mantienen tanto para el *pool* del período 1996-2003 como para la práctica totalidad de los años y estratos de tamaño considerados.

Una de las novedades del trabajo es el análisis del efecto de la competencia bancaria sobre el coste de la financiación proporcionada por estas entidades. Las novedades fundamentales residen en el estudio del caso español, así como en utilizar un indicador de competencia no estructural (el índice de Lerner), dadas las limitaciones que presenta, tanto desde un punto de vista teórico como empírico, la utilización de indicadores estructurales basados en la concentración de los mercados. Además, una novedad importante del trabajo es que mide la competencia, no del mercado bancario (como hacen la práctica totalidad de los trabajos existentes sobre banca relacional), ni de los bancos que compiten en el mercado en el que está ubicada la empresa analizada, sino de los bancos que, efectivamente, mantienen relaciones bancarias con la empresa. Los resultados muestran que los bancos que disfrutan de mayor poder de mercado trasladan dicho poder al coste de la financiación, fijando tipos de interés de los préstamos más altos. El resultado es así consistente con la visión tradicional que establece que los mercados competitivos pueden favorecer la banca relacional y sus beneficios en términos de un menor coste de la financiación, por lo que se rechaza, en consecuencia, la hipótesis alternativa que establece que, en mercados competitivos, los bancos tienen menos incentivos para invertir en banca relacional. El resultado es justamente el contrario en caso de utilizar como *proxy* de la competencia de la concentración del mercado bancario de la provincia en la que tiene la sede social la empresa, lo que muestra las limitaciones de los estudios que utilizan medidas estructurales para aproximar la rivalidad competitiva de los mercados.

Otra de las características bancarias analizadas es la eficiencia en la gestión. Para ello, y partiendo de la estimación de una frontera estocástica de costes operativos de las entidades de depósito (bancos, cajas y cooperativas) españolas, los resultados muestran que las mejoras en la eficiencia en la gestión se trasladan al coste de la financiación siendo éste inferior en las empresas que trabajan con bancos más eficientes.

El modelo estimado en este trabajo incorpora una serie de variables de control previamente identificadas en la literatura. Los resultados de la estimación para todo el período sugieren que el coste financiero de las empresas está inversamente relacionado con:

1. el tamaño de la empresa;
2. su liquidez;
3. su capacidad para generar *cash flow* y atender los compromisos de pago derivados de los contratos de deuda;
4. la capacidad potencial de la empresa para emitir deuda con colateral.

De los resultados del trabajo se derivan dos importantes implicaciones de política económica:

a) Es importante implementar medidas encaminadas a incrementar la rivalidad competitiva en los mercados bancarios dado el efecto positivo que tendría sobre el coste de la financiación y, por tanto, sobre la inversión y el crecimiento económico.
b) Las relaciones estables entre el banco y el prestatario permiten reducir las asimetrías de información mejorando, de este modo, las condiciones financieras con las que operan las empresas.

Frente a otros mecanismos de canalización del ahorro hacia la inversión, como, por ejemplo, las bolsas u otros mercados financieros no organizados, la banca relacional aporta un importante valor añadido que justifica su existencia, especialmente en los contextos de fuerte incertidumbre e información asimétrica que habitualmente caracterizan a la pequeña y mediana empresa.

Bibliografía

AIGNER, Dennis J., C. A. K. LOVELL, y Peter SCHMIDT. «Formulation and Estimation of Stochastic Frontier Production Function Models». *Journal of Econmetrics* 6, núm. 1 (1977): 21-37.

ANGELINI, Paolo, Roberto DI SALVO, y Giovanni FERRI. «Availability and Cost of Credit for Small Businesses: Customer Relationships and Credit Cooperatives». *Journal of Banking and Finance* 22 (1998): 925-954.

AYBAR, Cristina, Alejandro CASINO y José LÓPEZ GRACIA. «La reestructuración financiera de las PYMES en crisis. Endogeneidad en la elección entre vía privada y vía concursal». *Investigaciones Económicas* 30, núm. 1 (2006): 137-162.

BERGER, Allen N., y Gregory F. UDELL. «Relationship Lending and Lines of Credit in Small Firm Finance». *Journal of Business* 68, núm. 3 (1995): 351-381.

—. Asli DEMIRGÜÇ-KUNT, ROSS LEVINE, y Joseph G. HAUBRICH. «Bank Concentration and Competition: An Evolution in the Making», *Journal of Money, Credit and Banking* 36, núm. 3 (2004): 433-453.

BIKKER, Jakob A., y Katharina HAAF. «Competition, Concentration and Their Relationship: An Empirical Analysis of the Banking Industry». *Journal of Banking and Finance* 26 (2002): 2.191-2.214.

BOOT, Arnoud W., y Anjan V. THAKOR. «Can Relationship Banking Survive Competition?». *Journal of Finance* 55, núm. 2 (2000): 679-713.

CARBÓ, Santiago, David B. HUMPHREY, y Francisco RODRÍGUEZ FERNÁNDEZ. «Deregulation, Bank Competition and Regional Growth». *Regional Studies* 37 (2003): 227-237.

—. Juan Fernández de GUEVARA, David B. HUMPHREY y Joaquín MAUDOS. «Estimating the Intensity of Price and Non-Price competition in Banking: an Application to the Spanish Case». Documento de trabajo DT 02-05 Madrid, Fundación BBVA, 2005.

CLAESSENS, Stijn, y Luc LAEVEN. «What Drives Bank Competition? Some International Evidence». *Journal of Money, Credit and Banking* 36, núm. 3 (2004): 563-583.

COLE, Rebel A., «The Importance of Relationships to the Availability of Credit». Journal of Banking and Finance 22 (1998): 957-77.

CONOLLY, Robert A. «An ecamination of the Robustness of the Weekend Effect». *Journal of Financial and Quantitative Analysis* 24 (1989): 133-169.

D'AURIA, Claudio, Antonella FOGLIA, y Paulo Marullo REEDTZ. «Bank Interest Rates and Credit Relationships in Italy». *Journal of Banking and Finance* 23, núm. 7 (1999): 1.067-1.093.

DE BANDT, Olivier, y E. Phillip DAVIS. «Competition, Contestability and Market Structure in European Banking Sectors on the Eve of EMU». *Journal of Banking and Finance* 24, núm. 6 (2000): 1.045-1.066.

DECHOW, Patricia H. e Ilia D. DICHEV. «The Quality of Accruals and Earnings: the Role of Accrual Estimation Errors». The Accounting Review 77, suplemento (2002): 35-59.

DEGRYSE, Hans, y Patrick van CAYSEELE. «Relationship Lending Within a Bank-Based System: Evidence Form European Small Business Data». *Journal of Financial Intermediation* 9 (2000): 90-109.

—, y Steven ONGENA. «Distance, Lending Relationships, and Competition». *The Journal of Finance* 60, núm. 1 (2005): 231-266.

ELSAS, Ralf. «Empirical Determinants of Relationship Lending». *Journal of Financial Intermediation* 14, núm. 1 (2004): 32-57.

— y Jan Pieter KRAHNEN. «Is Relationship Lending Special? Evidence From Credit-File Data in Germany». *Journal of Banking and Finance* 22 (1998): 1.283-1.316.

FARINHA, Luisa A. y João A. C. SANTOS. «Switching from single to multiple bank lending relationships: determinants and implications». Journal of Financial Intermediation 11 (2002): 124-151.

FERNÁNDEZ DE GUEVARA, Juan, Joaquín MAUDOS, y Francisco PÉREZ. «Market Power in European Banks». *Journal of Financial Services Research* 27, núm. 2 (2005): 109-137.

— ,Joaquín MAUDOS, y Francisco PÉREZ. «Integration and competition in the European Financial Markets». *Journal of International Money and Finance,* en prensa, 2007.

FRANCIS, J. R., R. LAFOND, P. Olsson, y K. SCHIPPER. «The Market Pricing of *Accruals Quality*». Journal of Accounting and Economics 39, núm. 2 (2005): 295-327.

FREIXAS, Xavier, y J.-CH. ROCHET. *Microfoundations of Banking.* Cambridge, Mass.: The MIT Press, 1997.

HARHOFF, Dietmar, y Timm KÖRTING. «Lending Relationships in Germany-Empirical Evidence from Survey Data». *Journal of Banking and Finance* 22 (1998): 1.317-1.353.

ILLUECA, Manuel, José Manuel PASTOR, y Emili TORTOSA-AUSINA. «El efecto de la expansión geográfica sobre la productividad de las cajas de ahorros españolas». *Perspectivas del Sistema Financiero* 83 (2005): 37-54.

JONDROW, James, C. A. K. LOVELL, Ivan S. MATEROV, y Peter SCHMIDT. «On the Estimation of Technical Inefficiency in the Stochastics Frontier Production Models». *Journal of Econometrics* 19 (1982): 233-238.

MAUDOS, Joaquín. «Rentabilidad, estructura de mercado y eficiencia en el sector bancario español». *Revista de Economía Aplicada* 9, núm. 25 (2001): 193-207.

— , y Francisco PÉREZ. «Competencia *vs.* poder de mercado en la banca española». *Moneda y Crédito* 217 (2003): 139-166.

— , y Juan FERNÁNDEZ DE GUEVARA. «Factors Explaining the Interest Margin in the Banking Sectors of the European Union». *Journal of Banking and Finance* 28/9 (2004): 2.259-2.281.

— , y Juan FERNÁNDEZ DE GUEVARA. «The Cost of Market Power in Banking: Social Loss vs. Inefficieney Cost». Journal of Banking and Finance, en prensa (2006).

MEEUSEN, Wim, y Julien van der BROECK. «Efficiency Estimation fron Cobb-Douglas Production Functions Composed Error». *International Economic Review* 18 (1977): 435-444.

MOLYNEUX, Phil, D. M. LLOYD-WILLIAMS, y John THORNTON. «Competitive Conditions in European Banking», *Journal of Banking and Finance* 18, núm. 3 (1994): 445-459.

NATHAN, Alli, y Edwin H. NAEVE. «Competition and Contestability in Canada's Financial System: Empirical Results», *Canadian Journal of Economics* 22 (1989): 576-595.

NEVEN, Damien, y Lars-Hendrick RÖLLER. «An Aggregate Structural Model of Competition in the European Banking Industry». *International Journal of Industrial Organization* 17, núm. 7 (1999): 1.059-1.074.

ONGENA, Steven, y David C. SMITH. «The duration of Bank Relationships». *Journal of Economics* 61 (2000): 449-475.

PETERSEN, Mitchell A., y Raghuram G. RAJAN. «The Benefits of Firm-Creditor Relationships: Evidence Form Small Business Data». *Journal of Finance* 49, núm. 1 (1994): 3-37.

— , «The Effect of Credit Market Competition on Lending Relationships». *Quarterly Journal of Economics* 110, núm. 2 (mayo 1995): 407-443.

PITMAN, Jeremy, y Steve FORTIN. «Auditor Choice and the Cost of Debt Capital for Newrly Public Firms». *Journal of Accounting and Economics* 37, núm. 1 (2004): 113-136.

SCIG. *Social Capital: A Position Paper.* Social Capital Interest Group, Michigan State University, 2001.

SHAFFER, Sherill. «Competition in the US Banking Industry». *Economics Letters* 29, núm. 4 (1989): 321-323.

— , «A Test of Competition in Canadian Banking». Journal of Money. Credit and Banking 25 núms. 1 (1993): 49-61.

— , y James DISALVO. «Conduct in a Banking Duopoly». *Journal of Banking and Finance* 18 (1994): 1.063-1.082.

SZAKMARY, Andrew C. y DEAN B. Kiefer. «The Disappearing January/Turn of the Year Effect: Evidence from Stock Index Futures and Cash Markets». *Journal of Futures Markets* 24: 755-784.

WHITE, Gerald I., Ashwinpaul C. SONDI, y Dov FRIED. *The Analysis and Use of Financial Statements.* 3.ª ed. Nueva York: John Wiley & Sons, 2003.

6. Capital social, expansión geográfica y eficiencia en el sector bancario español

José Manuel Pastor Monsálvez
Universidad de Valencia e Ivie
Emili Tortosa-Ausina
Ivie

EL capital social es un recurso productivo que emerge de las relaciones de los individuos y otorga ventajas y oportunidades adicionales a los miembros de una determinada comunidad. Puede concebirse como un conjunto de circunstancias intangibles, tales como valores, normas, actitudes, redes sociales, etc., que se traducen en mayores niveles de confianza y permiten que una sociedad funcione más eficientemente alcanzando mayores cotas de bienestar.

El concepto de capital social está siendo rescatado por los economistas para reexplicar fenómenos económicos tan diversos como el crecimiento económico (Zak y Knack 2001; Iyer, Kitson, y Toh 2005), la productividad del trabajo (Hall y Jones 1999), el diferente grado de desarrollo de los sistemas financieros (Ongena y Smith 2000 y Guiso, Sapienza, y Zingales 2004), etc. En todos estos trabajos se constata que la existencia de mayores niveles de capital social en las sociedades incide positivamente en los fenómenos económicos estudiados. La conclusión que debería extraerse de estos resultados es que, para realizar valoraciones precisas sobre dichos fenómenos económicos, es imprescindible considerar que los niveles de capital social de cada sociedad condicionan los resultados económicos potencialmente alcanzables por las mismas.

En el caso de la banca, existe una amplia literatura dedicada a estudiar un tipo de capital social que se crea y desarrolla entre el banco y sus clientes a través de relaciones repetidas y/o duraderas que aumentan el conocimiento entre ambas partes y que generan la confianza y actitudes favorables típicas del capital social. Esta interacción repetida y duradera entre prestamistas y prestatarios aumenta la confianza entre los mismos y robustece sus lazos sociales, aumentando el capital social. El resultado de ello no sólo es beneficioso para la clientela, sino, también, para los bancos, porque la utilización de las ventajas de información generadas en los lazos transaccionales entre prestamistas y prestatarios permite mejorar la eficacia de los contratos. Adicionalmente, estos lazos sociales generan capital social que sirve como un *input* importantísimo para futuras transacciones en el proceso de toma de decisiones, no sólo crediticias, sino de cualquier otro tipo. Este mayor nivel de capital social permite llevar a cabo los contratos financieros en mejores condiciones.

Este enfoque, extensamente revisado en el capítulo 2 de esta monografía y conocido como «banca relacional», trata de analizar si este trato favorable generado a través de las interacciones influye en distintos aspectos de la actividad bancaria y ha sido considerado como determinante en el funcionamiento de los sistemas financieros de países desarrollados.

Sin embargo, este capítulo pretende analizar un fenómeno hasta el momento inexplorado en la literatura y desde una perspectiva diferente al enfoque de banca relacional: la influencia que el capital social de las sociedades tiene en la eficiencia en la provisión de servicios bancarios. En otros términos, se pretende analizar si el capital social del que disfrutan las distintas economías incide en la eficiencia en la provisión de servicios bancarios. No se contempla, por tanto, el problema de la eficiencia bancaria desde el punto de vista de banca relacional, sino que se pretende analizar si la constatada influencia positiva del capital social en otros fenómenos económicos también opera en el caso de la eficiencia bancaria.

Concretamente, se abordará la influencia del capital social en la eficiencia de los bancos desde la perspectiva española, donde la existencia de datos de capital social por provincias y sobre la distribución provincial de oficinas de las empresas bancarias y su evolución temporal permite construir una medida de capital social para cada banco, y, también, analizar las consecuencias de las políticas de expansión geográfica sobre los niveles de capital social de los bancos. Los resultados indican que aquellos bancos que desarrollan su actividad favorecidos por un entorno con mayor nivel de capital social logran mayores niveles de eficiencia en costes. En otros términos y desde el punto de vista social, la existencia de mayores niveles de capital social en las sociedades supone importantes ahorros en costes de intermediación para la sociedad. Por tanto, a la hora de valorar la eficiencia bancaria, resulta imprescindible considerar los efectos que el capital social tiene sobre las condiciones en las que se desarrolla la actividad bancaria.

Tras esta breve introducción, el epígrafe 6.1 justifica la influencia del capital social en la operativa bancaria, así como su influencia sobre la eficiencia. El epígrafe 6.2 se detiene a analizar ciertos rasgos que caracterizan al sistema bancario español. El epígrafe 6.3 se dedica a describir la metodología utilizada, tanto para el cálculo de la eficiencia como los instrumentos no paramétricos utilizados para analizar la influencia del capital social en la eficiencia. El epígrafe 6.4 describe las variables seleccionadas y la muestra, mientras que el 6.5 revisa la relación entre el crecimiento en la red de oficinas y el capital social. En el epígrafe 6.6 se presentan los resultados de las estimaciones de eficiencia. Finalmente, el epígrafe 6.7 presenta las principales conclusiones del trabajo.

6.1. La influencia del capital social de las sociedades en la operativa bancaria

Como se ha puesto de manifiesto en el capítulo 2, la existencia de relaciones repetidas y/o duraderas entre cliente y banco (banca relacional) incide en muchos aspectos de la operativa bancaria. No obstante, los bancos no sólo se benefician del capital social generado a través de su relación con la clientela, sino, también, del capital social de la propia sociedad donde desarrolla su actividad. Esta epígrafe se dedica a destacar las vías de influencia del capital social de las sociedades en la operativa bancaria.

El concepto de capital social se refiere al conjunto de confianza interpersonal que los agentes económicos tienen entre sí, en las instituciones y en los sistemas que se han generado para favorecer su bienestar social y económico. La forma de influencia más directa del capital social de una sociedad en la operativa bancaria es a través del incremento en los niveles de confianza de los agentes implicados en las transacciones bancarias. En las economías en las que existe mucho capital social, los individuos confían con más facilidad mutuamente los unos en los otros, bien porque los valores adquiridos en el proceso educativo así se lo induce, bien porque existen mecanismos sociales y legales de penalización a los incumplidores de contratos (Pérez, dir., et al. 2005). Como veremos, esta confianza mutua tiene efectos beneficiosos, tanto para el banco y cliente, como para la sociedad globalmente considerada.

Por su naturaleza, en los contratos bancarios cierta dosis de confianza entre las partes resulta imprescindible. El depositante no sólo confía en que el banco le pagará los intereses en el tiempo y forma establecidos, sino, también, en que el dinero depositado le será entregado por el banco a su requerimiento. Similarmente, en los contratos de préstamo, el banco confía en que el prestatario le devolverá el dinero en las condiciones establecidas en el contrato. En ambos casos, se observa que una parte «confía» en que la otra le devolverá el dinero en el futuro bajo unas determinadas condiciones. Evidentemente, este intercambio de fondos está sustentado por un marco regulador y judicial que sanciona el incumplimiento de los contratos, pero, también, por la confianza entre las partes implicadas, que depende del capital social de la economía considerada. En este sentido, resulta indudable que mayores niveles de capital social tendrán una influencia positiva, tanto sobre en el funcionamiento de los contratos bancarios como sobre el número de ellos (Guiso et al. 2004).

Esta noción de capital social como confianza interpersonal de los individuos en las instituciones es importante para comprender por qué en los sistemas financieros poco desarrollados, donde la confianza entre los agentes es reducida, las transacciones se realizan, en mayor medida, entre parientes cercanos y amigos, o en el seno de grupos aislados, con lo que se renuncia a las ventajas que conlleva el libre comercio y la especialización de las actividades. En definitiva, el capital social es un *input* en el funcionamiento eficiente del sistema bancario, ya que su existencia incide positivamente en las condiciones bajo las que se establecen los contratos bancarios, facilitando la canalización del crédito entre ahorradores e inversores y mejorando el entorno en el que los bancos realizan su actividad, lo que es de esperar que repercuta en su grado de eficiencia.

Las vías de influencia del capital social de las sociedades en la operativa bancaria y en la eficiencia bancaria son múltiples. Algunas destacan el efecto positivo del capital social sobre las condiciones en las que se desarrolla la operativa bancaria, reduciendo ciertos costes, mientras que otras destacan el mayor volumen de negocio de los bancos como consecuencia del capital social.

En particular, es posible identificar las siguientes vías de influencia:

a) *El capital social reduce los costes de información, monitorización y de transacción*

La reducción de los costes de información es uno de los factores en los que el capital social influye. Levine (1997) afirma que los mercados financieros desarrollados atenúan los costes de información y de transacción. La evidencia empírica demuestra que, en aquellas comunidades donde el acceso a los mercados financieros es difícil, la información requerida es normalmente obtenida a través de redes sociales y alianzas internas en la comunidad, que son las que generan la información requerida (Morduch 1999; Ferrary 2003). En las economías desarrolladas, el proceso de reducción de las asimetrías de información se realiza mediante la recopilación y procesado de información por parte de los bancos. En economías con elevados niveles de capital social, los requerimientos de información por parte de las partes implicadas son menores, al ser sustituidos por la confianza en los mercados e instituciones. Adicionalmente, existen mecanismos complementarios proporcionados por las autoridades públicas como la socialización de la información a través de la generación de archivos nacionales de morosos y estableciendo *rankings* de solvencia de empresas que permiten a ambas partes demandar información sobre la otra, reduciéndose así las asimetrías de información (Ferrary 2003). Sin embargo, *caeteris paribus*, cuanto mayor sea el capital social de una sociedad, menores serán los costes de información, monitorización y transacción de las operaciones bancarias necesarias para resolver los contratos.

Otros autores (Vega-Redondo 2002, 2003) argumentan que el capital social y las redes sociales reducen los costes de información debido a la existencia de economías de red. Estas economías simplifican la complejidad de las relaciones entre individuos y aumentan la fluidez con la que se transmite la información dentro de la red social. Así, en sociedades segmentadas en las que no existen conexiones entre individuos o entre grupos sociales o éstas son débiles, los costes de información soportados por los bancos para el conocimiento de cada cliente no pueden ser aprovechados para conocer a otros clientes o grupos, al no estar relacionados entre sí. Por el contrario, cuando los vínculos entre individuos son abundantes y fuertes, la inversión en información por parte del banco para conocer a un cliente aportará también información sobre otros agentes con los que el anterior mantenga vínculos sociales o económicos, reduciéndose así los costes de información.

b) *El capital social reduce la prima de riesgo disminuyendo los costes financieros y los costes de crédito*

Otra de las vías de influencia del capital social de las sociedades en la operativa bancaria es a través de la reducción en las primas de riesgo que las partes se exigen para compensar una eventual ruptura del contrato bancario. Las partes implicadas no sólo establecen lazos de confianza mutua, tanto más fuertes cuanto más intensa (amplia, repetida y duradera) sea su relación (banca relacional), sino que también confían en que el sistema e instituciones existentes en la sociedad (capital social) evitarán el fracaso del contrato bancario o disminuirá la probabilidad de tal suceso.

Así, por ejemplo, los depositantes confiarán en que el banco cumplirá con el contrato de depósito reintegrándole los fondos depositados y los intereses según lo estipulado y, por tanto, exigirán una menor prima de riesgo para colocar sus fondos en el banco, lo que disminuirá el tipo de interés de los depósitos, con la consiguiente reducción en los costes financieros de los bancos.

Desde el punto de vista del banco, cuando el capital social de la sociedad es alto, el banco confiará en que el prestatario devolverá los fondos prestados en las condiciones establecidas en el contrato de préstamo, lo que reducirá la prima de riesgo exigida y disminuirá el coste del crédito para el prestatario. Asimismo, es de esperar que esta disminución del coste del crédito incentive la demanda de crédito.

Petersen y Rajan (1994, 1995) y, más recientemente Elyasiani y Goldberg (2004), analizan cómo la existencia de relaciones (capital social relacional) entre el banco y el prestatario afecta a la disponibilidad y al coste del crédito. Los resultados confirman que, cuanto mayor es el capital social, mayor es la disponibilidad de crédito y menor es el coste del crédito (v. capítulo 2 de esta monografía).

c) *El capital social disminuye la morosidad crediticia*

Cuanto mayor es el capital social de una sociedad, no sólo serán menores los costes de información, sino que la calidad de la información obtenida para evaluar los riesgos de insolvencia será mayor, por lo que esperaremos que mayores niveles de capital social disminuyan la morosidad de los créditos, vía mejoras en la calidad de la información. En este sentido, Ferrary (2003) argumenta que, para reducir la incertidumbre en la evaluación del riesgo, el analista del banco compensa los métodos objetivos con la adquisición de información a través de relaciones informales basadas en la confianza. La calidad de la evaluación del riesgo y la reducción del riesgo de información asimétrica dependerá del capital social con el que cuenta el analista y de su integración en las redes sociales en las que se desenvuelva su actividad.

No obstante, las mejoras en la calidad de la información no son la única vía por la que el capital social influye en la morosidad, pues los costes sociales (aislamiento en la comunidad y/o exclusión de la misma) asociados a un impago pueden ser tan negativos para el prestatario que desincentiven las prácticas morosas.

Diversos estudios han analizado la existencia de una relación entre capital social y morosidad bancaria. Así, Karlan (2004) encuentra que, cuanto mayor es el capital social de la sociedad, mayor es la tasa de pago de los préstamos. En el mismo sentido Ferri y Messori (2000) demuestran que el mayor capital social existente en las regiones del norte de Italia está relacionado con la existencia de menores tasas de morosidad.

d) *El capital social aumenta la oferta de crédito y disminuye el racionamiento*

En algunos casos, el procedimiento de reducción de asimetrías de información por parte del banco mediante la recopilación y procesado de la misma no resulta rentable, ya que los costes operativos de generación del crédito (principalmente, de obtención y procesamiento de la información) son elevados en relación con la rentabilidad esperada de la operación y los riesgos demasiado altos. Por otra parte, algunos individuos y empresas no tienen activos suficientes para comprometerlos como garantías en dichas operaciones. En estos casos, los bancos deciden no conceder el préstamo provocando racionamiento de crédito.

Por las razones anteriormente expuestas, si el capital social reduce las asimetrías y los costes de información, puede convertir en rentables operaciones que no lo serían en otro caso. De esta forma, el capital social contribuye a aumentar la oferta de crédito y a reducir el racionamiento.

No obstante, si bien los bancos son beneficiarios del capital social de la sociedad a través del aumento en su volumen de negocio, las pequeñas empresas y los individuos y comunidades marginales, que suelen tener restricciones crediticias, se verán también beneficiados por la existencia de capital social, si éste les permite reducir su racionamiento y acceder al crédito a un menor coste (al reducir la prima de riesgo).

Los resultados empíricos obtenidos en muchos trabajos confirman que, cuanto mayor es el capital social, mayor es la disponibilidad de crédito.

e) *El capital social estimula el uso de los productos bancarios por parte de la clientela*

Como se ha comentado anteriormente, los principales contratos bancarios pueden ser considerados como una relación de confianza en la que el principal confía en un agente. La rentabilidad esperada de la actividad depende, entre otras cosas, de la probabilidad de abandono del agente. Así, cuando alguien acepta un pago con cheque o tarjeta de crédito, el principal confía en que el agente tenga fondos en su cuenta. La rentabilidad esperada del cheque depende del nivel de confianza en el agente que, a su vez, depende del nivel de capital social. Por tanto, *caeteris paribus,* los individuos que residan en comunidades con reducidos niveles de capital social utilizarán en menor medida los productos bancarios, muy intensivos en confianza (Guiso et al. 2004).

Desde el punto de vista de la decisión de cartera, los activos no sólo dependen de su riesgo intrínseco, sino, también, de la probabilidad de ser expropiado y, por tanto, del nivel de confianza que requieren. Este razonamiento es utilizado por Guiso et al. (2004) para concluir que, cuando el capital social es bajo, las economías domésticas invertirán una proporción mayor de sus carteras en los activos menos «intensivos en confianza», como el efectivo, y una menor proporción en otros activos más «intensivos en confianza», como los depósitos, acciones, etc.

Por estos motivos, como tanto los *outputs* bancarios tradicionales (depósitos y préstamos) como los no tradicionales (operaciones fuera de balance) son contratos intensivos en confianza, es de esperar que el uso de estos productos por parte de las economías domésticas y empresas sea mayor en sociedades con altos niveles de capital social. Por el contrario, en economías con menores niveles de capital social, se espera un mayor recurso a la financiación procedente de amistades o parientes cercanos.

La evidencia empírica en este sentido es abundante. Históricamente, las crisis de confianza materializadas en pánicos bancarios han incentivado el uso del efectivo como refugio de la riqueza financiera, en detrimento de los depósitos (por ejemplo, la crisis de 1929). Guiso et al. (2004) también obtienen una relación positiva y significativa entre el capital social y el uso de cheques y tarjetas, y negativa y significativa entre el capital social y el uso de efectivo.

En definitiva, a lo largo de estas líneas se ha justificado, por distintas vías, cómo el capital social incide en la operativa bancaria. El capital social reduce los costes de monitorización, de información, de transacción, financieros y de insolvencia y aumenta la oferta de créditos y de todo tipo de productos bancarios en general intensivos en confianza. Por todo ello, es de esperar que la eficiencia de los bancos sea mayor en aquellas economías con mayores niveles de capital social.

Debe advertirse que, prácticamente, todos los efectos reseñados del capital social en la banca operan por la vía de los costes: en algunos casos reduciendo el volumen de *inputs* necesarios [casos *a)* y *c)*]; en otros, reduciendo el precio de un *input*, como es el coste financiero de los depósitos [caso *b)*]. En los casos *d)* y *e)* incide positivamente sobre el volumen de *outputs* del banco. Por todo ello, la medida de eficiencia apropiada para evaluar el efecto del capital social es la de eficiencia en costes.

El esquema 6.1 resume las vías de influencia del capital social en la eficiencia en costes de los bancos. Básicamente, el proceso de inter-

ESQUEMA 6.1: **Eficiencia en costes y capital social**

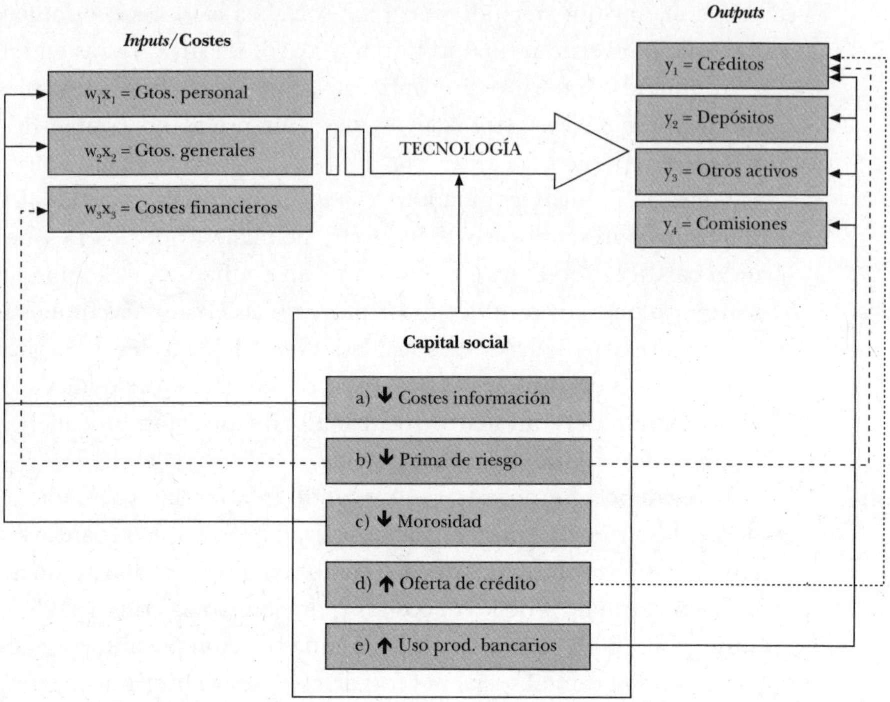

mediación realizado por los bancos consiste en obtener una gama de determinados *outputs* bancarios (y_1 = Créditos, y_2 = Depósitos, y_3 = Otros activos rentables, y_4 = Comisiones) mediante el uso de unos determinados recursos productivos o *inputs* (x_i) (trabajo, oficinas, recursos financieros), pagando por ellos unos precios (w_i) por lo que se incurre en costes [gastos de personal (w_1 x_1), gastos generales (w_2 x_2) y costes financieros (w_3 x_3)]. El proceso de transformación se realiza de forma eficiente cuando, dados los precios de los *inputs* y el estado de la tecnología, el banco obtiene los *outputs* con los menores costes posibles.

La influencia del capital social resulta relevante en este proceso de transformación pues, cuanto mayor es el capital social de la sociedad,

a) Menores son los costes de información, lo que reduce los gastos de personal (w_1 x_1) y los gastos generales (w_2 x_2) necesarios para la obtención de dicha información.
b) Menor es la prima de riesgo que exigen los depositantes, lo que reduce los costes financieros para el banco (w_3 x_3) y, por

otra parte, reduce el coste de crédito para el prestatario, con el consiguiente efecto positivo sobre los créditos concedidos por los bancos (y_1).

c) Menor es la morosidad, por lo que se reducirán las provisiones por insolvencias y los gastos de personal $(w_1\ x_1)$ y de administración $(w_2\ x_2)$ en los que debe incurrir el banco para la recuperación de los préstamos fallidos.

d) Aumenta la oferta de crédito (y_1), al reducirse las asimetrías y costes de información.

e) Aumenta el uso de productos bancarios por parte de la clientela, con el consiguiente efecto positivo sobre los *outputs* tradicionales de los bancos (créditos, depósitos, etc.; y_1, y_2, y_3) y sobre los servicios ofrecidos no tradicionales con contrapartida en forma de comisiones (y_4).

6.2. Rasgos del sistema bancario español

A la hora de abordar la influencia del capital social en la eficiencia bancaria en el caso español, resulta ineludible detenerse a repasar ciertos rasgos del sistema bancario español, así como su evolución idiosincrásica a lo largo de los últimos 20 años.

Durante las últimas dos décadas, el sector bancario español ha compartido con el resto de los sistemas bancarios de la Unión Europea el objetivo de armonización de los entornos reguladores y competitivos en los que operan las entidades bancarias de los diferentes países. Sin embargo, el caso español ha tenido sus peculiaridades, marcadas, en gran parte, por ser, en los inicios del proceso, uno de los sistemas bancarios en los que las empresas bancarias operaban más al abrigo de la competencia exterior, y en el que la regulación era más estricta. Como consecuencia de la misma y de la falta de libertad de tipos de interés, buena parte de la competencia se desarrolló durante años a través de la apertura de oficinas, formando densas redes que favorecieron la generación de relaciones con la clientela (Pérez, Maudos, y Pastor 1999).

No obstante, el conjunto de medidas reguladoras no ha afectado por igual a los tres tipos de entidades que han venido operando en el sistema bancario, esto es, bancos, cajas de ahorros y cooperativas de crédito. Si bien, en la actualidad, cada uno de estos tres agregados bancarios está sometido a la misma regulación operativa y puede llevar a cabo las mismas actividades, persistiendo únicamente las diferencias derivadas de su dispar trayectoria previa, no ocurría lo mismo hace algunos años, y existían regulaciones específicas siendo, en general, más laxa aquella que afectaba a los bancos, tanto en lo referido a la orientación de las inversiones como a la apertura de oficinas.

Debido a esos orígenes, en la actualidad persisten diferencias entre las entidades, derivadas, en parte, de la heterogeneidad reguladora a la que estaban sometidas en el pasado. Las tendencias observadas en esos grupos institucionales son diversas. Muchas de ellas, en especial las que hacen referencia a la evolución de la composición del balance, han sido repasadas en el capítulo 3. Una de las más llamativas hace referencia a la dispar evolución del número de sucursales de los tres tipos de entidades. Así, los bancos han disminuido sus sucursales desde 18.254 en 1992 a 14.209 en 2005. Por su parte, las cajas han aumentado sus oficinas de 14.298 a 21.529 en 2005. Similarmente, las cooperativas han pasado, de 3.080 en 1992, a 4.559 en 2005. Esta evolución se ve reflejada en el gráfico 6.1, que muestra el porcentaje de oficinas sobre el total del sistema bancario para cada uno de los agregados considerados.

Esta tendencia relativa a la expansión geográfica de las cajas de ahorro tiene su desencadenante en el Real Decreto 1582/1988 que, ante los deseos de algunas cajas de extender su operativa por todo

GRÁFICO 6.1: **Porcentaje del total de sucursales bancarias por tipo de entidad (1992-2004)**
(porcentaje)

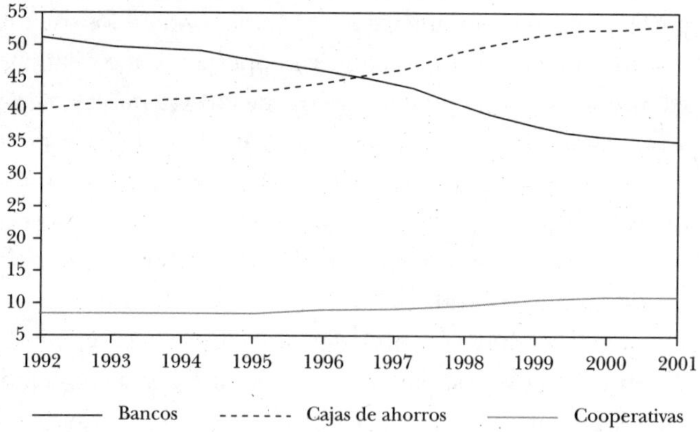

Fuente: Banco de España.

el territorio nacional en igualdad de condiciones a las que los bancos ya disfrutaban desde 1974, así como las consecuencias de la entrada de España en la entonces Comunidad Económica Europea, eliminó las barreras a la expansión geográfica a lo largo y ancho del territorio nacional (v. Illueca, Pastor, y Tortosa-Ausina 2005). Si bien bancos, cajas y cooperativas han experimentado fuertes cambios en distintos planos de su actividad, son las cajas de ahorro las entidades que más han aprovechado la desregulación de la expansión geográfica. En cambio, los bancos, que ya contaban con redes nacionales, las han reestructurado con ocasión de las fusiones reduciéndolas, y han participado más intensamente y de forma más dinámica de otros procesos como la internacionalización.

Los procesos de expansión geográfica e internacionalización tienen un calado diferente para bancos y cajas. Así, en el primero de estos procesos, el número de cajas que ha participado ha sido elevado, mientras que el segundo proceso es mucho más importante en el caso de los bancos.

En todo caso, las implicaciones de estos procesos para los objetivos de este trabajo son diferentes si tenemos en cuenta que el objetivo es analizar cómo incide el capital social sobre la eficiencia con la que operan las entidades bancarias españolas. Para llevar a cabo ese análisis, hemos de disponer de una medida del capital social existente en cada territorio. Partiendo de la misma, se puede valorar la influencia que dicha variable ha tenido sobre la evolución de las entidades, orientando su expansión geográfica y como determinante de su eficiencia. Para ello se debe construir una medida de capital social del entorno específico de cada entidad a partir de la información relativa al número de sucursales que tienen en cada provincia, por una parte, y el volumen de capital social existente en cada provincia.

El razonamiento es sencillo y consiste en que las empresas bancarias con más sucursales en provincias con mayor volumen de capital social trabajan en un entorno de mayor confianza. Por tanto, será beneficioso para ellas ubicarse allí donde la confianza sea más elevada, pues su existencia incide positivamente en las condiciones bajo las cuales se deben resolver los contratos bancarios, facilitando así la canalización del crédito entre ahorradores e inversores y mejorando, en última instancia, la eficiencia de los bancos.

6.3. Metodología

La medición de la eficiencia puede llevarse a cabo siguiendo diferentes métodos, que podemos clasificar en dos grandes categorías: paramétricos y no paramétricos. Como es sabido, là principal ventaja de los métodos no paramétricos reside en su flexibilidad, al no requerir la previa especificación de una forma funcional para la frontera ni para el término de error. Por el contrario, tienen el inconveniente de que son métodos deterministas, incapaces de separar el término de error de la propia ineficiencia. Los métodos paramétricos sí permiten tal separación, pero a costa de especificar/imponer previamente una forma funcional para la frontera (inobservada), así como de la realización de supuestos acerca de la distribución del término de error y de la ineficiencia.

Varias monografías realizadas por expertos en la materia han venido ofreciendo minuciosas descripciones de las técnicas que se han desarrollado durante los últimos tres decenios (v., por ejemplo, Fried, Lovell, y Schmidt 1993). Sin embargo, las monografías más recientes se han decantado exclusivamente por alguno de los dos grupos de técnicas. Así, Lovell y Kumbhakar (2000) se ocupan, exclusivamente, del análisis de la eficiencia a través de métodos paramétricos conocidos como de frontera estocástica [SFA (Stochastic Frontier Analysis)], mientras que Färe y Grosskopf (2004) se ocupan sólo del llamado análisis de la envolvente de datos [DEA (Data Envelopment Analysis)].

No obstante, los ritmos de evolución de ambos enfoques no han ido parejos en los últimos tiempos. Así, si bien hasta principios de los noventa ambos tipos de técnicas experimentaron un progreso similar, desde hace algunos años, es mayor el uso de las técnicas no paramétricas y las nuevas propuestas se decantan claramente hacia el campo no paramétrico.[1] El presente capítulo sigue esta tendencia y utiliza un enfoque no paramétrico para la medición de la eficiencia.

[1] Así, Cazals, Florens, y Simar (2002) presentan un estimador no paramétrico que es más robusto a los valores atípicos que DEA o FDH (Free Disposable Hull), Aragon, Daouia y Thomas-Agnan (2005) presentan un estimador no paramétrico de la frontera eficiente basado en los cuartiles condicionales de una distribución apropiada asociada al proceso de producción. Martins-Filho y Yao (2003) proponen también un estimador no paramétrico de fronteras que «envuelve» los datos y es más robusto a observaciones atípicas que otros métodos propuestos con anterioridad.

El capital social puede considerarse un recurso productivo *(input)* del que se benefician los bancos, por lo que se debe considerar como un *input* adicional del problema de optimización. El problema reside en que, a diferencia de otros *inputs,* los bancos no pueden variar discrecionalmente el capital social de su entorno, por lo que debe recibir un tratamiento diferenciado del resto de *inputs.*

Existen varios procedimientos para incluir variables ambientales o no discrecionales en DEA (Fried y Lovell 1996; Rouse 1996), que pueden ser clasificados en una, dos y tres etapas.

Banker y Morey (1986a, 1986b) propusieron el procedimiento más directo, basado en una sola etapa. Consiste en dar un tratamiento diferenciado a los *inputs* discrecionales de los no discrecionales, no permitiendo reducciones radiales en el caso de *inputs* no discrecionales. El propósito es restringir la comparación sólo a aquellas empresas o DMU *(Decision Making Units)* sujetas a las mismas o peores condiciones ambientales. Este procedimiento presenta la ventaja de ser el más simple y el de más fácil interpretación, razón por la cual es el más extendido en la literatura. Sin embargo, plantea el inconveniente de que la dirección de influencia de cada variable debe ser conocida a priori.

Ruggiero (1996) realizó un refinamiento muy conveniente del procedimiento propuesto por Banker y Morey, eliminando la restricción de convexidad en los *inputs* no discrecionales. Al hacerlo, los *inputs* no discrecionales son tratados como factores que determinan la posición de la frontera, es decir, que actúan como restricciones que dan lugar a múltiples fronteras que excluyen de la comparación a las DMU con situaciones o ambientes más favorables en términos de la variable no discrecional.

Los procedimientos bietápicos también son muy usados en la literatura. El más común es el que intenta explicar los índices de eficiencia obtenidos en la primera etapa por medio de una regresión *expost* que incluye un conjunto de variables de control entre las que se encuentran las ambientales.[2] El principal inconveniente de este procedimiento es que los índices de eficiencia ajustados pueden salirse del intervalo (0,1). Para solventar este inconveniente, es usual

---

[2] El primer trabajo en utilizar este procedimiento fue el de Timmer (1971).

utilizar modelos de censurados como el TOBIT.[3] Adicionalmente, este enfoque hace un uso simultáneo de procedimientos no paramétricos en la primera etapa y paramétricos en la segunda, lo cual le resta homogeneidad metodológica.

Finalmente, Fried y Lovell (1996) proponen un procedimiento en tres etapas. En la primera, se utiliza el modelo DEA tradicional incluyendo sólo *inputs* y *outputs*. En la segunda etapa se utiliza bien DEA o SFA para corregir por el efecto de las variables ambientales. Para ello se ajustan los *slacks* obtenidos en la primera etapa por el efecto de las variables no discrecionales. Finalmente, en la tercera etapa, las variables ajustadas se utilizan para obtener los índices de eficiencia ajustados por el entorno.

En este trabajo se va a utilizar el procedimiento de una etapa con el refinamiento propuesto por Ruggiero (1996). Como se ha comentado, su principal inconveniente reside en que es necesario conocer con antelación la dirección de la influencia de la variable ambiental a considerar, pero, en nuestro caso, la dirección de influencia del capital social en la eficiencia es conocida a priori y ha sido extensamente justificada en secciones anteriores.

Para ilustrar la metodología, supóngase que existen los bancos $i = 1, ..., R$ que producen un vector de P *outputs* $y_1 = (y_{i1}, ..., y_{iP}) \in \Re^P_{++}$, usando M *inputs* $x_i = (x_{i1}, ..., x_{iM}) \in \Re^M_{++}$, pagando por ellos unos precios $w_i = (w_{i1}, ..., w_{iM}) \in \Re^M_{++}$. La eficiencia en costes del banco i puede ser calculada resolviendo el siguiente problema DEA estándar que compara al banco i con todos los R bancos de la muestra (Charnes, Cooper, y Rhodes 1978):

$$\begin{aligned} Min \quad & \sum_{m=1}^{M} w_{im} x_{im} \\ s.t. \quad & \sum_{r=1}^{R} \lambda_r y_{rp} \geq y_{ip} \qquad p = 1, ..., P \\ & \sum_{r=1}^{R} \lambda_r x_{rm} \leq x_{im} \qquad m = 1, ..., M \\ & \sum_{r=1}^{R} \lambda_r = 1, \lambda_r \geq 0, \quad r = 1, ..., R \end{aligned} \tag{6.1}$$

[3] En lugar de ajustar los índices de eficiencia obtenidos, otros autores proponen procedimientos bietápicos basados en ajustar los residuos o *slacks* (por ejemplo, McCarty, y Yaisawarng 1993; Fried, Lovell, y Schmidt 1993).

La solución de este problema, $x_i^* = (x_{i1}^*, ..., x_{iM}^*)$, corresponde al vector de *inputs* óptimo, es decir, el que minimiza los costes de producción del vector de *outputs* dados los precios de los *inputs*. Se ha obtenido de la comparación del banco *i* con una combinación lineal de *inputs* que produce, al menos, tanto de cada *output* utilizando una cantidad menor o igual de *inputs*. Los costes óptimos $C_i^* = \sum_{m=1}^{M} w_{im} x_{im}^*$ serán, por definición, iguales o menores que los costes observados del banco *i*, $C_i = \sum_{m=1}^{M} w_{im} x_{im}$.

La eficiencia en costes total del banco *i* (CE_i) se expresa, por tanto, como la ratio entre los costes observados del banco *i* y los costes óptimos:

$$CE_i = \frac{C_i^*}{C_i} = \frac{\sum_{m=1}^{M} w_{im} x_{im}^*}{\sum_{m=1}^{M} w_{im} x_{im}} \qquad (6.2)$$

donde $CE_i \leq 1$.

El gráfico 6.2 ilustra este concepto para el caso de dos *inputs*. La isocuanta está formada por las empresas eficientes *B*, *F* y *G* y las combinaciones lineales de ellas. Dado el precio relativo de los *inputs*, el mínimo coste (C_i^*) se obtiene de una combinación lineal de *B* y *F*.

GRÁFICO 6.2: **Eficiencia en costes en DEA**

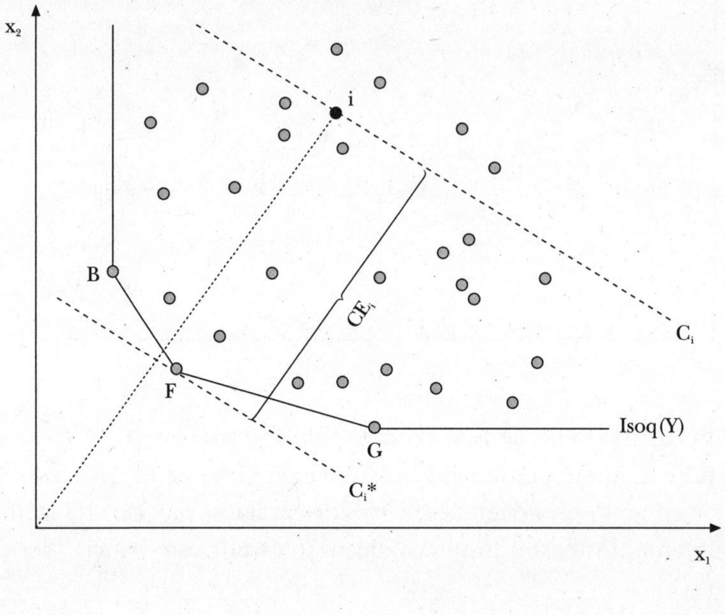

Dado que la empresa *i* tiene unos costes de C_i, podemos representar la eficiencia total en costes (CE_i) como la distancia (ratio) entre las dos isocostes.

El problema del enfoque anterior reside en que ignora el papel de los *inputs* no discrecionales, es decir, no considera la posibilidad de que bancos que operan en diferentes economías se enfrenten a ambientes diferentes (en nuestro caso, diferentes niveles de capital social) y que esto influya en la eficiencia.

Imaginemos que el banco *i* estuviera sometido a un ambiente muy desfavorable, con un nivel muy bajo de capital social en su economía. Para este banco, alcanzar los costes mínimos (C_i^*) resultaría imposible. Compararlo con las prácticas de bancos que tienen ambientes más favorables no sería lo más correcto y sesgaría los resultados, al penalizar erróneamente la valoración de los bancos que actúan en entornos desfavorables. El gráfico 6.3 ilustra esta posibilidad para un hipotético banco *i*.

GRÁFICO 6.3: **Eficiencia en costes e *inputs* no discrecionales en DEA**

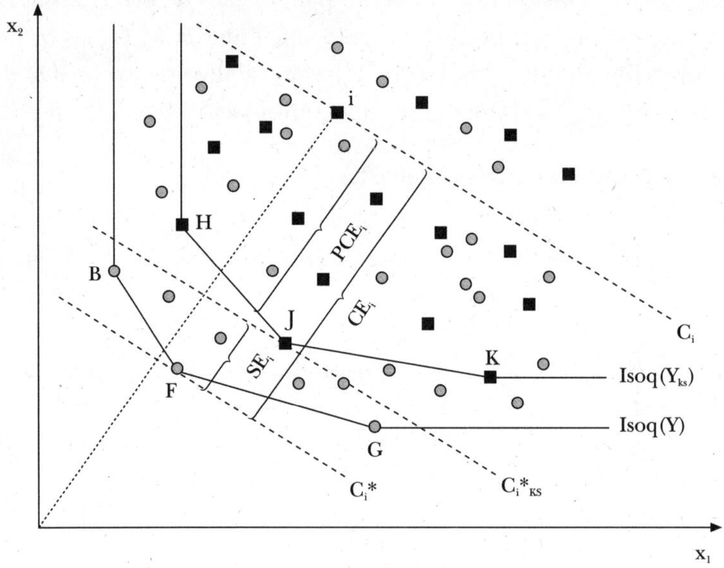

El banco *i* debería de ser comparado con los bancos *H*, *J* y *K*, sometidos a ambientes igual o más desfavorables que el analizado, es decir, con menores o iguales niveles de capital social. De esta forma, realmente, los costes mínimos alcanzables por este banco *i* serían los representados por la isocoste C^*_{iKS} y su eficiencia en costes estaría representada por la distancia entre las isocostes C^*_{iKS} y C_i.

La consideración del capital social como *input* discrecional permite descomponer la eficiencia total en costes del banco *i* (CE_i) de la siguiente forma:

$$CE_i = \frac{C^*_i}{C_i} = \underbrace{\left(\frac{C^*_{iKS}}{C_i}\right)}_{CEk_i} \underbrace{\left(\frac{C^*_i}{C^*_{iKS}}\right)}_{SE_i} \tag{6.3}$$

El primer término es la «eficiencia en costes corregida por capital social» del banco *i* (CEk_i), definida como la ratio entre los costes óptimos representados por una frontera formada por bancos y combinaciones lineales de bancos con iguales o menores niveles de capital social (C^*_{iKS}) y los costes del banco *i* (C_i).

El segundo término representaría el concepto de «eficiencia social» del entorno del banco *i* (SE_i) y se define como la ratio entre los costes óptimos que éste podría alcanzar en el caso de que estuviera en una economía con un entorno muy favorable, con elevados niveles de capital social (C^*_i) y los costes óptimos realmente alcanzables por el banco *i* (C^*_{iKS}) en su entorno efectivo.

$$SE_i = \frac{C^*_i}{C^*_{iKS}} \tag{6.4}$$

Nótese que este segundo indicador es una medida de la penalización que impone la sociedad a la empresa bancaria por tener bajos niveles relativos de capital social.

A nivel práctico, el problema reside en calcular los costes óptimos del banco *i* (C^*_{iKS}) comparándolo sólo con los bancos sometidos a iguales o peores entornos, lo que se consigue resolviendo el problema (6.1) modificado:

$$\begin{aligned} &Min \quad \sum_{m=1}^{M} w_{im}\, x_{im} \\ &s.t. \quad \sum_{r=1}^{R} \lambda_r\, y_{rp} \geq y_{ip} \qquad p = 1, ..., P \\ &\qquad\;\; \sum_{r=1}^{R} \lambda_r\, x_{rm} \leq x_{im} \qquad m = 1, ..., M \end{aligned} \tag{6.5}$$

$$\sum_{r=1}^{R} \lambda_r = 1, \lambda_r \geq 0, \quad r = 1, ..., R$$

$$\lambda_r = 0 \quad si \quad KSoc_r > KSoc_i$$

donde se ha introducido una restricción adicional para limitar el ámbito de comparación a aquellos bancos sometidos a ambientes igual o más desfavorables [en nuestro caso, con iguales o menores niveles de capital social *(KSoc)*] que el banco analizado (Ruggiero 1996, 1998, 2004).

Con el fin de aportar una mayor riqueza al análisis de cara a evaluar el impacto sobre la eficiencia en costes de la inclusión del capital social como *input* no discrecional, tendremos en cuenta un conjunto de instrumentos consistentes con el carácter no paramétrico de los índices obtenidos en la primera etapa.

Entre el conjunto de técnicas que utilizaremos, en un primer lugar, haremos uso del contraste no paramétrico de Wilcoxon, que, en el sector bancario, ha sido aplicado, entre otros, por Elyasiani y Mehdian (1995).[4] Este contraste es el usual cuando no es razonable asumir que las observaciones se distribuyan de manera normal, como es el caso de los índices de eficiencia.

Este contraste, de manera análoga al contraste-*t* o al análisis de la varianza, permite conocer si un determinado estadístico difiere significativamente. En concreto, el contraste de Wilcoxon proporciona información sobre las diferencias entre medianas.

Sin embargo, si pretendemos llevar a cabo un análisis más pormenorizado, podemos recurrir a algunos instrumentos desarrollados en el campo de la estadística no paramétrica. En concreto, Li (1996) propuso un contraste no paramétrico para conocer si dos distribuciones (y no sólo dos estadísticos resumen como la media o la desviación típica) difieren estadísticamente sin necesidad de llevar a cabo supuesto alguno sobre las mismas. Este contraste fue refinado más adelante por Fan y Ullah (1999).

La aplicación de estos contrastes requiere, en una primera fase, estimar no paramétricamente por métodos de suavizado *kernel* las

---

[4] Dado que es un contraste habitual que viene recogido en cualquier manual de estadística avanzada, hemos optado por omitir los detalles (v, por ejemplo, Hollander y Wolfe 1999).

funciones de densidad correspondientes a los índices de eficiencia en costes sin corregir (CE) y corregidos por capital social (CEk). Si bien existen multitud de monografías que se ocupan del tema, quizás la contribución más relevante sea la de Silverman (1986), y, también, las más recientes de Wand y Jones (1995), Pagan y Ullah (1999) o Härdle et al. (2004).

El estimador de densidad *kernel* $\hat{f}$ de una densidad univariante f basado en una muestra de R índices de eficiencia (ya sean corregidos o no por capital social) se expresa como:

$$\hat{f}(x) = \frac{1}{Rh} \sum_{i=1}^{R} K\left(\frac{x - CE_i}{h}\right) \tag{6.6}$$

donde i es el índice de empresa bancaria, CE_i es su índice de eficiencia en costes, x es el punto de evaluación, h es el parámetro de suavizado y K es una función *kernel* que satisface ciertas condiciones (v. Silverman 1986).

Este tipo de estimación requiere dos decisiones. Una se refiere a la elección del *kernel* que, por su facilidad de cálculo, ha recaído en el *kernel* gaussiano, cuya expresión responde a:

$$K(t) = \frac{1}{\sqrt{2\pi}} e^{-\frac{1}{2}t^2} \tag{6.7}$$

Sin embargo, es más relevante la elección del parámetro *(h)*, que determina la dosis de suavizado. En concreto, cuanto mayor sea el parámetro h, mayor el suavizado y mayor la pérdida de detalle, y viceversa. Entre la multitud de métodos existentes, los más avanzados son los conocidos como *plug-in* y *biased cross validation* (v. Silverman, 1986; Wand y Jones 1995), por su mejor compromiso entre sesgo y varianza.

Asimismo, debemos también tener en cuenta que los índices de eficiencia están acotados entre (0,1], pues, de otro modo, generamos estimaciones inconsistentes. Una alternativa para solventar el problema consiste en utilizar el llamado «método del reflejo» *(reflection method)*, propuesto por Silverman (1986), cuya idea es que aquella masa probabilística que queda más allá de la unidad (donde, teóricamente, no debería haber masa probabilística) se «refleja» para que quede por debajo de la unidad —que es donde, teóricamente, debería estar—.[5]

Una vez estimadas las densidades, los contrastes de Li (1996) y Fan y Ullah (1999) permiten conocer si las diferencias visuales percibidas son estadísticamente significativas. Estos instrumentos, pese a su supuesta relevancia, han sido escasamente utilizados por los economistas (v., por ejemplo, Kumar y Russell 2002). La idea, como hemos comentado anteriormente, consiste en comparar *toda* la distribución y no sólo algún o algunos estadísticos resumen.

El contraste de Li (1996) se basa en medir la distancia entre dos densidades $f(x)$ y $g(x)$ a través del error cuadrático integrado, esto es:

$$\begin{aligned} I = I\left(f(x), g(x)\right) &= \int_x \left(f(x) - g(x)\right)^2 dx \\ &= \int_x \left(f^2(x) - g^2(x) - 2f(x)\, g(x)\right) dx \qquad (6.8) \\ &= \int_x \left(f(x)\, dF(x) + g(x)\, dG(x) - 2g(x)\, dF(x)\right) \end{aligned}$$

donde F y G serían dos candidatas para la distribución de X, con funciones de densidad $f(x)$ y $g(x)$, que son estimadas por los métodos de suavizado *kernel* comentados con anterioridad, por lo que $\hat{f}$ será el estimador *kernel* no paramétrico de f. Siendo así, dado que $\hat{f} = (1 / Rh) \sum_{i=1}^{R} K((x_i - x) / h)$, un estimador posible para I será:

$$\tilde{I} = \int_x (\hat{f}(x) - \hat{g}(x))^2 dx = \frac{1}{R^2 h} \sum_{j=1}^{R} \sum_{i=1}^{R} \left[K\left(\frac{x_j - x_i}{h}\right) + K\left(\frac{y_j - y_i}{h}\right) - 2K\left(\frac{y_j - x_i}{h}\right) - K\left(\frac{x_j - y_j}{h}\right)\right] + \frac{1}{R^2 h} \sum_{i=1}^{R} \left[2K(0) - 2K\left(\frac{x_i - y_i}{h}\right)\right] \qquad (6.9)$$

El error cuadrático integrado constituye la base para calcular el estadístico en el cual se basa el contraste (v. Fan 1994; Li 1996; Pagan y Ullah 1999), cuya expresión general responde a:

[5] Los distintos procedimientos seguidos en este trabajo a la hora de estimar densidades han sido implementados en el paquete FEAR diseñado por Paul W. Wilson para el *software* estadístico *R*.

$$T = \frac{Rh^{1/2}\,\tilde{I}}{\hat{\sigma}} \tag{6.10}$$

donde:

$$\hat{\sigma} = \frac{1}{R^2 h} \sum_{j=1}^{R} \sum_{i=1}^{R} \left[K\left(\frac{x_j - x_i}{h}\right) + K\left(\frac{y_j - y_i}{h}\right) + 2K\left(\frac{x_j - y_i}{h}\right) \right] \int K^2 (\psi)\, d\psi \tag{6.11}$$

y h es el parámetro de suavizado.

6.4. Datos, variables y muestra utilizada

En este capítulo se utilizan dos grupos de datos: por una parte, la información relativa al volumen de capital social por provincia proveniente de Pérez, dir., et al. (2005). Por otra, los datos de cajas de ahorros y bancos españoles proporcionados por la CECA (Confederación Española de Cajas de Ahorros)[6] y por la AEB (Asociación Española de Banca)[7] para el período 1992-2001. Ésta es la única información pública disponible para los bancos y cajas de ahorros españoles a nivel de empresa individual.[8]

Las bases de datos del trabajo son construidas a partir de los balances y cuentas de pérdidas y ganancias de cada una de las empresas. Las empresas consideradas suponen alrededor del 90% de los activos del sistema, habiéndose excluido aquellas entidades para las cuales no se disponía de toda la información o ésta introducía ciertas dificultades en el análisis (número de trabajadores inexistente, etc.).

En cuanto al período analizado, éste se circunscribe a los años 1992-2001 por varios motivos. La cota superior está determinada

---

[6] Véase URL: http://www.ceca.es.

[7] Véase URL: http://www.aebanca.es.

[8] El Banco de España proporciona información adicional más desagregada para ciertas partidas del balance, pero sólo está disponible para agregados bancarios, esto es, el conjunto de bancos comerciales, el conjunto de cajas de ahorro, o el conjunto de empresas bancarias.

por la serie de capital social disponible, que acaba en el año 2001. La cota inferior viene determinada por ser el año en el que la entrada en vigor de la Circular 4/1991 del Banco de España dio lugar a un cambio en la información pública que tenían que presentar las entidades de depósito españolas. En cualquier caso, restringir el análisis a dicho período no es un inconveniente, pues son los años durante los cuales muchas empresas bancarias, en especial, cajas de ahorros, iniciaron su expansión geográfica. Si bien este último grupo de entidades ya podía expandirse por todo el territorio nacional desde la entrada en vigor del Real Decreto 1582/1988, la implicación de muchas de ellas en costosas fusiones retrasó su expansión efectiva hasta bien entrados los años noventa.

Como se ha venido comentando a lo largo de las secciones anteriores, el agregado de las empresas bancarias contempla también el tercer tipo de empresas existente en el sistema bancario español, las cooperativas de crédito. Sin embargo, hemos excluido estas empresas de nuestro análisis por haber participado con mucha menos intensidad en el fenómeno al que estamos prestando atención: la expansión geográfica fuera de las provincias de origen. Mientras que la expansión geográfica de las cajas de ahorros ha sido de gran magnitud, el crecimiento del número de oficinas de las cooperativas de crédito ha tenido lugar fundamentalmente dentro del ámbito tradicional de operación.

Si bien la elección de *inputs,* y, sobre todo, de *outputs,* en banca ha sido fuente de controversia, nuestra selección se halla en línea con los trabajos más recientes. En concreto, vamos a considerar tres *inputs,* trabajo (x_1), capital (x_2) y fondos prestables (x_3). El cuadro 6.1 contiene definiciones específicas y estadísticos descriptivos para el año 2001. Podemos calcular los precios para cada categoría de *input,* dado que la información sobre los costes generados por los mismos también está disponible: gastos de personal, amortizaciones y otros gastos administrativos y costes financieros. Al modelizar el *output* bancario, existen ciertas dificultades adicionales. Hay tres enfoques básicos: activo *(asset approach), user cost* y valor añadido *(value added)* (Berger y Humphrey 1992; Tortosa-Ausina 2002). Muchos trabajos adoptan el enfoque del activo, pero otros han optado por una versión «ampliada» de este enfoque considerando como *outputs* no sólo las categorías de activos que generan ingresos sino, también, los

CUADRO 6.1: **Definición de las variables relevantes, 2001**

Variable	Nombre de la variable	Definición	Mediana	Desv. típica
Outputs				
y_1	Préstamos‡	Entidades de crédito, créditos sobre clientes, caja y Bancos Centrales	2.763.622,39	15.911.067,37
y_2	Renta fija‡	Obligaciones y otros valores de renta fija, Deuda del Estado	313.825,07	4.460.159,58
y_3	Otros valores‡	Acciones y otros títulos de renta variable, participaciones, participaciones en empresas del grupo	69.054,56	2.939.727,85
y_4	*Output* no tradicional‡	Ingresos por comisiones (netas)	22.141,76	159.536,40
Inputs				
x_1	Trabajo	Número de empleados	1.041,50	4.983,42
x_2	Capital‡	Inmovilizado	59.345,57	342.934,64
x_3	Fondos prestables‡	Entidades de crédito (pasivo), débitos de clientes, débitos representados por valores negociables, financiación subordinada	2.891.617,40	21.124.136,89
Precios de los *inputs*				
w_1	Sueldos y salarios‡	Gastos de personal/x_1	39,13	9,49
w_2	Coste del capital físico	(Amortizaciones y saneamientos de activos materiales e inmateriales + otros gastos adiministrativos)/x_2	0,44	1,57
w_3	Coste del pasivo (fondos prestables)	Costes financieros(intereses y cargas asimiladas)/x_3	0,028	0,013

‡ En miles de euros

Fuente: AEB y CECA

depósitos que pueden ser utilizados como variable *proxy* para la provisión de medios de pago. Sin embargo, esta categoría como tal no está disponible en los balances públicos de bancos y cajas de ahorros, por lo que hemos descartado su utilización.

A partir de este razonamiento, consideramos que los bancos y cajas de ahorro españoles proporcionan cuatro *outputs*, esto es, préstamos (y_1), valores de renta fija (y_2), otros valores (y_3) y un *output* no tradicional (y_4). Siguiendo las contribuciones de Rogers (1998) y Tortosa-Ausina (2003), hemos considerado también una categoría adicional, esto es, un *output* no tradicional, pues dichos autores encontraron que dejar de lado las nuevas actividades hacia las que muchas entidades se están orientando (fundamentalmente, actividades que proporcionan servicios financieros y generan ingresos por comisiones) da lugar a estimaciones de la eficiencia sesgadas. En el cuadro 6.2 se presentan descripciones específicas y estadísticos descriptivos para cada una de las categorías consideradas.

Para la construcción de la variable capital social de cada empresa, se utiliza la información sobre el número de sucursales de cada banco y caja de ahorros en cada provincia. Esta información se combina con información disponible sobre el volumen de capital social existente en cada una de las provincias españolas (Pérez, dir., et al. 2005) para construir un indicador de capital social específico para cada una de las empresas bancarias que componen la muestra.

Combinando estos dos tipos de informaciones, definiremos el capital social del entorno de cada empresa i, $i = 1, ..., R$ como:

$$KSoc_i = \frac{\sum_{s=1}^{S} KSocp_s \cdot Branch_{is}}{\sum_{s=1}^{S} Branch_{is}} \tag{6.12}$$

donde $KSoc_i$ sería el capital social de que dispone la empresa i, $Branch_{is}$ sería su número de sucursales en la provincia s (donde $s = 1, ..., S$, y S es el número de provincias), y $KSocp_s$ sería el volumen de capital social de la provincia s.

De acuerdo con esta formulación, una empresa bancaria i dispondría de un mayor o menor volumen de capital social en función del número de oficinas que tenga en cada una de las provincias en las que lleva a cabo su actividad. Por tanto, disponer de un mayor número de sucursales en aquellas provincias en las que se da una mayor concentración de capital social permitiría acceder más fácilmente al mismo mientras que, por el contrario, si las oficinas están más concentradas en provincias donde el volumen de capital social es menor, la entidad bancaria objeto de análisis se beneficiaría de un capital social más bajo. Dicho de otro modo, y siguiendo el razonamiento expuesto con anterioridad, las entidades que concentran una mayor parte de su actividad en provincias con menor volumen de capital social estarán operando en entornos más desfavorables.

Las diferentes dotaciones de capital social de las provincias pueden haber condicionado, junto con otros factores, las políticas de expansión geográfica a lo largo y ancho del territorio nacional emprendidas por un gran número de empresas bancarias, sobre todos de cajas de ahorros. Como se ha comentado, un gran número de entidades han iniciado políticas expansivas en busca de nuevos mercados distintos al aquel en el que habían venido concentrando mayoritariamente su actividad; estas políticas pueden haberse orientado hacia la búsqueda de mercados en los que la acumulación de capital social es mayor, dadas las ventajas que supone para distintos planos de la actividad bancaria.

El cuadro 6.2 contiene estadísticos descriptivos de la misma para bancos, cajas de ahorros y el total de empresas bancarias consideradas. En dicho cuadro se aprecia con claridad cómo el capital social del entorno de las empresas bancarias prácticamente se ha triplicado, en promedio, a lo largo del período considerado. Si bien este hecho es común para bancos y cajas, son notables las diferencias existentes entre ambos.

Dichas diferencias se hacen más patentes al observar el gráfico 6.4, que muestra diagramas de tipo *box plot* considerando empresas bancarias, bancos comerciales y cajas de ahorros por separado. El eje vertical en cada diagrama representa la escala de la variable; en nuestro caso, el *KSoc.* La «caja» representa el rango intercuartílico *(IQR).* Los cuartiles 0,75 y 0,25 (ξ,75 y ξ,25) definen los segmentos superior e inferior, respectivamente. El 50% central de masa probabilística está dentro de la «caja». Por tanto, su altura representa el rango intercuartílico *(IQR)*, una medida habitual de dispersión. Un rango intercuartílico pequeño se reflejará en una caja estrecha, indicando que el 50% central de la distribución está muy concentra-

CUADRO 6.2: **Estadísticos descriptivos para la variable capital social, empresas bancarias (1992-2001)**

	Año	Media	Desv. típica	Mediana	Mínimo	1.er cuartil	3.er cuartil	Máximo
	1992	7,4523	6,8932	3,8883	0,4132	1,8724	12,1417	29,8774
	1993	5,4878	4,9069	3,1755	0,3104	1,5111	8,8948	24,2200
	1994	4,9639	4,6044	2,7496	0,3525	1,3444	8,1517	19,6226
	1995	5,4573	4,8656	3,1734	0,3450	1,5166	8,9994	20,5546
Empresas	1996	6,8568	6,5713	3,5997	0,3643	1,7213	10,4090	24,1585
bancarias	1997	8,7786	8,3796	5,1339	0,4677	2,1504	13,1201	29,9413
	1998	10,5965	10,3355	6,2309	0,7417	2,5782	15,6850	36,0138
	1999	13,2114	12,2935	9,3096	0,3766	3,4140	20,1172	49,0658
	2000	19,0604	17,3191	14,7303	1,0040	5,0811	26,7112	64,4317
	2001	20,0058	19,2174	13,5570	1,1163	5,0331	28,2571	80,1637
	1992	11,0929	7,5630	9,9745	0,6535	7,0628	13,1933	29,8774
	1993	7,8664	5,6165	7,1915	0,5435	3,2523	9,8173	24,2200
	1994	7,2467	5,4093	6,3009	0,5232	2,7904	9,3915	19,6226
	1995	7,5779	5,4445	6,3715	0,4482	3,1015	10,2016	20,5546
Bancos	1996	9,8429	7,4292	7,4827	0,5304	4,4634	12,5987	24,1585
	1997	13,2974	9,3093	9,9024	0,7160	7,2549	16,7957	29,9413
	1998	16,4833	11,8322	12,8517	0,7417	9,3458	23,3183	36,0138
	1999	18,0776	13,9825	15,3087	0,3766	8,1785	21,8705	49,0658
	2000	28,3271	20,8461	23,7987	1,8808	15,0841	35,3808	64,4317
	2001	28,3538	22,6289	24,8051	4,2485	11,4341	33,2080	80,1637
	1992	3,8861	4,8056	2,0848	0,4132	1,2451	3,7534	18,9945
	1993	3,0232	3,6083	1,7262	0,3104	0,8664	2,9262	15,1425
	1994	2,9514	3,1701	1,7045	0,3525	1,0066	2,9465	12,3586
	1995	3,1375	3,4692	1,7702	0,3450	1,1436	3,1904	13,8900
Cajas de	1996	3,7236	3,9151	2,1337	0,3643	1,4279	4,1735	15,6785
ahorro	1997	4,6844	4,7709	2,9744	0,4677	1,5977	5,1228	18,9768
	1998	6,0040	6,1062	3,3062	0,8354	2,1275	6,6916	23,9823
	1999	8,8881	8,8451	5,3657	0,9611	3,1188	10,2551	33,8247
	2000	11,7791	10,8045	9,7066	1,0040	3,8267	15,1115	43,5220
	2001	10,9637	8,1272	10,3918	1,1163	4,2021	15,0495	27,5148

Fuente: AEB, CECA y elaboración propia a partir de Pérez, dir., et al. (2005).

do. La línea horizontal en el interior de la caja es la mediana, o cuartil 0,50. Su localización relativa hacia las cotas superior o inferior proporciona información gráfica acerca de la forma de la distribución. Si no está en el centro, la distribución es asimétrica. Asimismo, se muestran dos líneas horizontales en los límites superior e inferior de la distribución. El final de cada línea se conoce como «valor adyacente» o «bigote» *(whisker)*, superior o inferior. De hecho, la máxima distancia entre «bigotes» nos la da el intervalo $[\xi,25 \bullet 1,5R\ (\xi,25), \xi,75 + 1,5R\ (\xi,25)]$, donde $R\ (\xi,25)$ es el *IQR*.

GRÁFICO 6.4: *Box plots* del capital social, empresas bancarias (1992-2001)

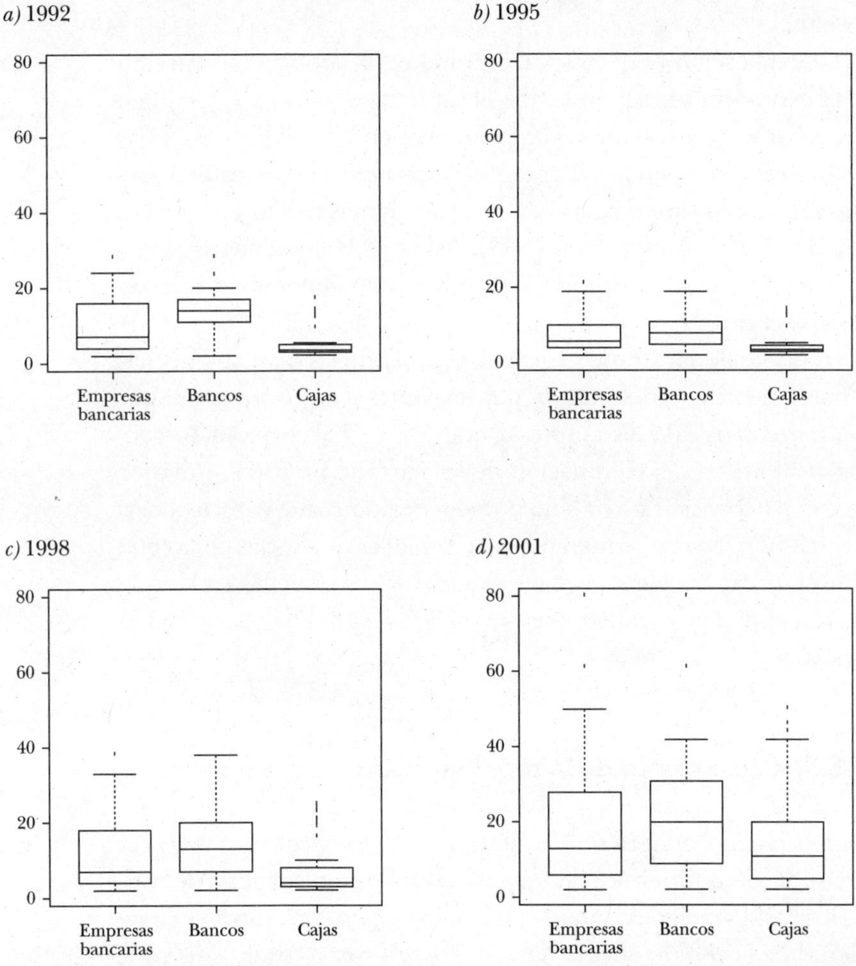

Fuente: AEB, CECA y elaboración propia a partir de Pérez, dir., et al. (2005).

Por tanto, los «bigotes» definen los límites naturales de la distribución, más allá de los cuales encontramos únicamente observaciones atípicas *(outliers).*

A través de los *box plots,* podemos apreciar cómo, en el primer año del período muestral considerado (1992), el solapamiento de la «caja» central, esto es, del 50% central de la distribución de bancos y las cajas de ahorros, era prácticamente inexistente (gráfico 6.4a). Por el contrario, en el año final (2001) las diferencias se han estrechado notablemente. Esta tendencia es el resultado del proceso de expansión de las cajas hacia las provincias con mayores niveles de capital social, que se ha acelerado a partir de la segunda mitad de los noventa.

La explicación podemos encontrarla en la propia construcción de la expresión (6.12), en la que el numerador recoge el volumen de capital social existente en las provincias en las que bancos y cajas llevan a cabo su operativa. Por tanto, concentrar la actividad en provincias con más capital social se traducirá en mayores niveles para la variable *KSoc* de la expresión (6.12). Así pues, la tendencia observada nos estaría indicando que, en un contexto generalizado de aumento del capital social en todos los ámbitos geográficos en los que las empresas llevan a cabo su actividad, han sido las cajas las que más se han beneficiado del mismo, por dos hechos fundamentales: por una parte, han sido las empresas que más se han expandido geográficamente tras la eliminación de las barreras de expansión; por otra, esta expansión no ha sido homogénea, sino que parece haberse orientado, en mayor medida, hacia aquellas provincias en las que el nivel de capital social es más elevado, esto es, aquellas en las que ciertas condiciones ambientales son más favorables para la actividad bancaria.

6.5. Crecimiento de la red de oficinas y capital social

El gráfico 6.5 considera si el capital social de los territorios ha podido condicionar la política de expansión de la red de oficinas de bancos y cajas. Para ello se muestra la relación existente entre el crecimiento de la red de oficinas de cada banco y caja de ahorros y los niveles iniciales de capital social de cada una de las provincias, y se acompaña de la regresión correspondiente. El gráfico muestra la existencia de una relación positiva y estadísticamente significativa entre crecimiento de la red de oficinas y los niveles iniciales de capital social de cada provincia. Si bien esta relación es significativa en ambos casos, es de mayor importancia y significatividad en el caso de las cajas de ahorros. Esta relación positiva entre crecimiento de la red y niveles de capital social de las provincias se mantiene aun cuando se controla por otras variables como los niveles de renta y renta per cápita de las provincias.

GRÁFICO 6.5: **Crecimiento de la red de oficinas y capital social**

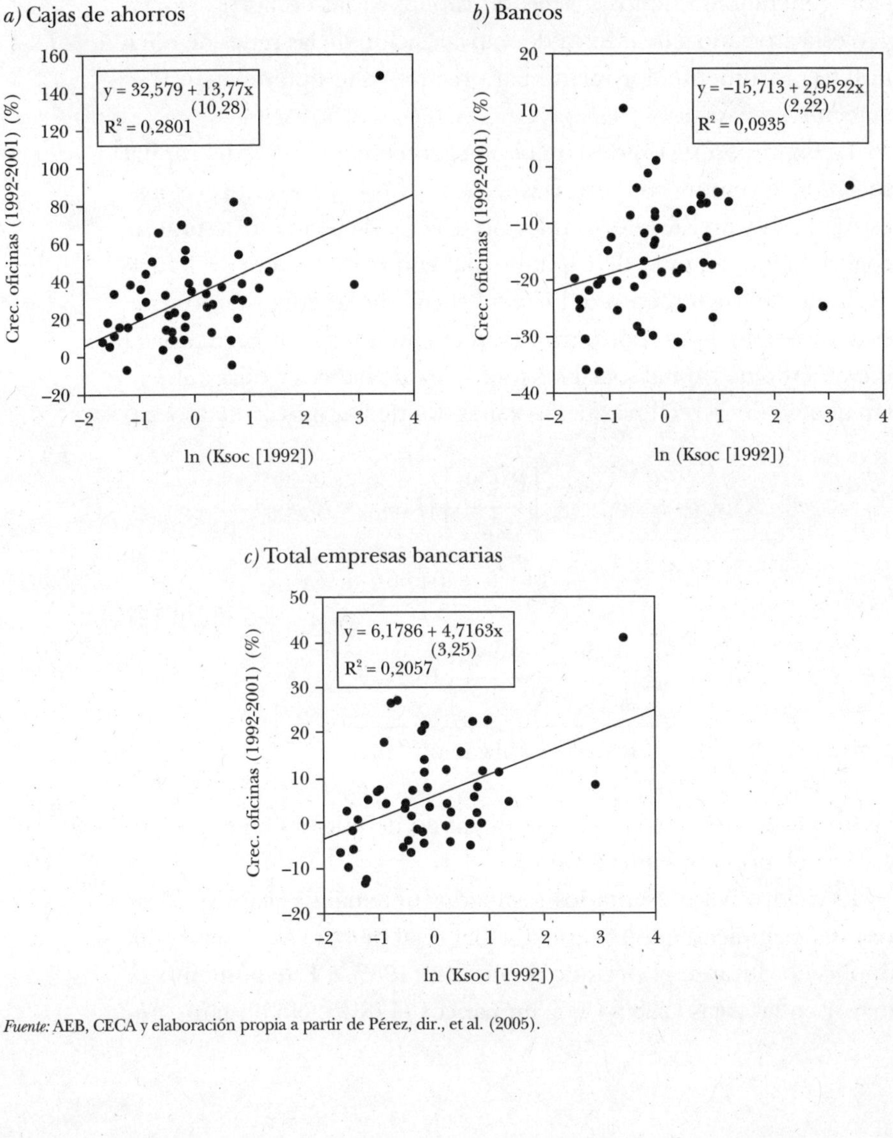

Fuente: AEB, CECA y elaboración propia a partir de Pérez, dir., et al. (2005).

Si tanto bancos como cajas han intentado rediseñar sus redes intensificando su presencia en las zonas de mayor capital social, esto tenderá a aumentar los niveles de capital social de bancos y cajas, sobre todo en estas últimas. El cuadro 6.2 mostraba la evolución de la media simple de los niveles capital social de bancos y cajas. En todos los casos se observaba que, en media, las cajas casi triplicaban sus niveles de capital social durante el período 1992-2001. Similarmente, los niveles medios de capital social de los bancos en 2001 eran 2,6 veces superiores a los de 1992. La pregunta que cabe hacerse es en qué medida este crecimiento del capital social se debe a una elevación generalizada de los niveles de capital social de las provincias y/o está asociado a la política de relocalización de las redes de oficinas. El instrumento apropiado para realizar este tipo de análisis es la técnica *shift-share.*

La expresión (6.13) descompone el crecimiento total del capital social de las empresas bancarias $(KSoc_{iT} - KSoc_{i0})$ en un EE (efecto estructural) y un ER (efecto relocalización). El efecto estructural recogería el incremento de capital social con el que opera un banco derivado del incremento del capital social de las zonas en los que está localizado. Por el contrario, el efecto relocalización recogería el incremento de capital social derivado de que bancos y cajas aumentan el peso de su red en aquellas zonas donde hay más capital social.

$$\underbrace{KSoc_{iT} - KSoc_{i0}}_{\text{Efecto total (ET)}} = \underbrace{\sum \left[\frac{\theta_i + \theta_{i0}}{2}\right]\left(KSoc_{iT} - KSoc_{i0}\right)}_{\text{Efecto estructural (EE)}}$$

$$+ \underbrace{\sum \left[\frac{KSoc_{iT} - KSoc_{i0}}{2}\right]\left(\theta_{iT} - \theta_{i0}\right)}_{\text{Efecto relocalización (ER)}} \qquad (6.13)$$

en donde θ_{i0} y θ_{iT} recoge el peso de la red de oficinas en la provincia i en el momento inicial y final.

El cuadro 6.3 presenta los resultados del análisis *shift-share.* Los resultados indican que el capital social total de bancos y cajas se ha duplicado durante el período analizado (198%). Este aumento es mayor en las cajas (228%) que en bancos (178%). No obstante, re-

CUADRO 6.3: **Análisis *shift-share* del crecimiento del capital social**

	Efecto total (ET)	Efecto estructural (EE)	Efecto relocalización (ER)
Bancos (%)	178,75	172,97	5,77
Cajas de ahorros (%)	228,39	186,04	42,35
Total empresas(%)	198,54	178,07	20,47

Fuente: AEB, CECA y elaboración propia a partir de Pérez, dir., et al. (2005).

sulta de particular interés observar que, si bien el efecto relocalización es mucho menor que el efecto estructural para explicar el crecimiento del capital social de bancos y cajas, este efecto es muy superior en el caso de las cajas que en el caso de los bancos. Así, mientras que, en los bancos, el 5,77% de crecimiento asociado a la relocalización de la red explica sólo un 3,23% del crecimiento total, en el caso de las cajas el efecto relocalización es del 42,35% y explica casi la quinta parte del crecimiento del capital social de las cajas (18,6%).

Los mapas 6.1, 6.2, 6.3 y 6.4 muestran la distribución provincial del capital social (mapa 6.1), y de la expansión geográfica de ofici-

MAPA 6.1: **Evolución del capital social**

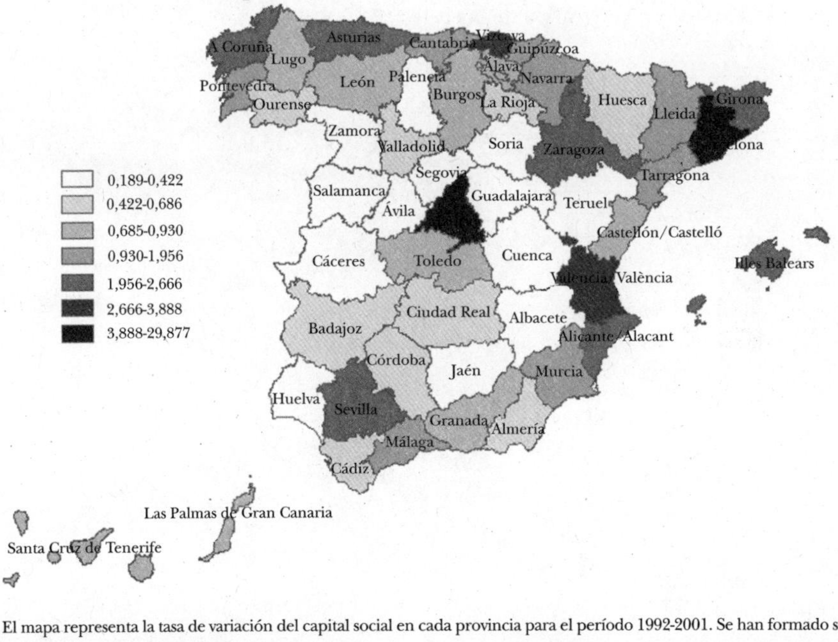

Nota: El mapa representa la tasa de variación del capital social en cada provincia para el período 1992-2001. Se han formado siete grupos siguiendo el método de cortes naturales de Jenks.
Fuente: AEB, CECA y elaboración propia.

MAPA 6.2: **Expansión geográfica de los bancos**

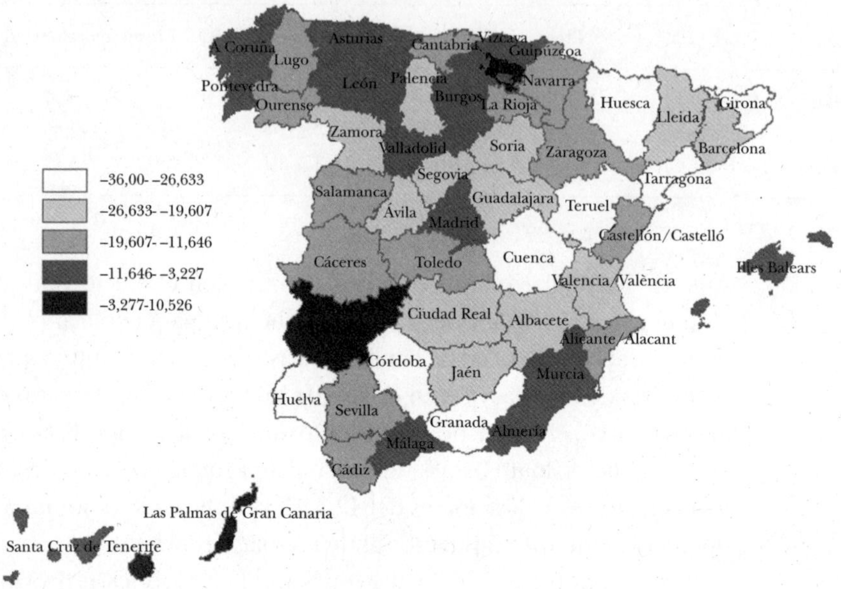

Nota: El mapa representa la tasa de variación del número de oficinas de bancos en cada procincia para el período 1992-2001. Se han formado cinco grupos siguiendo el método de cortes naturales de Jenks.

Fuente: AEB, CECA y elaboración propia.

MAPA 6.3: **Expansión geográfica de las cajas**

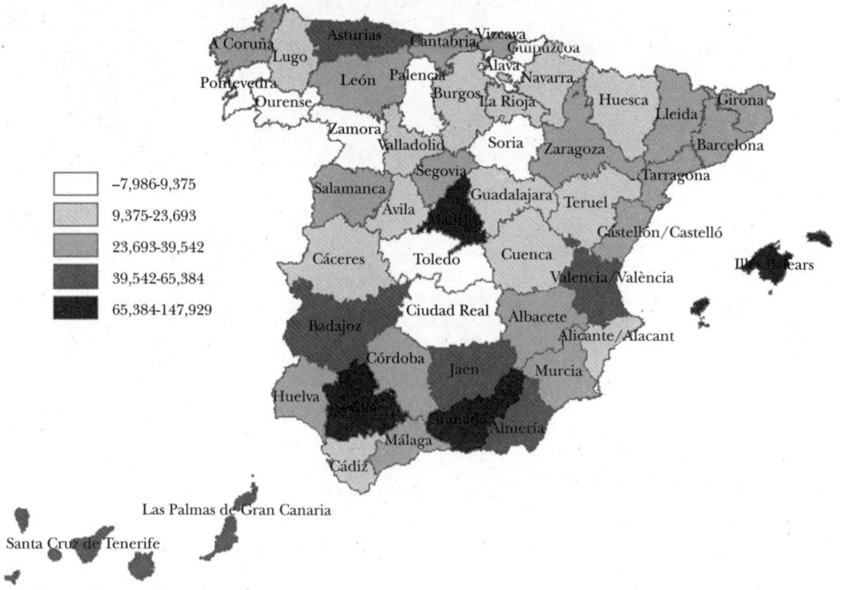

Nota: El mapa representa la tasa de variación del número de oficinas de cajas de ahorros en cada provincia para el período 1992-2001. Se han formado cinco grupos siguiendo el método de cortes naturales de Jenks.

Fuente: AEB, CECA y elaboración propia.

MAPA 6.4: **Expansión geográfica de las oficinas del SBE**

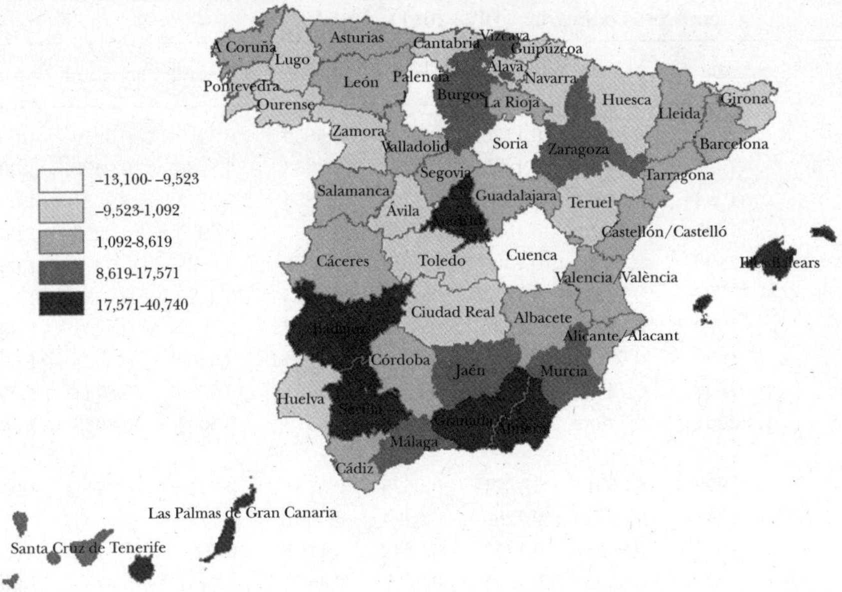

Nota: El mapa representa la tasa de variación del número de oficinas del SBE en cada provincia para el período 1992-2001. Se han formado cinco grupos siguiendo el método de cortes naturales de Jenks.
Fuente: AEB, CECA y elaboración propia.

nas por provincias para bancos (mapa 6.2), cajas (mapa 6.3) y total del sistema bancario español (mapa 6.4). La comparación visual del mapa 6.1 con cualquiera de los últimos tres mapas permite constatar la correlación existente entre ambas variables, como se ha venido indicando a lo largo de la presente epígrafe, si bien dicha correlación no es uniforme a lo largo de todo el territorio nacional, siendo más notable en el litoral y determinadas provincias, y menos en el sur. Asimismo, también es más acusada cuando restringimos el análisis al agregado de cajas de ahorro (mapa 6.3).

6.6. Eficiencia en costes

El cuadro 6.4 presenta estadísticos descriptivos de la eficiencia en costes medida para el conjunto de entidades bancarias que componen la muestra, y para el período 1992-2001. Los estadísticos presentados no son sólo los habituales (media, mediana, desviación típica, máximo y mínimo), sino que, también, se incluye información

CUADRO 6.4: **Estadísticos descriptivos para la eficiencia en costes, empresas bancarias (1992-2001)**

	Año	Media	Desv. típica	Mediana	Mínimo	1.er cuartil	3.er cuartil	Máximo
	1992	0,8330	0,1170	0,8291	0,5659	0,7479	0,9272	1,0000
	1993	0,8150	0,1485	0,8208	0,3903	0,7230	0,9476	1,0000
	1994	0,8141	0,1330	0,7769	0,5838	0,7033	0,9621	1,0000
	1995	0,8012	0,1381	0,7748	0,4892	0,6975	0,9253	1,0000
Sin capital	1996	0,8051	0,1327	0,7912	0,5775	0,6965	0,9373	1,0000
social (CE)	1997	0,7321	0,1714	0,6953	0,4073	0,6029	0,8585	1,0000
	1998	0,7103	0,1831	0,6816	0,3342	0,5649	0,8451	1,0000
	1999	0,6812	0,2091	0,6385	0,3135	0,5264	0,8643	1,0000
	2000	0,7307	0,1826	0,6915	0,4081	0,5889	0,8741	1,0000
	2001	0,7409	0,1676	0,7138	0,4579	0,6034	0,8938	1,0000
	1992	0,8691	0,1071	0,8675	0,5784	0,8049	0,9711	1,0000
	1993	0,8478	0,1289	0,8494	0,4091	0,7714	0,9844	1,0000
	1994	0,8558	0,1115	0,8344	0,6201	0,7684	0,9814	1,0000
	1995	0,8295	0,1271	0,8197	0,4892	0,7401	0,9388	1,0000
Con capital	1996	0,8376	0,1206	0,8357	0,5939	0,7414	0,9619	1,0000
social (CE_k)	1997	0,7817	0,1595	0,7450	0,4073	0,6601	0,9514	1,0000
	1998	0,7835	0,1666	0,7677	0,3342	0,6456	0,9660	1,0000
	1999	0,7404	0,1881	0,7111	0,3135	0,6211	0,9068	1,0000
	2000	0,7945	0,1684	0,8080	0,4121	0,6572	0,9846	1,0000
	2001	0,8223	0,1441	0,8340	0,4756	0,7239	0,9627	1,0000

Fuente: AEB, CECA y elaboración propia a partir de Pérez, dir., et al. (2005).

sobre el primer y tercer cuartil para ofrecer una visión más precisa de cómo se distribuyen los índices obtenidos.

Asimismo, el cuadro presenta dos paneles. El superior ofrece información sobre la eficiencia en costes (CE) medida sin incluir el capital social como variable ambiental. El panel inferior presenta las mediciones de la eficiencia en costes teniendo en cuenta el capital social como variable ambiental (CE_k).

Los resultados indican que la eficiencia con la que la empresa bancaria promedio proporciona sus productos y servicios ha venido empeorando en los últimos años, con unos índices que caen desde 0,8330 en 1992 hasta 0,6812 en 1999, para repuntar ligeramente en los últimos dos años de la muestra. Ahora bien, el carácter *frontera* de las técnicas utilizadas podría estar provocando que, si ciertas empresas bancarias desplazan la frontera tecnológica, el resto de empresas bancarias experimenten caídas relativas de eficiencia respecto al grupo de empresas más eficientes.

Los cuadros 6.5 y 6.6 contienen información análoga a la contenida en el cuadro 6.4. En este caso, se presenta evidencia para cada uno de los agregados bancarios considerados, esto es, bancos comerciales (cuadro 6.5) y cajas de ahorros (cuadro 6.6). Éstos indican que, en promedio, los primeros son más eficientes que las segundas, si bien las diferencias se han venido estrechando. Las tendencias son paralelas a las obtenidas para el conjunto de bancos y cajas, pues, en ambos casos, la eficiencia se ha reducido a lo largo del período considerado.

En los tres cuadros se presenta la información en dos paneles, el primero de los cuales contiene índices sin corregir (CE) y el segundo,

CUADRO 6.5: **Estadísticos descriptivos para la eficiencia en costes, bancos (1992-2001)**

	Año	Media	Desv. típica	Mediana	Mínimo	1.er cuartil	3.er cuartil	Máximo
	1992	0,8995	0,0991	0,8909	0,6542	0,8357	1,0000	1,0000
	1993	0,8880	0,1348	0,9242	0,4974	0,8375	1,0000	1,0000
	1994	0,8863	0,1239	0,9278	0,6201	0,7837	1,0000	1,0000
	1995	0,8722	0,1292	0,8919	0,4892	0,7612	1,0000	1,0000
Sin capital	1996	0,8757	0,1190	0,8813	0,6267	0,7989	1,0000	1,0000
social (CE)	1997	0,8019	0,1665	0,7918	0,4486	0,6567	1,0000	1,0000
	1998	0,7914	0,1757	0,7888	0,4347	0,6628	0,9922	1,0000
	1999	0,7366	0,2276	0,7030	0,3135	0,5431	1,0000	1,0000
	2000	0,8044	0,1902	0,8456	0,4215	0,6145	1,0000	1,0000
	2001	0,7891	0,1798	0,7727	0,4797	0,6051	1,0000	1,0000
	1992	0,9065	0,0970	0,9081	0,6542	0,8436	1,0000	1,0000
	1993	0,9025	0,1231	0,9444	0,4974	0,8462	1,0000	1,0000
	1994	0,9095	0,1062	0,9638	0,6201	0,8168	1,0000	1,0000
	1995	0,8935	0,1195	0,9231	0,4892	0,8251	1,0000	1,0000
Con capital	1996	0,9019	0,1024	0,9310	0,6376	0,8388	1,0000	1,0000
social (CE_k)	1997	0,8315	0,1582	0,8535	0,5167	0,6914	1,0000	1,0000
	1998	0,8487	0,1579	0,8890	0,5181	0,7377	1,0000	1,0000
	1999	0,7831	0,2012	0,7800	0,3135	0,6536	1,0000	1,0000
	2000	0,8503	0,1699	0,9196	0,4690	0,6937	1,0000	1,0000
	2001	0,8711	0,1432	0,9151	0,5570	0,7987	1,0000	1,0000

Fuente: AEB, CECA y elaboración propia a partir de Pérez, dir., et al. (2005).

CUADRO 6.6: **Estadísticos descriptivos para la eficiencia en costes, cajas de ahorro (1992-2001)**

	Año	Media	Desv. típica	Mediana	Mínimo	1.er cuartil	3.er cuartil	Máximo
	1992	0,7640	0,0919	0,7553	0,5659	0,7143	0,8080	1,0000
	1993	0,7391	0,1226	0,7367	0,3903	0,6970	0,8090	1,0000
	1994	0,7390	0,0958	0,7144	0,5838	0,6737	0,7736	1,0000
	1995	0,7188	0,0965	0,7102	0,5336	0,6495	0,7745	1,0000
Sin capital	1996	0,7243	0,0972	0,7091	0,5775	0,6518	0,7625	1,0000
social (CE)	1997	0,6513	0,1395	0,6189	0,4073	0,5628	0,7308	1,0000
	1998	0,6226	0,1484	0,5934	0,3342	0,5155	0,7355	1,0000
	1999	0,6237	0,1720	0,5740	0,3230	0,5103	0,7347	1,0000
	2000	0,6570	0,1419	0,6468	0,4081	0,5702	0,7365	1,0000
	2001	0,6970	0,1440	0,6865	0,4579	0,6029	0,7879	1,0000
	1992	0,8304	0,1039	0,8231	0,5784	0,7671	0,9315	1,0000
	1993	0,7910	0,1097	0,7859	0,4091	0,7434	0,8494	1,0000
	1994	0,7999	0,0874	0,7927	0,6327	0,7409	0,8404	1,0000
	1995	0,7552	0,0907	0,7579	0,5432	0,6952	0,8016	1,0000
Con capital	1996	0,7642	0,0958	0,7602	0,5939	0,6997	0,8143	1,0000
social (CE_k)	1997	0,7240	0,1418	0,7001	0,4073	0,6370	0,7910	1,0000
	1998	0,7131	0,1471	0,6991	0,3342	0,6317	0,8101	1,0000
	1999	0,6960	0,1638	0,6782	0,3230	0,6133	0,7906	1,0000
	2000	0,7387	0,1488	0,7640	0,4121	0,6443	0,8467	1,0000
	2001	0,7777	0,1311	0,7785	0,4756	0,7011	0,8609	1,0000

Fuente: AEB, CECA y elaboración propia a partir de Pérez, dir., et al. (2005).

índices corregidos por capital social (CE_k). En el cuadro 6.4, que contiene información para el conjunto de empresas bancarias, se observa que corregir por esta variable supone que, en promedio, el impacto del capital social es importante y, sobre todo, creciente en el tiempo: si bien en 1992 la diferencia entre incluirlo o no es importante (se pasa de 0,8330 a 0,8691), mucho mayor es el impacto al final del período muestral (pasando de 0,7409 a 0,8223). Por tanto, el efecto no sólo existe sino que, además, amortigua notablemente la pérdida de eficiencia observada a lo largo del período —controlando por capital social, el cambio absoluto en la eficiencia media es de poco más de 0,04, frente al 0,09 que obtenemos cuando no controlamos.

Si el análisis lo pormenorizamos por tipo de entidad, se aprecian ciertas peculiaridades. En el caso de los bancos comerciales, el cuadro 6.5 indica, al comparar las cifras correspondientes al año 1992 de los paneles superior e inferior, que, al principio del período muestral, corregir por capital social apenas incide sobre los índices de eficiencia (valores promedio de 0,8995 versus 0,9065 sin controlar y controlando por capital social, respectivamente). Por el contrario, al final del período las diferencias son notables (0,7891 versus 0,8711).

En el caso de las cajas (cuadro 6.6), por el contrario, se observa un patrón diferente, pues las diferencias ya son notables al principio del período (0,7640 versus 0,8304 cuando controlamos por capital social), aumentando de una manera más atenuada hasta el año 2001 (siendo entonces de 0,6970 versus 0,7777).

El cuadro 6.7 recoge lo que en la expresión (6.4) hemos denominado ineficiencia social (SE), que interpretamos como la penalización, en términos de costes bancarios, que impone el entorno a la empresa bancaria por tener bajos niveles relativos de capital social. Dicho indicador ha ido empeorando para el conjunto de empresas bancarias (de 0,9583 a 0,8998), para bancos (de 0,9921 a 0,9038) y, en mucha menor medida, para cajas de ahorros (0,9233 a 0,8962). Dado que el capital social ha aumentado notablemente, este incremento de la ineficiencia social resulta paradójico, pero se debe, una vez más, a que se trata de una ineficiencia relativa. Es decir, se debe a que los niveles de capital social del entorno de las empresas más eficientes están ahora más distantes de los del entorno del promedio de empresas.

Estos resultados adquieren mayor exactitud y rigor cuando consideramos la batería de contrastes no paramétricos propuestos en el epígrafe 3. Los resultados del contraste de Wilcoxon (cuadro 6.8) indican que las diferencias entre las medianas al corregir por capital social son estadísticamente significativas para todos los años considerados. Si bien dicha información resulta de interés, posee el inconveniente de hacer referencia únicamente a un estadístico, concretamente, a la mediana.

Mucha mayor información viene recogida por las funciones de densidad de las variables consideradas. En este caso no tenemos información relativa sólo a un estadístico concreto o un grupo de estadísticos, sino sobre la totalidad de la distribución. Ésta aparece en los gráficos 6.6, 6.7 y 6.8, que recogen las funciones de densidad de

CUADRO 6.7: **Ineficiencia social (SE), estadísticos descriptivos (1992-2001)**

	Año	Media	Desv. típica	Mediana	Mínimo	1.er cuartil	3.er cuartil	Máximo
	1992	0,9583	0,0584	0,9894	0,7502	0,9296	1,0000	1,0000
	1993	0,9588	0,0700	0,9994	0,6239	0,9370	1,0000	1,0000
	1994	0,9489	0,0602	0,9836	0,7749	0,9011	1,0000	1,0000
	1995	0,9643	0,0483	0,9913	0,8194	0,9370	1,0000	1,0000
Empresas	1996	0,9600	0,0557	0,9915	0,7253	0,9350	1,0000	1,0000
bancarias	1997	0,9353	0,0866	0,9763	0,6215	0,9048	1,0000	1,0000
	1998	0,9033	0,0987	0,9209	0,6341	0,8227	1,0000	1,0000
	1999	0,9167	0,1128	0,9693	0,4739	0,8703	1,0000	1,0000
	2000	0,9188	0,0977	0,9663	0,5715	0,8574	1,0000	1,0000
	2001	0,8998	0,1074	0,9431	0,6339	0,8191	0,9997	1,0000
	1992	0,9921	0,0179	1,0000	0,9289	0,9966	1,0000	1,0000
	1993	0,9828	0,0474	1,0000	0,7621	1,0000	1,0000	1,0000
	1994	0,9730	0,0525	1,0000	0,8142	0,9840	1,0000	1,0000
	1995	0,9754	0,0458	1,0000	0,8328	0,9843	1,0000	1,0000
Bancos	1996	0,9702	0,0600	0,9999	0,7253	0,9830	1,0000	1,0000
	1997	0,9657	0,0835	1,0000	0,6215	0,9769	1,0000	1,0000
	1998	0,9321	0,1032	0,9975	0,6341	0,8903	1,0000	1,0000
	1999	0,9374	0,1221	1,0000	0,4739	0,9330	1,0000	1,0000
	2000	0,9447	0,0988	1,0000	0,5715	0,9204	1,0000	1,0000
	2001	0,9038	0,1192	0,9561	0,6339	0,8013	1,0000	1,0000
	1992	0,9233	0,0650	0,9327	0,7502	0,8941	0,9748	1,0000
	1993	0,9339	0,0808	0,9525	0,6239	0,9222	0,9899	1,0000
	1994	0,9238	0,0580	0,9192	0,7749	0,8839	0,9794	1,0000
	1995	0,9515	0,0484	0,9674	0,8194	0,9235	0,9962	1,0000
Cajas	1996	0,9483	0,0483	0,9522	0,8252	0,9232	0,9984	1,0000
de ahorro	1997	0,9001	0,0770	0,9176	0,6985	0,8393	0,9639	1,0000
	1998	0,8723	0,0839	0,8775	0,7031	0,8125	0,9454	1,0000
	1999	0,8951	0,0989	0,9068	0,6702	0,8335	0,9938	1,0000
	2000	0,8928	0,0904	0,8966	0,6943	0,8363	0,9856	1,0000
	2001	0,8962	0,0966	0,9246	0,6907	0,8388	0,9701	1,0000

Fuente: AEB, CECA y elaboración propia a partir de Pérez, dir., et al. (2005).

CUADRO 6.8: **Contraste de Wilcoxon de igualdad de medianas, índices de eficiencia en costes con (CE_k) y sin capital social (CE), empresas bancarias (1992-2001)**

Año	Estadístico (V)	*p*-valor	Mediana	Intervalo confianza 95%		Intervalo confianza 99%	
1992	5.191,0	0,0000	0,0265	0,0161	0,0377	0,0127	0,0394
1993	4.676,0	0,0000	0,0235	0,0125	0,0276	0,0075	0,0329
1994	4.865,0	0,0000	0,0394	0,0274	0,0479	0,0250	0,0502
1995	2.683,0	0,0000	0,0375	0,0265	0,0490	0,0234	0,0530
1996	3.126,0	0,0000	0,0353	0,0250	0,0455	0,0230	0,0509
1997	2.485,0	0,0000	0,0621	0,0476	0,0803	0,0440	0,0870
1998	5.198,0	0,0000	0,0646	0,0516	0,0797	0,0461	0,0879
1999	2.964,5	0,0000	0,0576	0,0444	0,0787	0,0398	0,0883
2000	2.463,0	0,0000	0,0747	0,0585	0,0958	0,0542	0,1022
2001	3.593,0	0,0000	0,0704	0,0469	0,0932	0,0414	0,1036

Fuente: AEB, CECA y elaboración propia a partir de Pérez, dir., et al. (2005).

los índices de eficiencia para el total de empresas bancarias (gráfico 6), bancos (gráfico 7) y cajas de ahorros (gráfico 8) para varios años de la muestra. En cada uno de los gráficos la línea continua representa la función de densidad para los índices de eficiencia obtenidos sin corregir por capital social, esto es, la variable *CE*, y la línea discontinua hace referencia a las densidades de la variable CE_k.

A partir de estos gráficos se confirman las tendencias que hemos venido apuntando a lo largo de esta epígrafe. Por una parte, ha habido una caída relativa de los niveles de eficiencia en costes (que, como se ha comentado, deben ser entendidos como empeoramientos con respecto a los mejores, no como empeoramientos globales), como muestran las funciones de densidad para los tres agregados bancarios, cuya masa probabilística se va distribuyendo más uniformemente en el tiempo. Esta última tendencia debe ser entendida, en general, como aumento de la dispersión, si bien hemos de tener también en cuenta que dos distribuciones con aspecto dispar pueden tener exactamente el mismo índice de desviación típica; de ahí la relevancia de analizar la totalidad de la distribución, y no sólo ciertos estadísticos descriptivos. Por el contrario, si la masa probabilística se concentra alrededor de cierto punto, eso debe interpretarse como disminución de la dispersión (con las limitaciones ya apuntadas).

GRÁFICO 6.6: Funciones de densidad para la eficiencia en costes con y sin capital social, empresas bancarias (1992-2001)

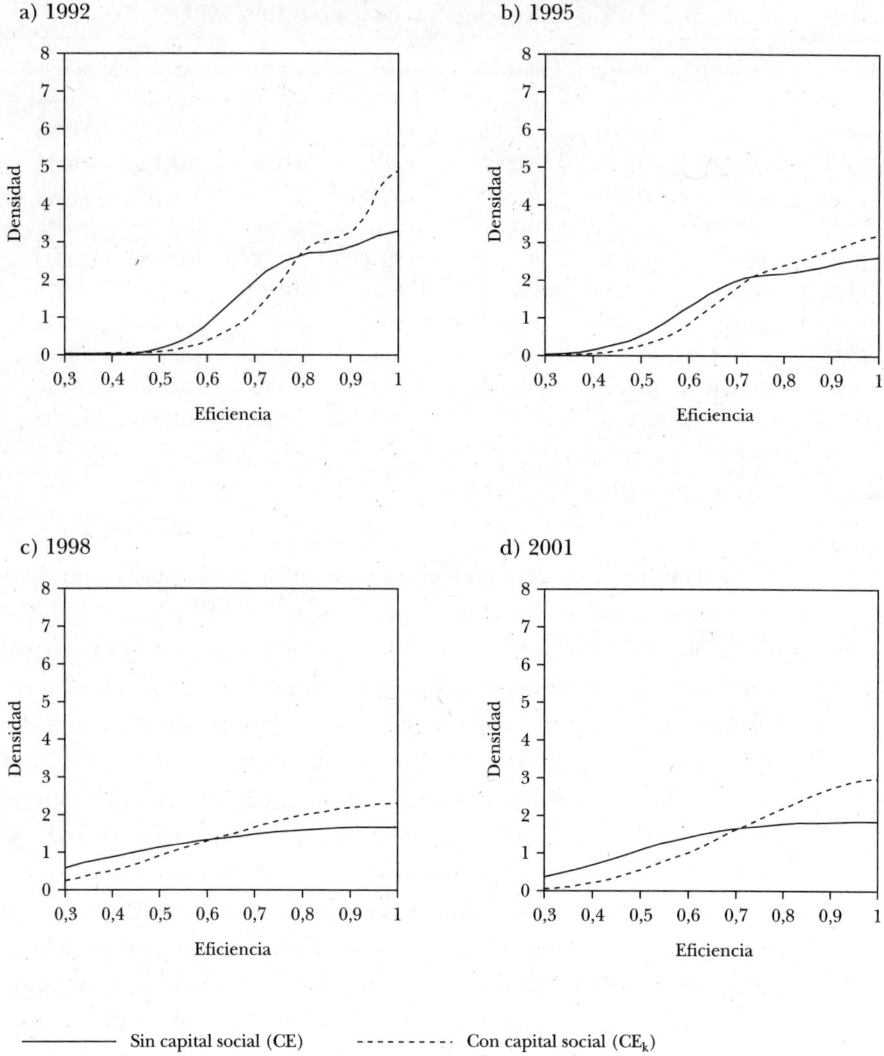

Fuente: AEB, CECA y elaboración propia a partir de Pérez, dir., et al (2005).

GRÁFICO 6.7: Funciones de densidad para la eficiencia en costes con y sin capital social, bancos (1992-2001)

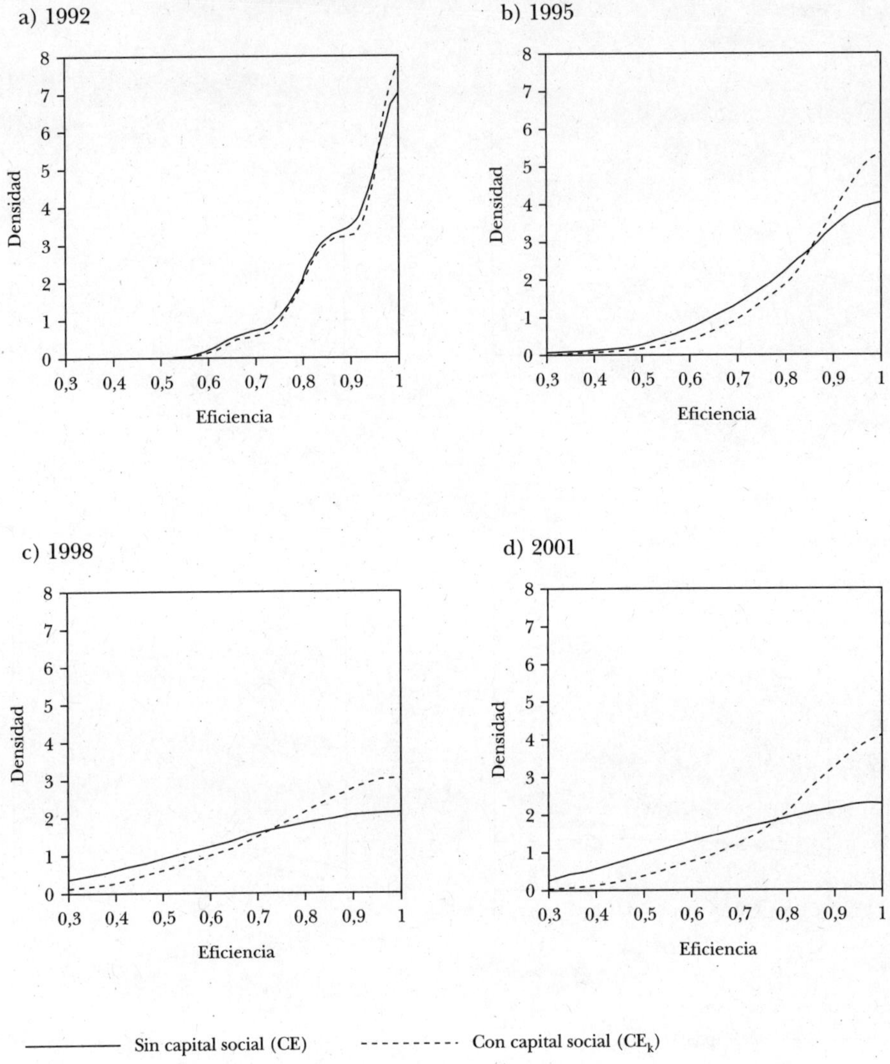

Fuente: AEB, CECA y elaboración propia a partir de Pérez, dir., et al (2005).

GRÁFICO 6.8: **Funciones de densidad para la eficiencia en costes con y sin capital social, cajas de ahorro (1992-2001)**

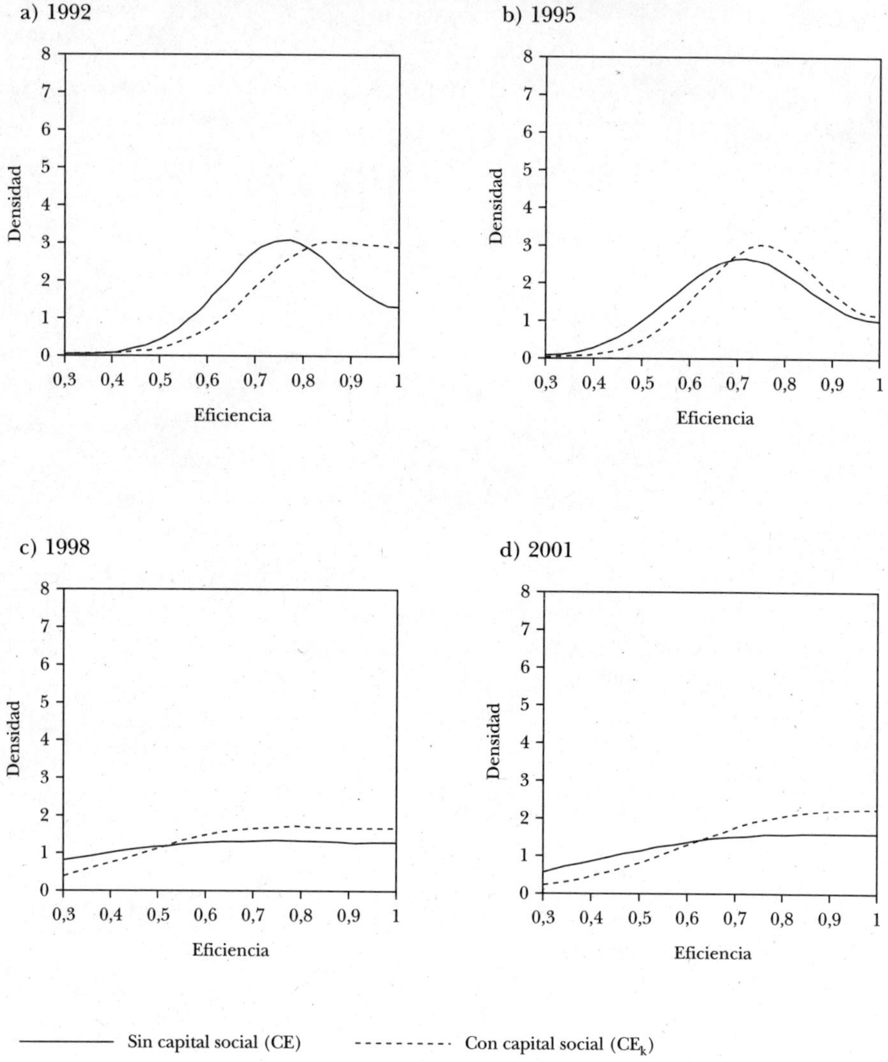

Fuente: AEB, CECA y elaboración propia a partir de Pérez, dir., et al (2005).

Al tomar el conjunto de empresas bancarias (gráfico 6.6), se aprecia cómo en 1992 (gráfico 6.6a) la masa probabilística se concentra más acusadamente en la vecindad de 1 (esto es, existe un numeroso grupo de empresas con niveles de eficiencia cercanos a la unidad). Sin embargo, se trata de una tendencia que va empeorando claramente con el paso del tiempo, pues, en 2001 (gráfico 6.6d) dicha concentración es menor.

Se comprueba que esta tendencia es similar para los dos agregados de empresas considerados, si bien a una escala diferente. En el caso de los bancos (gráfico 6.7) se parte de distribuciones en las que hay un gran número de entidades con niveles de eficiencia elevados, como indica una masa probabilística muy concentrada cerca de la unidad. Con el tiempo, el comportamiento de las empresas va dando lugar a distribuciones con masa probabilística distribuida más uniformemente y lejos de la unidad (gráfico 6.7d).

Una constante que se repite en todos los gráficos hace referencia al corte de las dos funciones de densidad. Éste únicamente estaría indicando que, al introducir el capital social como variable de ambiente, el efecto general es de mejora en la eficiencia pues muchas empresas experimentan ganancias relativas, lo que visualmente se traduce en que la masa probabilística se escora hacia la derecha, dando lugar al corte con la función de densidad no corregida por capital social.

Al analizar los patrones existentes para cajas de ahorro (gráfico 6.8), se repiten parcialmente las tendencias observadas para los bancos, pero existen diferencias. En primer lugar destaca que no tenemos unas funciones de densidad con la masa probabilística cerca de la unidad en los primeros años (1992 y 1995), sino que observamos una «joroba» entre 0,6 y 0,8. Este hecho sugiere que las empresas con índices de eficiencia más elevados son, en su gran mayoría, bancos. Sin embargo, la caída *relativa* de los niveles de eficiencia durante la segunda mitad de los noventa es un hecho compartido con el agregado de bancos.

En los tres conjuntos de gráficos se aprecia que, en general, la masa probabilística tiende a concentrarse más acusadamente en las posiciones eficientes cuando incluimos el capital social como variable ambiental. En algunos casos, las diferencias parecen más destacadas. En el caso de las cajas de ahorros, las diferencias parecen patentes desde el primero (gráfico 6.8a) hasta el último de los años analizado (gráfico 6.8d). Sin embargo, en el caso de los bancos, estas diferencias sólo parecen ser importantes durante los últimos años del período muestral, siendo el aspecto de las funciones de densidad muy similar en algunos años.

Estas impresiones pueden ser precisadas mediante algún contraste que indique si las diferencias que se observan entre las funciones de densidad cuando no controlamos o cuando controlamos por capital social son significativas. Esto es lo que permite llevar a cabo el contraste de Li (1996). Los resultados de su aplicación aparecen en los cuadros 6.9a, 6.10b y 6.11c para el conjunto de empresas bancarias, bancos y cajas de ahorro, respectivamente.

Los resultados, si bien no resultan sorprendentes a tenor de lo visto en los gráficos 6.6, 6.7 y 6.8, sí que lo son por su significado. De acuerdo con el cuadro 6.11, en el caso de las cajas de ahorros, incluir el capital social como variable de ambiente da lugar a diferencias estadísticamente significativas respecto a cuando no lo hacemos para prácticamente todos los años de la muestra, a excepción de 1995 y 1996 cuando establecemos el nivel de significación en el 5%; si aumentamos el nivel de exigencia reduciendo el nivel de significación al 1%, las diferencias tampoco son significativas para el año 1993. Sin embargo, en el resto de los períodos muestrales analizados, encontramos que las distribuciones sin corregir y corregidas por capital social, esto es, $f(CE)$ y $g(CE_k)$, son estadísticamente significativas y, por tanto, concluiremos que, para las cajas de ahorro, no controlar por el capital social existente allí donde llevan a cabo su actividad supone un sesgo en las medidas de eficiencia obtenidas para estas empresas.

No ocurre lo mismo en el caso de los bancos. Como puede apreciarse a través del cuadro 6.9b, en *ningún* año encontramos diferencias estadísticamente significativas entre $f(CE)$ y $g(CE_k)$. Parece, por tanto, que, en el caso de los bancos comerciales, la inclusión del capital social como variable ambiental no genera diferencias *estadísticamente significativas* con respecto a cuando no lo hacemos, pese a los resultados que muestra el cuadro 6.5 en el que se observa que las medias difieren, especialmente en los últimos años. Estas diferencias no han resultado significativas, lo que podría estar también relacionado con la mayor uniformidad en la geografía de las redes de algunos bancos.

CUADRO 6.9a: **Contraste de igualdad de distribuciones (Li 1996), empresas bancarias (1992-2001)**

Año	Hipótesis nula (Ho)	Estadístico t	Nivel de significación 10% (valor crítico = 1,2816)	Nivel de significación 5% (valor crítico = 1,6449)	Nivel de significación 1% (valor crítico = 2,3263)
1992	$f(CE^{1992}) = g(CE_k^{1992})$	1,4345	Rechazo H_0	No puedo rechazar H_0	No puedo rechazar H_0
1993	$f(CE^{1993}) = g(CE_k^{1993})$	2,0984	Rechazo H_0	Rechazo H_0	No puedo rechazar H_0
1994	$f(CE^{1994}) = g(CE_k^{1994})$	3,2482	Rechazo H_0	Rechazo H_0	Rechazo H_0
1995	$f(CE^{1995}) = g(CE_k^{1995})$	0,4792	No puedo rechazar H_0	No puedo rechazar H_0	No puedo rechazar H_0
1996	$f(CE^{1996}) = g(CE_k^{1996})$	0,3719	No puedo rechazar H_0	No puedo rechazar H_0	No puedo rechazar H_0
1997	$f(CE^{1997}) = g(CE_k^{1997})$	1,0282	No puedo rechazar H_0	No puedo rechazar H_0	No puedo rechazar H_0
1998	$f(CE^{1998}) = g(CE_k^{1998})$	2,0414	Rechazo H_0	Rechazo H_0	No puedo rechazar H_0
1999	$f(CE^{1999}) = g(CE_k^{1999})$	2,8283	Rechazo H_0	Rechazo H_0	Rechazo H_0
2000	$f(CE^{2000}) = g(CE_k^{2000})$	1,9912	Rechazo H_0	Rechazo H_0	No puedo rechazar H_0
2001	$f(CE^{2001}) = g(CE_k^{2001})$	3,5384	Rechazo H_0	Rechazo H_0	Rechazo H_0

Fuente: AEB, CECA y elaboración propia a partir de Pérez, dir., et al. (2005).

CUADRO 6.9b: **Contraste de igualdad de distribuciones (Li 1996), bancos (1992-2001)**

Año	Hipótesis nula (Ho)	Estadístico t	Nivel de significación 10% (valor crítico = 1,2816)	Nivel de significación 5% (valor crítico = 1,6449)	Nivel de significación 1% (valor crítico=2,3263)
1992	$f(CE^{1992}) = g(CEk^{1992})$	0,0056	No puedo rechazar H_0	No puedo rechazar H_0	No puedo rechazar H_0
1993	$f(CE^{1993}) = g(CEk^{1993})$	0,0706	No puedo rechazar H_0	No puedo rechazar H_0	No puedo rechazar H_0
1994	$f(CE^{1994}) = g(CEk^{1994})$	0,1466	No puedo rechazar H_0	No puedo rechazar H_0	No puedo rechazar H_0
1995	$f(CE^{1995}) = g(CEk^{1995})$	0,2921	No puedo rechazar H_0	No puedo rechazar H_0	No puedo rechazar H_0
1996	$f(CE^{1996}) = g(CEk^{1996})$	0,2405	No puedo rechazar H_0	No puedo rechazar H_0	No puedo rechazar H_0
1997	$f(CE^{1997}) = g(CEk^{1997})$	0,1222	No puedo rechazar H_0	No puedo rechazar H_0	No puedo rechazar H_0
1998	$f(CE^{1998}) = g(CEk^{1998})$	0,8472	No puedo rechazar H_0	No puedo rechazar H_0	No puedo rechazar H_0
1999	$f(CE^{1999}) = g(CEk^{1999})$	0,2662	No puedo rechazar H_0	No puedo rechazar H_0	No puedo rechazar H_0
2000	$f(CE^{2000}) = g(CEk^{2000})$	0,0534	No puedo rechazar H_0	No puedo rechazar H_0	No puedo rechazar H_0
2001	$f(CE^{2001}) = g(CEk^{2001})$	1,1509	No puedo rechazar H_0	No puedo rechazar H_0	No puedo rechazar H_0

Fuente: AEB, CECA y elaboración propia a partir de Pérez, dir., et al. (2005).

CUADRO 6.9c: **Contraste de igualdad de distribuciones (Li 1996), cajas de ahorro (1992-2001)**

Año	Hipótesis nula (Ho)	Estadístico t	Nivel de significación 10% (valor crítico = 1,2816)	Nivel de significación 5% (valor crítico = 1,6449)	Nivel de significación 1% (valor crítico = 2,3263)
1992	$f(CE^{1992}) = g(CEk^{1992})$	3,6154	Rechazo H_0	Rechazo H_0	Rechazo H_0
1993	$f(CE^{1993}) = g(CEk^{1993})$	2,2697	Rechazo H_0	Rechazo H_0	No puedo rechazar H_0
1994	$f(CE^{1994}) = g(CEk^{1994})$	4,5875	Rechazo H_0	Rechazo H_0	Rechazo H_0
1995	$f(CE^{1995}) = g(CEk^{1995})$	0,9214	No puedo rechazar H_0	No puedo rechazar H_0	No puedo rechazar H_0
1996	$f(CE^{1996}) = g(CEk^{1996})$	0,7328	No puedo rechazar H_0	No puedo rechazar H_0	No puedo rechazar H_0
1997	$f(CE^{1997}) = g(CEk^{1997})$	2,3993	Rechazo H_0	Rechazo H_0	Rechazo H_0
1998	$f(CE^{1998}) = g(CEk^{1998})$	2,9982	Rechazo H_0	Rechazo H_0	Rechazo H_0
1999	$f(CE^{1999}) = g(CEk^{1999})$	2,6881	Rechazo H_0	Rechazo H_0	Rechazo H_0
2000	$f(CE^{2000}) = g(CEk^{2000})$	4,0093	Rechazo H_0	Rechazo H_0	Rechazo H_0
2001	$f(CE^{2001}) = g(CEk^{2001})$	2,3580	Rechazo H_0	Rechazo H_0	Rechazo H_0

Fuente: AEB, CECA y elaboración propia a partir de Pérez, dir., et al. (2005).

La combinación de los resultados obtenidos para bancos (cuadro 6.9b) y cajas (cuadro 6.9c) da lugar a los resultados contenidos en el cuadro 6.9a. Éstos indican que, estableciendo el nivel de significación al 5%, podemos rechazar la hipótesis nula de diferencias entre $f(CE)$ y $g(CE_k)$ en seis de los 10 años que constituyen el período muestral. Cuando incrementamos el nivel de exigencia y fijamos el nivel de significación en el 1%, sólo podemos rechazar la hipótesis nula en tres de los años considerados. Estos resultados sugieren que existe un efecto combinado de la acción de bancos y cajas importante, que, en los últimos años, parece decantarse hacia una mayor relevancia del capital social como sesgo en las medidas de eficiencia, como muestran las diferencias significativas acentuadas durante los últimos años del período muestral analizado.

6.7. Conclusiones

Las vías a través de las cuales el capital social incide en la operativa bancaria son múltiples. En el repaso realizado se ha concluido que, por la vía de los costes, los mayores niveles de capital social contribuyen a reducir los costes de monitorización, de información, de transacción, financieros y de insolvencia con los que operan bancos y cajas. Por el lado de la demanda, cuanto mayor es el nivel de capital social, mayor es el uso de los productos bancarios (muy intensivos en confianza). Como consecuencia de ello, se espera que la eficiencia en la provisión de servicios por parte de las empresas bancarias sea mayor en las economías que disfruten de altos niveles de capital social.

En este capítulo nos hemos ocupado del impacto del capital social sobre la eficiencia en costes de las empresas bancarias españolas. El análisis ha procedido en dos etapas. En primer lugar, se han estimado los índices de eficiencia en costes de bancos y cajas de ahorro mediante técnicas no paramétricas. En segundo lugar, se ha evaluado el impacto sobre los mismos de introducir el capital social como variable de ambiente. En esta segunda etapa se han utilizado también métodos de corte no paramétrico que combinan muy coherentemente con las técnicas empleadas en la primera etapa, dado el carácter no paramétrico de ambos grupos de técnicas.

Una de las contribuciones del capítulo es la construcción de un índice de capital social *específico* para cada banco y caja de ahorros de la muestra. Esto es posible a partir de la información relativa al volumen de capital social de las provincias y, por otra, de la información relativa al número de oficinas que cada empresa posee en cada provincia. La evolución de este indicador combinado sugiere que, aunque se ha partido de posiciones dispares para los dos agregados bancarios —teniendo los bancos, en general, acceso a más capital social—, la expansión geográfica de las cajas parece estar generando cambios en las distribuciones, de forma que, en los últimos años, estos índices han ido convergiendo para los dos grupos de entidades.

Los resultados obtenidos son varios. En primer lugar se advierte que, durante el período analizado, hay una caída *relativa* en los índices de eficiencia obtenidos, tanto para bancos como cajas. Sin embargo, debe tenerse muy presente que se trata del resultado de un análisis estático pues evaluamos la eficiencia año a año. Dado que otros trabajos han encontrado que, durante los últimos años, la frontera *eficiente* se ha venido desplazando, lo más probable es que se deba a que las empresas eficientes están desplazando la frontera tecnológica, y el resto tratan de adaptarse al nuevo entorno competitivo, pero no logran seguir a las que definen las posiciones más eficientes.

La magnitud de la ineficiencia se ve atemperada al introducir el capital social como variable ambiental o no discrecional. Por tanto, el capital social está suponiendo un sesgo en la medida de eficiencia que obtenemos para cada empresa bancaria.

Los resultados se muestran robustos al aplicar una batería de contrastes no paramétricos. Así, el contraste de Wilcoxon nos indica que las diferencias entre medianas son significativas en todos los años para el conjunto de empresas bancarias. Sin embargo, el contraste de Li (1996), basado en la estimación no paramétrica de funciones de densidad, ofrece resultados más precisos. En concreto, se obtiene que los índices de eficiencia corregidos por capital social difieren estadísticamente de los no corregidos en el caso de las cajas para muchos años de la muestra. Sin embargo, las diferencias *nunca* son estadísticamente significativas para los bancos.

Este último resultado puede estar relacionado con las restricciones a la expansión geográfica que afectaban a las cajas hasta finales de los años ochenta, así como a sus vínculos tradicionalmente más fuertes con sus regiones de origen, que habrían supuesto un sesgo en favor de la localización en regiones o provincias en las que, en algunos casos, no existan tan fuertes concentraciones de capital social. Este hecho estaría dando lugar a que, una vez se ha corregido por capital social, los índices de eficiencia mejoran ostensiblemente. Ahora bien, la mejora de los niveles de capital social de las cajas, debido a sus estrategias de relocalización, también indica que estas entidades se orientan cada vez más por criterios de eficiencia y no de dependencia territorial.

En el caso de los bancos, al haber podido localizarse geográficamente en regiones o provincias siguiendo criterios estrictamente económicos y de gestión desde hace mucho más tiempo, así como poseer desde el principio del período vínculos mucho más débiles que les liguen a sus regiones de origen, corregir por capital social no da lugar a diferencias estadísticamente significativas. Dado que las medias aritméticas en algunos casos podrían indicar lo contrario, se debe señalar la relevancia de utilizar las técnicas propuestas en este capítulo.

Aunque la expansión geográfica hacia lugares con mayores niveles de capital social está siendo positiva en términos de eficiencia para las cajas, la generación de redes sociales que las vinculan con su entorno y el aprovechamiento efectivo de un tejido relacional denso lleva tiempo. Por ello, el que los bancos poseen ya en muchas regiones y provincias es una tarea de éxito de esas estrategias que tendrá que ser evaluado desde una perspectiva temporal más amplia.

Apéndice

En este apéndice se presentan cuadros con las estimaciones de eficiencia corregidas por el capital social específico al que puede acceder cada entidad teniendo en cuenta, no el *volumen* de capital existente en cada provincia, sino el nivel de capital social per cápita. Diversas consideraciones nos han llevado a concluir la validez de utilizar una u otra medida, pese a que los resultados puedan arrojar pequeñas diferencias. A lo largo del trabajo, se ha utilizado la variable volumen debido a la posible existencia de economías de red, así como la relevancia del factor tamaño. Así, es de esperar que las decisiones de expansión geográfica puedan tener más en cuenta el tamaño económico de provincias tales como Madrid, Barcelona, Valencia o Sevilla, independientemente de que sus dotaciones de capital social per cápita puedan ser menores que en territorios de tamaño económico mucho menor.

Los resultados de las estimaciones de eficiencia en costes corrigiendo por capital social per cápita se presentan en los cuadros 6.A1a, 6.A1b y 6.Ac. En ellos se constata, al comparar las medias con las de los paneles inferiores de los cuadros 6.4, 6.5 y 6.6, que las diferencias son muy escasas entre ambas.

CUADRO 6.A.1a: Estadísticos descriptivos para la eficiencia en costes corrigiendo por capital social per cápita, empresas bancarias (1992-2001)

	Año	Media	Desv. típica	Mediana	Mínimo	1.er cuartil	3.er cuartil	Máximo
	1992	0,872	0,096	0,869	0,654	0,780	0,996	1,000
	1993	0,861	0,120	0,850	0,585	0,757	1,000	1,000
	1994	0,848	0,114	0,823	0,633	0,746	0,982	1,000
	1995	0,830	0,125	0,813	0,498	0,736	0,945	1,000
Con capital	1996	0,842	0,121	0,841	0,622	0,741	0,976	1,000
social	1997	0,782	0,153	0,758	0,456	0,660	0,924	1,000
	1998	0,780	0,164	0,765	0,477	0,633	0,957	1,000
	1999	0,750	0,189	0,736	0,314	0,606	0,943	1,000
	2000	0,802	0,158	0,803	0,421	0,660	0,999	1,000
	2001	0,832	0,135	0,823	0,485	0,738	0,974	1,000

Fuente: AEB, CECA y elaboración propia a partir de Pérez, dir., et al. (2005).

CUADRO 6.A.1b: Estadísticos descriptivos para la eficiencia en costes corrigiendo por capital social per cápita, bancos (1992-2001)

	Año	Media	Desv. típica	Mediana	Mínimo	1.er cuartil	3.er cuartil	Máximo
	1992	0,9144	0,0931	0,9343	0,6542	0,8510	1,0000	1,0000
	1993	0,9258	0,1047	1,0000	0,5851	0,8689	1,0000	1,0000
	1994	0,9031	0,1105	0,9547	0,6332	0,8148	1,0000	1,0000
	1995	0,8918	0,1174	0,9252	0,4983	0,8131	1,0000	1,0000
Con capital	1996	0,9040	0,1066	0,9396	0,6350	0,8475	1,0000	1,0000
social	1997	0,8263	0,1575	0,8314	0,5166	0,6868	1,0000	1,0000
	1998	0,8464	0,1592	0,8816	0,5160	0,7438	1,0000	1,0000
	1999	0,8009	0,2034	0,8291	0,3135	0,6591	1,0000	1,0000
	2000	0,8631	0,1645	0,9613	0,4215	0,7365	1,0000	1,0000
	2001	0,8830	0,1332	0,9354	0,4855	0,8079	1,0000	1,0000

Fuente: AEB, CECA y elaboración propia a partir de Pérez, dir., et al. (2005).

CUADRO 6.A.1c: **Estadísticos descriptivos para la eficiencia en costes corrigiendo por capital social per cápita, cajas de ahorro (1992-2001)**

	Año	Media	Desv. típica	Mediana	Mínimo	1.er cuartil	3.er cuartil	Máximo
	1992	0,828	0,078	0,815	0,716	0,771	0,873	1,000
	1993	0,793	0,097	0,779	0,614	0,718	0,822	1,000
	1994	0,791	0,086	0,778	0,638	0,730	0,828	1,000
	1995	0,758	0,090	0,754	0,555	0,703	0,808	1,000
Con capital social	1996	0,772	0,096	0,762	0,622	0,711	0,821	1,000
	1997	0,730	0,130	0,686	0,456	0,646	0,813	1,000
	1998	0,708	0,137	0,691	0,477	0,606	0,821	1,000
	1999	0,694	0,154	0,664	0,447	0,593	0,801	1,000
	2000	0,741	0,125	0,733	0,523	0,637	0,834	1,000
	2001	0,786	0,119	0,780	0,547	0,699	0,874	1,000

Fuente: AEB, CECA y elaboración propia a partir de Pérez, dir., et al. (2005).

Bibliografía

ARAGON, Yves, Abdelnati Daouia y Christine Thomas-Agnan. «Non Parametric Frontier Estimatioin: a Conditinal Quantile-Based Approach». Economic Theory 21, núm. 2 (2005): 358-89.

BANKER, Rajiv D., y Richard C. MOREY. «Efficiency Analysis for Exogenously Fixed *Inputs* and *Outputs*». *Operations Research* 34, núm. 4 (1986a): 513-521.

—, y RICHARD C. Morey. «The Use of Categorical Variables in Data Envelopment Analysis». *Management Science* 32 (1986b): 1.613-1.627.

BERGER, Alien N., y David B. HUMHREY. «Measurement and Efficiency Issues in Commercial Banking». En Zvi Griliches, ed. *Output Measurement in the Service Sectors*. Chicago, The University of Chicago Press (1992): 245-300.

CAZALS, Catherine, Jean-Pierre FLORENS, y Leopold SIMAR. «Nonparametric Frontier Estimation: A Robust Approach». *Journal of Econometrics* 106, núm. 1 (2002): 1-25.

CHARNES, Abraham, William W. COOPER, y E. RHODES. «Measuring the Efficiency of Decision Making Units». *European Journal of Operational Research* 2, núm. 6 (1978): 429- 444.

—, y Lawrence G. GOLDBERG. «Relationship Lending: A Survey of the Literature». *Journal of Economics and Business* 56 (2004): 315-330.

ELYASIANI, Elyas, y Seyed MEHDIAN. «The Comparative Efficiency Performance of Small and Large U.S. Commercial Banks in the pre-and post-Deregulation Eras». *Applied Economics* 27, núm. 11 (1995): 1.069-1.079.

FAN, Yanqin. «Testing The Goodness-of-Fit of a Parametric Density Function by Kernel Method». *Econometric Theory* 10 (1994): 316-356.

—, y Aman ULLAH. «On Goodness-of-Fit Tests for Weekly Dependent Processes Using Kernel Method». *Journal of Nonparametric Statistics* 11 (1999): 337-360.

FÄRE, Rolf, y Shawna GROSSKOPF. *New Directions: Efficiency and Productivity*. Boston: Kluwer Academic Publishers, 2004.

FERRARY, Michel. «Trust and Social Capital in the Regulation of Lending Activities». *The Journal Socio-Economics* 31, núm. 6 (2003): 673-699.

FERRI, Giovanni, y Marcello MESSORI. «Bank-Firm Relationships and Allocative Efficiency in Northeastern and Central Italy and in the South». *Journal of Banking and Finance* 24 (2000): 1.067-1.095.

FRIED, Harold O., C. A. K. LOWELL, y Shelton S. SCHMDT. *The Measurement of Productive Efficiency: Techniques and Applications.* Oxford: Oxford University Press, 1993.

—, y C. A. K. LOVELL. «Accounting for Environmental Effects in Data Envelopment Analysis». Ponencia presentada en el *Georgia Productivity Workshop.* Atenas, 1996.

GUISO, Luigi, Paola SAPIENZA, y Luigi ZINGALES. «The Role of Social Capital in Financial Development». *American Economic Review* 94, núm. 3 (2004b): 526-556.

HALL, Robert E., y Charles I. JONES. «Why Do Some Countries Produce So Much More *Output* Per Worker Than Others?». *The Quarterly Journal of Economics* 114, núm. 1 (1999): 83-116.

HÄRDLE, Wolfgang, Marlene MÜLLER, Stefan SPERLICH, y Axel WERWATZ. *Nonparametric and Semiparametric Models,* Springer Series in Statistics. Nueva York: Springer-Verlag, 2004.

HOLLANDER, Myles y Douglas A. Wolfe. *Nonparametric Statistical Methods.* Nueva York: Wiley-Interscience. 2.ª edición, 1999.

ILLUECA, Manuel, José Manuel PASTOR, y Emili TORTOSA-AUSINA. «El efecto de la expansión geográfica sobre la productividad de las cajas de ahorros españolas». *Perspectivas del Sistema Financiero* 83 (2005): 37-54.

IYER, Sriya, Michael KITSON, y Bernard TOH. «Social Capital, Economic Growth and Regional Development«. *Regional Studies* 39, núm. 8 (2005): 1.015-1.040.

KARLAN, Dean S. «Social Capital and Group Banking». *BREAD Working Paper,* 062. Bureau for Research in Economic Analysis of Development (abril de 2004).

KUMAR, Subodh, y R. Robert RUSSELL. «Technological Change, Technological Catch-Up, and Capital Deepening: Relative Contributions to Growth and Convergence». *American Economic Review* 92, núm. 3 (2002): 527-548.

LEVERS, ROSS. «Financial Development and Economic Growth: Views and Agenda». *Journal of Economic Literature* 35, núm. 2 (1997): 688-726.

Li, Qi. «Nonparametric Testing of Closeness Between Two Unknown Distribution Functions». *Econometric Reviews* 15 (1996): 261-274.

LOVELL, C. A. K., y Subal C. KUMBHAKAR. *Stochastic Frontier Analysis.* Cambridge: Cambridge University Press, 2000.

MARTINS-FILHO, Carlos, y Feng Yao. «A Nonparametric Model of Frontiers». Oregon State University, 2003.

MCCARTY, Therese A., y Suthathip YAISAWARNG. «Technical Efficieney in New Jersey School Districts». En Harold O. Fried, C.A.K. Lovell y Shelton S. Schridt, eds. *The Measurement of Productive Efficieney: Techniques and Applications.* Oxford, Osford University Press. Cap 10 (1993): 271-287.

MORDUCH, Jonathan. «The Microfinance Promise». *Journal of Economic Literature* 37, núm. 4 (1999): 1.569-1.614.

ONGENA, Steven, y David C. SMITH. «The Duration of Bank Relationships». *Journal of Financial Economics* 61 (2000): 449-475.

PAGAN, Adrian, y Aman ULLAH. *Nonparametric Econometrics (Themes in Modern Econometrics).* Cambridge: Cambridge University Press, 1999.

PÉREZ, Francisco, Joaquín MAUDOS, y José Manuel PASTOR. *Sector bancario español (1985-1997). Cambio estructural y competencia.* Alicante: Caja de Ahorros del Mediterráneo e Instituto Valenciano de Investigaciones Económicas, 1999.

PÉREZ, Francisco, dir. Vicente MONTESINOS, Lorenzo SERRANO, y Juan FERNÁNDEZ DE GUEVARA, *La medición del capital social: una aproximación económica.* Bilbao: Fundación BBVA, 2005.

PETERSEN, Mitchell A., y Raghuram G. RAJAN. «The Benefits of Firm-Creditor Relationships: Evidence Form Small Business Data». *Journal* of *Finance* 49, núm. 1 (1994): 3-37.

—, y Raghuran G. RAJAN. «The Effect of Credit Market Competition on Lending Relationships». *Quarterly Journal of Economics* 110, núm. 2 (mayo 1995): 407-443.

ROGERS, Kevin E. «Nontraditional Activities and the Efficiency of U.S. Commercial Banks». *Journal of Banking & Finance* 22 (1998): 467-482.

ROUSE, Paul. «Alternative Approaches to the Treatment of Environmental Factors in DEA: an Evaluation». Ponencia presentada en el *Georgia Productivity Workshop.* Atenas, 1996.

RUGGIERO, John. «On the Measurement of Technical Efficiency in the Public Sector». *European Journal o of Operational Research* 90, núm. 3 (1996): 553-565,

—. .«Non-Discretionary *Inputs* in Data Envelopment Analysis». *European Journal of Operational Research* 111, núm. 3 (1998): 461-469.

—. «Performance Evaluation When Non-Discretionary Factors Correlate With Technical Efficiency». *European Journal of Operational Research* 159, núm. 1 (2004): 250-257.

SILVERMAN, Bernard W. *Density Estimation for Statistics and Data Analysis.* Londres: Chapman and Hall, 1986.

TIMMER, C. PETER. «Using a Probabilistic Frontier Production Function to Measure Technical Efficiency». *Journal of Political Economy* 79, núm. 4 (1971): 776-794.

TORTOSA-AUSINA, Emili. «Bank Cost Efficiency and *Output* Specification». *Journal of Productivity Analysis* 18, núm. 3 (2002): 199-222.

— «Nontraditional Activities and Bank Efficiency Revisited: A Distributional Analysis for Spanish Financial Institutions». *Journal of Economics and Business* 55 (2003): 371-395.

VEGA-REDONDO, Fernando. «Building up Social Capital in a Changing World»). Documento de Trabajo, núm. WP-AD 2.002-2.026. Valencia: Instituto Valenciano de Investigaciones Económicas, diciembre 2002.

—. «Search and Cooperation in Complex Networks: A Social Capital Perspective». Fundación BBVA, 2003 [mimeo].

WAND, Matt P., y M. Chris JONES. *Kernel Smoothing.* Londres: Chapman and Hall, 1995.

ZAK, Paul J., y Stephen KNACK. «Trust and Growth». *Economic Journal* 111, núm. 470 (2001): 295-321.

7. Banca relacional y capital social en España: síntesis de resultados

Francisco Pérez García
Universidad de Valencia e Ivie

EN la introducción a esta monografía se llamó la atención sobre el interés que se percibe en los intermediarios financieros en la actualidad por iniciar y cuidar relaciones duraderas con sus clientes. No es el único ámbito de la vida económica en el que se aprecia el reconocimiento de que las relaciones sociales importan, y prueba de ello es el espectacular crecimiento de la literatura sobre capital social. Pero que suceda también en el caso de la banca representa un cierto contraste entre esa valoración de las relaciones y la impresión de despersonalización creciente derivada de la mayor intensidad de la competencia en los mercados financieros. Esta doble impresión es menos contradictoria de lo que parece si se consideran los comportamientos desde una perspectiva de largo plazo, pero, sin duda, se trata de un tema que merece la pena estudiar. La investigación desarrollada en este libro sobre la banca relacional y el capital social en España responde a ese interés y, en ella, se han considerado desde diferentes puntos de vista los vínculos entre los conceptos de confianza, competencia y eficiencia en las actividades bancarias.

Este capítulo final ofrece una síntesis de los resultados obtenidos, remitiéndose al lector a cada uno de los capítulos anteriores para la fundamentación técnica de estas conclusiones.

7.1. Volumen y perfiles de las actividades financieras relacionales

La primera pregunta que hemos estado obligados a plantearnos es cuál es la importancia de la banca relacional. Responder a la misma en términos precisos es muy difícil porque las actividades bancarias que pueden ser consideradas relacionales son numerosas. En términos más generales, la información pública disponible revisada con detalle en el capítulo 3 no permite valorar con precisión la intensidad relacional de la actividad financiera realizada por los distintos agentes de la economía española, ni el volumen de la misma, pero sí podemos constatar que, en cualquier caso, puede ser importante, sobre todo, en el caso de algunos agentes.

Resulta evidente que la orientación de las actividades financieras de todos los sectores institucionales hacia los mercados se ha intensificado —sobre todo, en el caso de las Administraciones Públicas y las grandes empresas— pero, también, que las pymes y los hogares siguen dependiendo, sustancialmente, de la financiación bancaria, cuestión relevante si se tiene en cuenta que el crédito es considerado un terreno abonado para el desarrollo de relaciones duraderas. Sin embargo, no es la financiación lo único relevante para perfilar las relaciones de confianza de la banca con sus clientes y, aunque el crecimiento de la intermediación ha sido menor que el de los mercados, otras actividades bancarias han crecido con fuerza, en parte, vendiendo diversos servicios de asesoramiento financiero y comercialización de activos a sus clientes. Así pues, la desintermediación ha ido acompañada de un fuerte desarrollo de actividades que han significado, para muchos clientes —sobre todo, para los particulares—, nuevos lazos comerciales y relacionales con los bancos.

Si se parte del supuesto habitual de que los préstamos son el producto bancario que más depende de la información generada en las relaciones con los clientes, la fuerte expansión del crédito se podría considerar el principal indicio de crecimiento de la banca relacional. Sin embargo, esa hipótesis es discutible porque la tecnología crediticia relacional es una más de las que las entidades pueden utilizar, junto a las basadas en la información contable, en las garantías reales y en el *credit scoring*. En años recientes se ha producido, sobre todo, una fuerte expansión de los créditos hipotecarios, que pueden ser concedidos más en función de garantías reales que basándose en relaciones de confianza, de modo que, para nuestros fines, la evolución del crédito es un indicador que requiere ser matizado.

Los depósitos no suelen captar tanto la atención de la literatura sobre banca relacional como la actividad crediticia, en general, y la financiación a pequeñas y medianas empresas, en particular. Sin embargo, son un ingrediente muy relevante de las relaciones entre intermediario y el cliente, pues, a través de la gestión de los depósitos, se establecen los primeros contactos, en muchos casos, con los clientes y, a partir de los mismos, se obtiene información relevante sobre ingresos y pagos, capacidad de ahorro y demanda potencial de servicios. En este sentido, de nuevo, la selección de indicadores es complicada porque, si bien el volumen de depósitos ha seguido una evolución moderada, mucho más que los créditos, el número de cuentas y la actividad de las mismas ha crecido con fuerza. Ello es así porque las economías domésticas están mucho más bancarizadas ahora, tanto en el uso de medios de pago como en la gestión a través de la banca de los activos bancarios y no bancarios en los que invierten sus ahorros. La capacidad de los bancos de obtener información informal a través de la interacción repetida con sus clientes y el establecimiento de redes de relaciones densas con el entorno en el que operan se ha visto impulsada por esa expansión de la cartera de servicios que consumen muchos clientes.

Otra forma de aproximarse a la producción de servicios bancarios relacionales es contemplar los recursos dedicados a estas actividades. En ese sentido, es importante advertir que el cambio tecnológico ha modificado sustancialmente la forma de producir y distribuir muchos de los servicios bancarios, apoyándose más en las tecnologías de la información. Los datos sobre inversión en TIC de las empresas bancarias españolas son muy reveladores de la intensidad con la que usan estos recursos, siendo, en este sentido, uno de los sectores más destacados de la economía española. En estas circunstancias, la interacción de los bancos con los clientes ha experimentado transformaciones notables, relevantes para el tema que estudiamos por dos motivos principales: el primero es que muchos servicios han pasado a ser ofrecidos a través de máquinas automáticas, como los cajeros o los ordenadores personales (banca electrónica o de Internet); el segundo, que la información formal e informal se capta, combina y procesa ahora de manera diferente. Así pues, aunque el papel de las relaciones personales permanece, los servicios de los empleados a los clientes se modifican, desapareciendo prácticamente en algunos casos —para ser sustituidos por el autoservicio, como sucede en la gestión de retiradas de depósitos, en la consulta de saldos y/o últimos movimientos—, pero intensificándose en otros, como los de asesoramiento y atención comercial.

En conjunto, es probable que la dedicación de los recursos humanos de la banca a las tareas relacionales no sea ahora menor sino mayor, pues las mejoras tecnológicas han liberado a los empleados de la mayoría de las actividades puramente administrativas que, en el pasado, consumían una parte sustancial de su tiempo de trabajo. A esto se añade la mejora en las cualificaciones de los empleados y su perfil más comercial, así como el apoyo que reciben de las nuevas tecnologías para la gestión de clientes. Por tanto, dada la relativa estabilidad del número total de oficinas y empleados y el cambio en las tareas de éstos, es probable que, en términos agregados, la capacidad de producir actividad relacional de la banca española haya crecido y cabe pensar que ello se debe al mayor volumen de actividad de este tipo que se desea producir.

Esto no es incompatible con otro rasgo claro del desarrollo financiero de estos años: la expansión, a gran velocidad, de los activos que poseen unas características más transaccionales, como los títulos valores. En efecto, se ha comprobado que el aumento de los activos transaccionales en las carteras de los agentes se produce en todos los sectores, pero no equivale a un retroceso en términos absolutos de las actividades relacionales de la banca que se han expandido por tres vías: el asesoramiento, la venta conjunta de paquetes de servicio y la distribución comercial de productos de ahorro a través de la red bancaria. Según Merton (1995a), las interacciones entre mercados e intermediarios se han intensificado, en buena medida debido a que estos últimos han actuado como puente entre sus clientes y los mercados, apoyándose en distintos instrumentos y en sus redes comerciales. Algo parecido puede decirse que ha sucedido entre las actividades transaccionales y relacionales: las interacciones se han intensificado con el doble efecto de vincular las primeras a las relaciones con los clientes y hacer que las segundas estén más influidas por la competencia de los mercados.

7.2. Banca relacional: vocación o estrategia

Para valorar la importancia de la banca relacional, es relevante considerar si se trata de un enfoque de la actividad bancaria que sólo se produce significativamente en las entidades que poseen ciertos rasgos institucionales —mutualistas, cooperativos— o que cualquier banco puede elegir al diseñar su estrategia. La opción vocacional podría ser la única explicación si suponemos que la banca relacional no es rentable en los términos convencionales. Pero, si se concluye que puede ser rentable para cualquier empresa que trabaje con horizontes temporales amplios, puede ser una estrategia interesante para cualquier banco, que será elegida o no, y desarrollada, con mayor o menor intensidad, en función de sus ventajas competitivas y las preferencias de sus responsables.

Los capítulos 3 y 4 han explorado si bancos, cajas y cooperativas hacen o no banca relacional, y, también, la intensidad con la que la realizan. La conclusión en relación con la primera de las cuestiones es claramente afirmativa, por el conjunto de aspectos que a continuación se comentan. En cuanto a la intensidad relativa, la dificultad para obtener conclusiones precisas no es otra que la señalada en el punto anterior a la hora de definir los perfiles de la banca relacional: éstos son variados y no es fácil construir indicadores sintéticos.

Si se consideran como indicadores la especialización en créditos y depósitos o el empleo de recursos de personal y la densidad de la red de oficinas, parece que las cooperativas y cajas de ahorros están más orientadas hacia la banca relacional que la banca privada. Sin embargo, esto no significa que la banca privada no desarrolle actividades relacionales ni tampoco que, en algunos casos, no lo haga con igual o más intensidad que las otras instituciones, por dos motivos.

En primer lugar, conviene advertir que no toda la banca minorista es relacional en la actualidad, pues el crecimiento del crédito se concentra mucho en el hipotecario y el uso del *scoring*, y la gestión de medios de pagos minorista se ha automatizado en gran medida. Por tanto, cabe preguntarse si la especialización relacional de los bancos, cajas y cooperativas parecería tan diferente entre estos grupos si la información permitiera valorar qué peso tiene en cada tipo de entidades la banca minorista propiamente relacional, es decir, la que se basa en tecnologías de producción de los servicios en las que la información privada y la confianza son decisivas.

En segundo lugar, ha de tenerse presente que la clientela de los bancos, en la que existe mayor presencia de empresas y particulares de niveles de renta más elevada, consume más productos financieros. En este sentido ofrece más oportunidades para el desarrollo de relaciones vinculadas a paquetes de servicios, en las que la confianza es importante. Esta posibilidad debe ser considerada a la luz de algunos resultados del capítulo 4, según los cuales, los bancos consideran conjuntamente la rentabilidad de sus operaciones de crédito y depósito.

7.3. La orientación relacional de las empresas bancarias

El análisis de las características relacionales de las empresas bancarias españolas del capítulo 4 permite confirmar que las pautas de comportamiento relacional no se corresponden directamente con los modelos institucionales, aunque éstos influyen en la especialización y tamaño de las empresas porque su trayectoria pasada es muy distinta.

Para estudiar las estrategias de las empresas bancarias desde la perspectiva relacional, se han considerado tres aspectos: la especialización productiva en créditos y depósitos; la intensidad en el uso de factores de producción más necesarios para usar tecnologías de análisis y supervisión de las operaciones basadas en la información relacional, como el trabajo y las oficinas, y la concentración territorial de las redes de oficinas, como aproximación a una estrategia de penetración intensa del entorno socioeconómico próximo a la entidad.

Atendiendo a estos aspectos, se han identificado cinco grupos distintos de entidades, denominados, respectivamente, *grandes bancos* (grupo 1), *banca regional* (2), *banca local* (3), *banca de inversión* (4) y *banca del interbancario* (5). Los tres primeros representan la mayor parte del sector bancario en términos de activos totales y todas las empresas bancarias de estos grupos tienen una notable orientación al crédito. En las entidades de los grupos 2 y 3, esa especialización es mayor, pero es debido, sobre todo, al peso del crédito hipotecario; además, se trata de bancos en los que los depósitos son una vía de captación de recursos más importante, gracias a lo cual, soportan costes financieros inferiores aunque, debido a que emplean más factores relacionales, sus costes operativos son mayores.

La literatura sobre banca relacional centra su atención, sobre todo, en entidades locales que, en nuestro caso, se integran, sobre todo, en el grupo 3 que, además de lo ya señalado, se caracterizan por su pequeño tamaño y la concentración de sus redes en ámbitos geográficos muy limitados con los que cabe suponer que están en estrecha interacción. En distintos trabajos se considera que estos rasgos son la base de una estrategia de proximidad que, en ocasiones, permite disfrutar de poder de mercado respecto a su clientela. Según los resultados del capítulo 3, en España estas entidades también logran niveles de rentabilidad superiores a la media, pero los indicadores de poder de mercado no los sitúan en una posición claramente ventajosa frente a los otros grupos.

Los bancos locales no son los únicos que desarrollan en España estrategias de proximidad y enfocan una parte importante de su actividad hacia la relacional. Si se considera la importancia del crédito y los depósitos, y el uso de recursos humanos y oficinas, los dos primeros grupos también se apoyan de manera significativa en este tipo de especialización. Posiblemente ello tiene su origen en la larga tradición de ofrecer los servicios a través de una red amplia y densa de oficinas, en las que el trato personal entre clientes y empleados estaba muy extendido. De hecho, la proximidad fue, durante años, el instrumento fundamental de la rivalidad entre entidades en un marco regulatorio que impedía la competencia en tipos de interés. Sin embargo, tras un largo período de adaptación a la competencia en precios, el papel de las oficinas y los empleados en esas interrelaciones amplias y duraderas con la clientela no ha desaparecido en modo alguno. Más bien, parece seguir desempeñando un papel muy destacado en la estrategia comercial de las empresas bancarias españolas, aunque adaptado a unas circunstancias reguladoras y tecnológicas muy distintas.

Es revelador, en ese sentido, el análisis llevado a cabo de los costes y el poder de mercado en el capítulo 4. En él se constata que se han producido intensas reducciones de costes operativos derivadas de fuertes incrementos de productividad. También se comprueba que la tecnología relacional genera más costes operativos aunque, según los indicadores, esto no equivale a ineficiencia pues su uso también permite generar ingresos. Pero resulta particularmente interesante advertir que, con la intensificación de la competencia en tipos de interés en los mercados de créditos y depósitos, se ha reducido el poder de mercado de los bancos y, a la vez, aparecen indicios de que las entidades gestionan parte de su actividad considerando paquetes de servicios a los clientes con un enfoque más relacional que puramente transaccional. Esto parece suceder más claramente en el grupo 1, en el que predomina la presencia de bancos privados con una clientela más orientada a las empresas y a los particulares de rentas medias y altas, y mayor cultura financiera.

Una pista importante para detectar esta situación la ofrecen los márgenes de las operaciones pasivas. Dados los bajos tipos de interés existentes, cuando se estiman los costes operativos marginales de los depósitos, el margen absoluto de estas operaciones es nulo en los últimos años, e, incluso, negativo en algunos casos. Si se consideran las actividades desde una perspectiva transaccional, es decir, aisladas de las demás, ese resultado plantea un interrogante sobre la racionalidad de los bancos en las actividades de depósito. Estos márgenes negativos por el lado del pasivo serían indicativos de que, en ciertas operaciones, los clientes tendrían *poder de mercado* frente a los bancos, sobre todo, en los últimos años y en el grupo 1, en el que se incluyen los grandes bancos.

Los bancos no aceptarán márgenes negativos si existe la alternativa de captar fondos por otras vías, que probablemente representan un mayor coste financiero y son más inciertas en cuanto al nivel de los tipos de interés a medio y largo plazo, pero que generan costes operativos unitarios muy bajos, excepto si esos márgenes negativos del pasivo tienen otras implicaciones. La explicación a esa conducta no es que los bancos dejen de comportarse racionalmente sino que consideran vinculados los márgenes de depósitos y créditos porque se relacionan con los clientes simultáneamente en varios mercados. Como, además, lo hacen de manera duradera, confían en rentabilizar la relación en su conjunto a lo largo de un horizonte de tiempo amplio. Esta hipótesis parece confirmarse cuando se estudian conjuntamente los márgenes de activo y pasivo: el margen relativo agregado de intermediación, que es también un indicador de poder de mercado (el índice de Lerner) es positivo para todos los grupos, si bien se ha reducido sustancialmente por efecto de la competencia en la última década.

Por tanto, no puede descartarse que, en las actuales condiciones competitivas, los vínculos entre las distintas operaciones con clientes sean más importantes y el mantenimiento de las relaciones también. Así, aunque por la estructura de su balance y en el uso de factores productivos podría parecer que los grandes bancos realizan con menor intensidad banca relacional, su política de precios y márgenes apunta en la dirección contraria. Esta explicación concuerda con el tipo de clientela predominante en estos bancos, más orientados a la financiación empresarial y a los ahorradores con saldos de mayor dimensión. La sensibilidad de estos clientes a los tipos de interés es, sin duda, mayor y lo señalado indica que, en su caso, las relaciones duraderas con la clientela se apoyan más en los precios —hasta el punto de operar, en ocasiones, mediante subvenciones cruzadas entre productos—, y menos en una dedicación intensa de recursos físicos y humanos por unidad de activo, típica de la banca minorista.

7.4. Intensidad de las relaciones y competencia

Estos resultados tienen implicaciones interesantes para valorar el efecto de la banca relacional y la confianza sobre la competencia, y viceversa. En el caso español, permanece abierto el debate sobre la evolución de la competencia bancaria en los últimos años, pues los estudios más cuidadosos obtienen, en algunos casos, que el índice de Lerner de las empresas bancarias no se ha reducido, pese a la caída de márgenes. Sin embargo, este resultado depende de la modelización que se realice de las decisiones de optimización de los bancos y el número de productos y mercados que se contemplen. A la vista de las conclusiones del capítulo 4, el poder de mercado habría aumentado en el mercado crediticio, y disminuido en el de depósitos. El resultado conjunto de ambas evoluciones es que se habría reducido el poder de mercado y la competencia habría aumentado en el conjunto de las actividades de intermediación, por lo que parece necesario seguir investigando en este tema.

En un contexto de fuertes caídas de los tipos de interés, para que se produzca una reducción de los márgenes relativos que es lo que miden los indicadores de intensidad de la competencia, se requieren reducciones más que proporcionales de los márgenes absolutos. Esta absorción de los efectos de la caída de tipos por las entidades se ha producido gracias a las reducciones de costes operativos y es una señal de competencia intensa. Lamentablemente, la dificultad de sintetizar en un solo indicador la evolución de la intensidad de la banca relacional impide comprobar si esta reducción del poder de mercado se asocia con un signo definido con la evolución de los perfiles transaccionales/relacionales de la banca.

Lo que sí puede observarse es que las diferencias entre grupos en cuanto a sus características y estrategias no se traducen en tendencias de signo distinto en cuanto a la evolución del poder de mercado. Este resultado concuerda, de nuevo, con la hipótesis de intensa competencia en el sector, pues, en unas circunstancias más exigentes, todas las entidades se ven obligadas a comportarse de manera más eficiente. No obstante, no puede descartarse, a la vista de los esfuerzos, que las entidades hacen por diferenciar sus paquetes de servicios y de la evidencia de la importancia de las relaciones, que la competencia sea, en ocasiones, imperfecta o contenga elementos de competencia monopolística.

Dado que existen diferencias en los niveles del índice de Lerner de la actividad de intermediación de los tres grupos, es necesario valorarlas. Se debe señalar que las diferencias entre grupos se reducen sustancialmente con el paso del tiempo, siendo, en los últimos años, escasas. Además, las posiciones relativas de los grupos y, en concreto, el mayor nivel del índice en el caso de los bancos locales no son robustas a cambios en la especificación de la función de costes.

7.5. Número de relaciones bancarias y costes financieros de las empresas

En el capítulo 5 se estudia otro aspecto de las posibles consecuencias de la banca relacional sobre la competencia: las relaciones banca-empresa en la economía española y su impacto sobre el coste de la financiación de las empresas no financieras. El análisis del caso español reviste interés por el elevado peso de la financiación bancaria en las empresas, en particular, en las pymes que son las mayoritarias y, en consecuencia, por la potencial importancia de la banca relacional como tecnología utilizada por los bancos para conceder créditos.

El análisis de las relaciones bancarias de las empresas no financieras españolas muestra que las pymes operan, por término medio, con tres entidades distintas, si bien hay importantes diferencias entre empresas. El 25% de las empresas trabajan con un único banco, mientras que otras mantienen relaciones con hasta cinco o más entidades (19% de la muestra). Las empresas más grandes mantienen un mayor número de relaciones bancarias, si bien las diferencias debidas al tamaño son reducidas Por tanto, el riesgo potencial de que un número muy importante de empresas se encuentre en situación de dependencia financiera de un único proveedor de servicios podría ser grave y resulta de interés contrastar si ese riesgo se materializa o no en forma de mayores costes financieros.

El mayor coste de la financiación no es un resultado inevitable de la banca relacional, pues es posible que la relación con un solo banco no sea un indicador de falta de competencia, sino de una forma de competir en un horizonte de largo plazo. Las teorías de la intermediación financiera que enfatizan las ventajas informativas de los bancos avalan la hipótesis de que los problemas de asimetría de información y el consiguiente coste de monitorización son menores cuanto más intensa es la relación bancaria, lo que se podría traducir en menores costes de financiación para las empresas que trabajan con un menor número de bancos. En consecuencia, la relación de confianza estrecha y duradera que se establece entre el prestatario y el banco genera beneficios económicos que pueden aparecer en forma de menores tipos de interés en la financiación concedida.

El análisis realizado muestra que, en efecto, el coste de la financiación empresarial es menor en las empresas que mantienen una única relación bancaria, incrementándose el coste conforme aumenta el número de relaciones. Este resultado, robusto ante distintas especificaciones, se ve confirmado por el análisis multivariante que controla el efecto de otras variables explicativas del coste de la financiación.

Una novedad importante de la investigación desarrollada es que no mide el poder de mercado del mercado bancario a través de un indicador de concentración (como hacen la práctica totalidad de los trabajos existentes sobre banca relacional), ni de los bancos que compiten en el mercado en el que está ubicada la empresa analizada, sino que se utiliza una medida directa del poder de mercado de los bancos que, efectivamente, mantienen relaciones bancarias con cada empresa. Los resultados muestran que, si los bancos disfrutan de mayor poder de mercado, trasladan dicho poder al coste de la financiación, fijando tipos de interés de los préstamos más altos. Pero, si los mercados son más competitivos también en la actividad de banca relacional, se ofrece la financiación a precio menor, rechazándose, en consecuencia, dos hipótesis alternativas: que la banca relacional permite aislar de la competencia a los clientes que la realizan. Un corolario interesante de este resultado es que el desarrollo de mercados más competitivos no significa, necesariamente, que los bancos tengan menos incentivos para invertir en banca relacional, porque el interés de la misma no depende de la ausencia de competencia.

Otro aspecto analizado en el capítulo 5 es la relación entre eficiencia en la gestión bancaria y coste de la financiación empresarial. En un contexto competitivo, las mejoras de gestión que representan ahorros de costes deberían trasladarse a los costes de la financiación de modo que, para las empresas que se relacionan, sobre todo, o exclusivamente, con un banco, es relevante la eficiencia con la que éste opera. En la aplicación empírica se demuestra que las mejoras en la eficiencia en la gestión se trasladan al coste de la financiación, siendo éste inferior en las empresas que trabajan con bancos más eficientes. Así pues, este resultado reforzaría los argumentos a favor de la competencia en los mercados bancarios.

El modelo estimado analiza la importancia en los costes de la financiación de algunas variables previamente identificadas en la literatura. Los resultados sugieren que el coste financiero de las empresas está inversamente relacionado con

1. el tamaño de la empresa;
2. su liquidez;
3. su capacidad para generar *cash flow* y atender los compromisos de pago derivados de los contratos de deuda;
4. la capacidad potencial de la empresa para emitir deuda con colateral.

Los resultados del capítulo 5 ofrecen, pues, evidencia favorable en dos importantes direcciones: la primera, que las relaciones estables entre el banco y el prestatario permiten reducir las asimetrías de información, mejorando y no empeorando las condiciones financieras de las empresas; la segunda, sobre la intensidad competitiva actual en la actividad de financiación de las empresas. Es posible que esta segunda conclusión condicione la primera, pues, en un entorno de rivalidad competitiva en los mercados bancarios, el riesgo de depender de un solo banco sería mayor. Pero, si, en las actuales condiciones, las amenazas de entrantes potenciales son poderosas, influyen en la relación que mantiene un banco con sus clientes: hacen que su comportamiento sea competitivo para prevenir la entrada aunque ahora sea proveedor único de servicios. De este modo, frente a otros canales de financiación como, por ejemplo, las bolsas u otros mercados financieros no organizados, la banca relacional conserva e, incluso, refuerza su atractivo porque puede diferenciar los servicios y aportar el valor añadido que justifica su existencia en los contextos de fuerte incertidumbre e información asimétrica que habitualmente caracterizan a la pequeña y mediana empresa.

7.6. Capital social, expansión geográfica y eficiencia bancaria

El capítulo 6 considera la importancia de las relaciones sociales sobre la actividad bancaria de manera distinta a los anteriores, valorando el impacto no de las relaciones directas con clientes, sino del capital social del entorno general de las empresas bancarias españolas sobre algunas de sus decisiones y sobre la eficiencia en costes de los bancos. Para llevar a cabo ese análisis, se ha construido una medida del capital social del entorno de cada banco de la muestra. Con esa finalidad, se parte de la información disponible elaborada en fases previas de este mismo proyecto, relativa al volumen de capital social de las provincias españolas. A partir de la misma y de la información sobre el número de oficinas que cada empresa posee en cada provincia, se estima el capital social del entorno de un banco como el promedio del de los territorios en los que está presente, ponderados por el peso de la red del banco en cada uno de esos territorios.

La evolución de este indicador sugiere que, aunque las empresas han partido de posiciones dispares en cuanto a los niveles de capital social de sus entornos, éstos se han aproximado como consecuencia de la evolución del capital social de los territorios y, también, de la distribución geográfica de las aperturas de oficinas decidida por los bancos y cajas. Estas últimas son las que más han expandido su red en las dos últimas décadas fuera de sus zonas tradicionales porque, anteriormente, estaban restringidas por la regulación. Cuando han tenido libertad de apertura de oficinas en todo el territorio nacional, se han dirigido más hacia las provincias en las que el capital social es más abundante, probablemente por las ventajas que ello supone, junto con otras circunstancias, para el desarrollo de la actividad bancaria. Como consecuencia de esto, los índices de capital social del entorno de bancos y cajas han ido convergiendo entre los dos grupos de entidades, al tiempo que crecían para ambos.

Según el análisis realizado en este y otros trabajos, las mejoras en las condiciones tecnológicas y económicas están promoviendo que las empresas eficientes desplacen la frontera de los niveles de productividad bancarios. El resto de empresas tratan de adaptarse, no sin dificultad, al nuevo entorno competitivo cada vez más exigente. De hecho, la eficiencia relativa de las empresas respecto a la frontera que marcan las mejores prácticas no siempre se mantiene, ampliándose la brecha en algunos casos. Pero el resultado principal del capítulo es que la magnitud de esa ineficiencia relativa es consecuencia, en parte, de las condiciones del entorno y no sólo de lo que sucede en el interior de las entidades. Concretamente, la ineficiencia se ve reducida al introducir el capital social como variable ambiental o no discrecional, lo que indica que el mayor nivel de confianza social favorece la eficiencia bancaria. Por esta razón, cuando no se tiene en cuenta el papel del capital social del entorno, se introduce un sesgo en la medida de la eficiencia de cada empresa bancaria: al alza en el caso de aquellas que trabajan en un entorno de mayor confianza y a la baja en las que desarrollan su actividad en entornos de bajo capital social.

El efecto de corregir las medidas de eficiencia por el factor capital social es mayor en las cajas de ahorros que en los bancos. Este resultado puede estar relacionado con las restricciones a la expansión geográfica que afectaban a las cajas hasta finales de los años ochenta, así como con los vínculos tradicionales de muchas de las mismas con sus regiones de origen. Ambos factores habrían sesgado la localización inicial de las oficinas en regiones o provincias en las que no existían fuertes concentraciones de capital social. La trayectoria posterior a la liberalización, expandiéndose hacia territorios con mayor capital social, indica que estas entidades responden a los incentivos que el nivel de confianza entre los agentes representa para la eficiencia. De hecho, en el caso de las cajas, una vez se ha corregido por capital social, los índices de eficiencia mejoran ostensiblemente. Conforme las cajas se han expandido por los territorios con mayor nivel de capital social, el *handicap* que representa su entorno pesa menos y los niveles de eficiencia sin corregir mejoran más. Por el contrario, en el caso de los bancos, al mantener vínculos mucho más débiles con sus regiones de origen y haber podido localizarse geográficamente desde hace mucho más tiempo siguiendo criterios estrictamente económicos, el entorno pesa menos. Por ello, corregir la eficiencia por el capital social del entorno no da lugar a diferencias estadísticamente significativas en el caso de los bancos.

Bibliografía

MERTON, Robert, C. «A Functional Perspective of Financial Intermediation». *Financial Management* 24 (1995a): 23-41.

—. «Financial Innovation and the Management and Regulation of Financial Institutions». *Journal of Banking and Finance* 19 (1995b): 461-481.

Índice de cuadros

Índice de esquemas y gráficos

Índice de mapas

Índice alfabético

Nota sobre los autores

EQUIPO INVESTIGADOR

Dirección:
Francisco Pérez García
(Universidad de Valencia e Ivie)

Equipo técnico:
Enrique Calabuig Salañer
Julia Teschendorff Cooper
(Ivie)

Investigadores:
Juan Fernández de Guevara Radoselovics
(Ivie)
Manuel Illueca Muñoz
(Universidad de Valencia e Ivie)
Joaquín Maudos Villarroya
(Universidad de Valencia e Ivie)
José Manuel Pastor Monsálvez
(Universidad de Valencia e Ivie)
Emili Tortosa-Ausina
(Ivie)

Juan Fernández de Guevara Radoselovics es licenciado en Ciencias Económicas y Empresariales (1995) y doctor en Economía (2005, premio extraordinario) por la Universidad de Valencia. Desde 1998 ejerce como técnico de investigación en el Ivie. Ha publicado dos libros en colaboración y diversos artículos en revistas nacionales e internacionales del área de economía bancaria y financiera.

Manuel Illueca Muñoz es doctor en Administración y Dirección de Empresas, profesor titular de Economía Financiera y Contabilidad en la Universidad Jaume I e investigador asociado del Ivie. En la actualidad, su trabajo se centra en la gestión del resultado contable y los aspectos que condicionan el uso de los estados financieros en la toma de decisiones. Ha publicado distintos trabajos de investigación en revistas nacionales e internacionales.

Joaquín Maudos Villarroya es doctor (premio extraordinario) en Ciencias Económicas por la Universidad de Valencia. En la actualidad es profesor titular de Fundamentos del Análisis Económico en dicha universidad y profesor investigador del Ivie. Sus campos de especialización son la economía bancaria y la economía regional. Ha sido investigador visitante en la Florida State University. Ha publicado seis libros en colaboración y cincuenta artículos de revistas especializadas tanto en el ámbito nacional como internacional.

José Manuel Pastor Monsálvez es doctor (premio extraordinario) en Ciencias Económicas por la Universidad de Valencia (1996). Actualmente es profesor titular de Análisis Económico de dicha universidad e investigador asociado del Ivie. Sus campos de especialización son la economía bancaria y la economía regional. Ha sido investigador visitante en la Florida State University (1996-1997) y consultor externo del Banco Mundial. Ha publicado varios libros en colaboración y artículos en revistas especializadas, nacionales e internacionales.

Francisco Pérez García, doctor en Economía por la Universidad de Valencia, es catedrático de Análisis Económico en dicha universidad y director de investigación del Ivie desde su creación. Sus campos de especialización son la economía financiera (banca y finanzas públicas), el crecimiento económico, la economía regional y la economía de la educación. Ha publicado veinticinco libros y un centenar de artículos en revistas especializadas, nacionales e internacionales.

Emili Tortosa-Ausina es licenciado en Ciencias Económicas y Empresariales por la Universidad de Valencia y doctor en Economía por la Universidad Jaume I, de donde es profesor titular de Economía Aplicada, e investigador asociado del Ivie. Ha sido, también, investigador visitante de otros centros universitarios nacionales y extranjeros. Sus campos de especialización son la economía bancaria y el análisis de la eficiencia y la productividad. Ha publicado varios libros en colaboración y artículos en revistas especializadas, nacionales e internacionales.